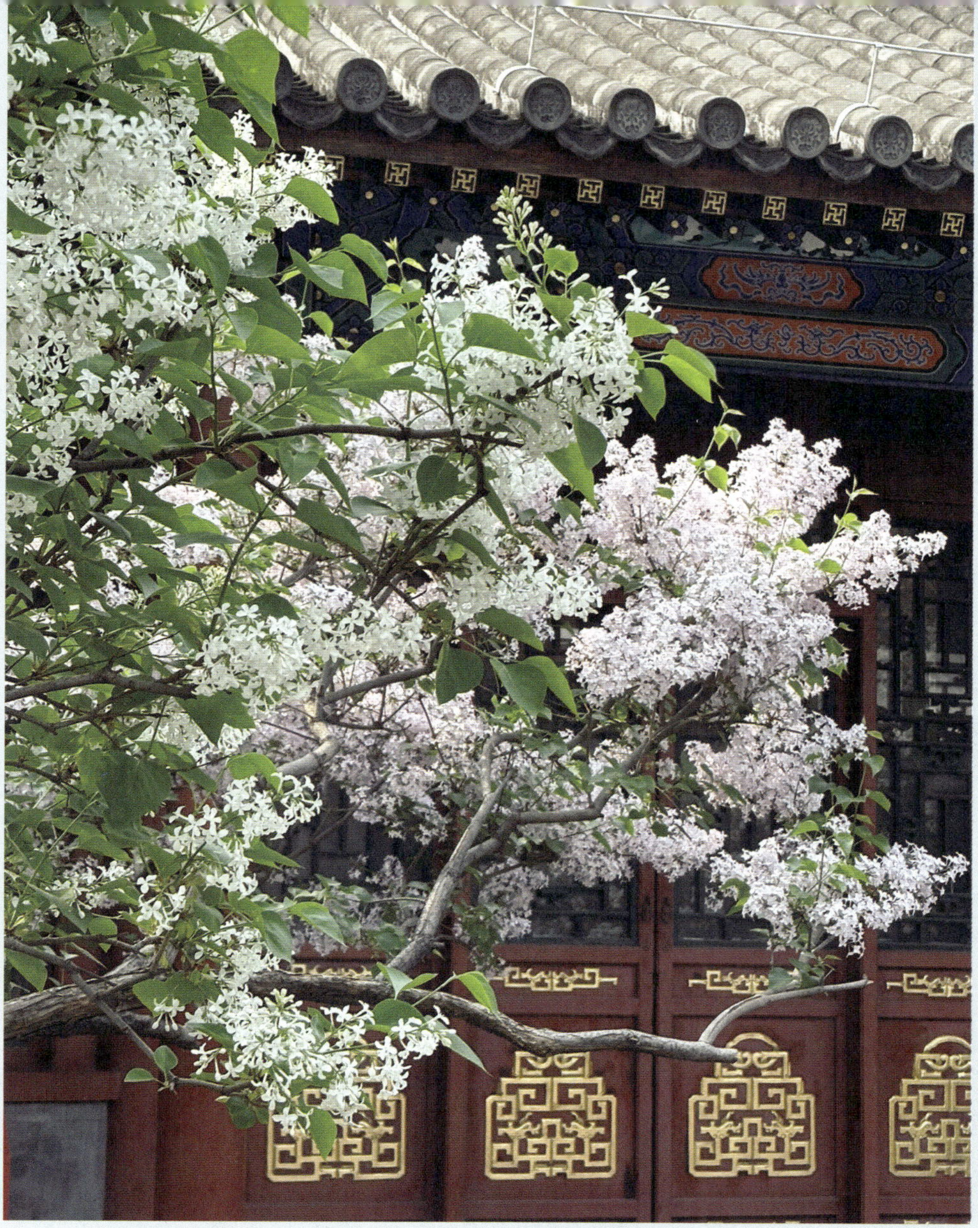

寻访北京的名人故居 2

齐大群 主编

企业管理出版社
ENTERPRISE MANAGEMENT PUBLISHING HOUSE

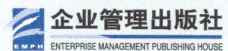

图书在版编目（CIP）数据

寻访北京的名人故居 .2 / 齐大群主编 . -- 北京：企业管理出版社 , 2024.11.

ISBN 978-7-5164-3181-8

Ⅰ . K878.2

中国国家版本馆 CIP 数据核字第 202465HG61 号

书　　　名：	寻访北京的名人故居 .2
作　　　者：	齐大群　等
责 任 编 辑：	杨慧芳　李雪松
书　　　号：	ISBN 978-7-5164-3181-8
出 版 发 行：	企业管理出版社
地　　　址：	北京市海淀区紫竹院南路 17 号　邮编：100048
网　　　址：	http://www.emph.cn
电　　　话：	发行部（010）68417763　68414644　编辑部（010）68701292
电 子 信 箱：	314718920@qq.com
印　　　刷：	北京博海升彩色印刷有限公司
经　　　销：	新华书店
规　　　格：	170 毫米 ×230 毫米　开本：16 开　印张：17　字数：330 千字
版　　　次：	2024 年 11 月第 1 版　2024 年 11 月第 1 次印刷
定　　　价：	88.00 元

版权所有　翻版必究·印装有误　负责调换

序

《寻访北京的名人故居》第2集出版在即！此刻既释然，又茫然。释然的是历经3年多，跨越整个疫情期，父亲的夙愿终于得以实现！茫然的是斯人已逝，何以告白？

由于《寻访北京的名人故居》初版收到了很好的反馈，家父齐大群自2020年10月开始筹备出版第2集，此时距第1集出版发行仅2月余。父亲不顾80多岁高龄及多种基础病缠身，秉持贯穿50余载执教生涯的"活到老、学到老"的进取精神，赓续学习先贤、大师、名人的民族气节与爱国主义精神和记录历史变迁、传承文化传统之初衷，毅然决定再做续集。

2020年年底，父亲再以2005年1月第十届北京市政协文史资料委员会公布的《关于北京名人故居保护与利用工作的调研报告》为指归，从名录所涉300多处故居中遴选出前书以外有代表性、知名度较高约90处名人故居，筹划开展寻访和写作工作。这批故居在资料齐备程度和保护现状上比前书所涉都略有差距，编写难度有所增加。所幸写作小组成员基本保持了创作前书的原班人马，均为父亲执教过的北京四中校友，大家热情不减，各自勇挑重担。起初父亲坚持再亲自执笔10余篇，后在家人的劝说下，才将工作重点放在人员组织、故居名单调整、资金筹措上。父亲坚持自己在电脑上录入资料、发邮件，只让家人做复印资料及分类整理等辅助工作，父亲勉力而为但快乐着！

经过3个月左右的精心准备，2021年3月14号，父亲召开了"续集"写作小组的第一次工作会议，会上落实了70余处故居的写作任务，重申了写作规范，对"人物事迹、人物评价、故居情况"三要素都提出了具体要求。关于人物事迹，力争全面、客观，"凡事迹文字，必须有正式出版物的文字为依据，网络文字未见公开发表的，一般只作为参考。"关于人物评价，"力求公正、客观，难以定论的人物不妨留待后人。"关于故居现状，情况很复杂，有开放的、也有未开放的，有门牌、铭牌标识清晰的、也有无标待考的，有位置明确的、也有只能根据资料推测的，需要根据不同情况临机处理。

然天道不测，造化弄人。2021年4月初，一场感冒引发的肺部感染将父亲送进医院。本以为是偶感风寒，不料病情竟急转直下，短短十余日，父亲便永远离开了我们。在那疫情严控、探视受限的艰难时刻，父亲卧病中心心念念的唯有《故居》续集。每次得到艰难的见面机会，他开口第一句必是询问书稿安排，直至得到确切答复，才会释然。

　　父亲的溘然而逝，迫使写作小组的工作暂时停顿了月余。旋即，写作小组寄哀思于行动，将故居寻访写作再做落实，刘国庆师兄积极联络，邀请江燕校友加入写作小组，有力促进了出版资金募集和书稿写作两项工作。写作小组成员同心协力、共克时艰，终成书于甲辰年岁末。

　　父亲一生教书育人，桃李芬芳。本书既是对北京名人故居的再度探寻，也实现了父亲传承弘扬北京城市历史文化的遗愿。愿每一位翻开本书的读者，都能感受到这份执着与深情，在北京的寻常巷陌中感受历史的温度，得到文化的滋养。

　　父亲何在？父亲何在？愿有天堂，我愿化作天堂鸟，将此书带给父亲，父亲定会露出欣慰的笑容，因为他的理想，正以最美的姿态在人间延续。

齐比学

目录

一座恭王府，半部清朝史 / 任浩	1
马致远：京西古道有遗篇 / 陆正军	9
洪承畴：明末降清第一将 / 刘国庆	11
顾炎武：天下兴亡，匹夫有责 / 齐云 纪纲	14
顺德会馆：朱彝尊在北京的故居 / 岑宏宇	19
孔尚任的戏剧人生 / 赵峥 赵奕凯	21
曹雪芹：陋室空堂，当年笏满床 / 岑宏宇 韩天放	24
大学士阿鲁特·赛尚阿 / 刘国庆	27
顾太清：清代第一女词人 / 张韵 韩天放	31
曾国藩：一代名臣租房住 / 任浩	34
僧格林沁：最后一位铁帽子王 / 任浩	36
崇礼故居：东城民宅之冠 / 张韵	39
晚清首富盛宣怀 / 刘国庆	42
"大刀王五"与源顺镖局 / 张韵	45
杨深秀与闻喜会馆 / 张进	47
郭曾炘、郭则沄父子的蛰园、匏庐 / 张进	50
徐世昌的北京公馆 / 刘国庆	53
乱世枭雄袁世凯 / 刘国庆	55
黎元洪的北京公馆 / 任浩	60
段祺瑞：北洋之虎 / 任浩	62
英敛之：创办大公报和辅仁大学 / 张进	64
赛金花的坎坷一生 / 张进	67
庄士敦：碧眼帝师 / 任浩	70

目录

陈叔通：从晚清翰林到爱国民主政治家 / 刘国庆　　73
王国维：沉没的大师 / 任浩　　76
萧长华：丑行宗师，生徒千计 / 杨景铭　　79
杨小楼：京剧武生之巅 / 杨景铭　张韵　　82
陈宗藩、淑园和米粮库胡同 / 张进　　86
王瑶卿：承前启后的京剧名家 / 杨景铭　张韵　　88
叶恭绰：传奇不惟毛公鼎 / 纪纲　　92
马约翰：为祖国健康工作五十年 / 杨景铭　任浩　　95
孔伯华：孔子后裔，中医圣手 / 柯华　张亚东　石岩　　97
银行家周作民与需公府 / 张韵　　100
李济深：历尽坎坷成大道 / 刘国庆　　102
马叙伦：国庆、国歌提案人 / 刘国庆　　104
一代名净郝寿臣 / 岑宏宇　　106
徐凌霄：杂家报人 / 张进　　108
顾维钧：民国第一外交家 / 任浩　　110
新中国地质事业奠基人李四光 / 刘国庆　　112
"教授的教授"陈寅恪 / 张韵　　114
余叔岩：梨园巨匠，天不假年 / 杨景铭　　116
侯喜瑞：菊坛称大师，桃李遍华夏 / 杨景铭　　119
顾颉刚：蒋家胡同的"国双"遗存 / 张进　　122
汤用彤：承前启后的北大校长 / 刘寅　　127
袁氏三礼，一门才俊 / 张进　　134
陆志韦：燕京大学守护人 / 杨景铭　　139

中共北京市委早期领导人马骏 / 刘国庆	142
何思源：为北平和平解放而奔走 / 刘国庆	145
夏仁德：开国大典人潮中的美国教授 / 刘国庆	147
杨武之：华罗庚与杨振宁的引路人 / 杨景铭	150
路易·艾黎和他的"培黎"遗泽 / 刘国庆	153
诤士章乃器 / 刘国庆	155
翦伯赞：马克思主义史学家 / 刘孟茜　黄迪	157
楚图南：民间外交家 / 刘国庆	159
闻一多：精忠的赤血点染了我的家传 / 杨景铭	161
夏衍：新中国电影文学的奠基者 / 刘国庆	164
向达：大英博物馆里的抄书人 / 杨景铭	167
俞平伯：红楼初解梦，昆曲寄余生 / 郭晋　郭骐畅	170
沙千里：秘密加入中国共产党 / 刘国庆	175
顾毓琇：学贯中西的文理大师 / 杨景铭	177
杜聿明：抗日名将与特赦战犯 / 刘国庆	180
斯诺夫妇的中国缘 / 刘国庆	185
臧克家：邻家诗翁 / 李伯阳　李天怡	188
单士元：行走故宫六十年 / 任浩	191
费正清：最懂中国的西方人 / 刘国庆　任浩	194
赵朴初：佛法书法两昆仑 / 张进　韩天放	198
范长江：新中国新闻事业的开拓者 / 刘国庆	202
时代歌手艾青 / 岑宏宇	205
萧乾：现代文坛多面手 / 张进	207

目录

季羡林：朗润园中育"季荷"/任浩　　　　　　　　　211

邓拓：出版第一部"毛选"的新闻家/张进　　　　　　214

何其芳：从新月派诗人到革命文艺理论家/刘国庆　　218

蒋南翔：新中国高等教育的开拓者/江燕　刘国庆　　221

西部歌王王洛宾/刘国庆　　　　　　　　　　　　　226

张光年：唱出黄河最强音/张韵　　　　　　　　　　229

金学大家吴晓铃/张进　　　　　　　　　　　　　　231

叶君健：把安徒生童话传遍中国/叶芳歌　　　　　　234

叶盛兰：叶派小生开山人/杨景铭　张韵　　　　　　236

漫画大家华君武/刘国庆　　　　　　　　　　　　　238

"活曹操"袁世海/杨景铭　张韵　　　　　　　　　240

周汝昌：新红学第一人/张韵　　　　　　　　　　　243

李少春：京剧艺术革新的代表人物/杨景铭　　　　　246

"平剧皇后"言慧珠/张韵　　　　　　　　　　　　248

曲波：退伍老兵写春秋/任浩　　　　　　　　　　　250

后记一：齐大群老师生平介绍　　　　　　　　　　　252

后记二：齐公桃李满天下，何用堂前更种花　　　　　253

后记三：缅怀我的老师齐大群先生　　　　　　　　　258

一座恭王府，半部清朝史

故居地址：前海西街 17 号

在北京城，恭王府可说是仅次于故宫的"故居"，不仅其规模和历史地位堪称王府之首，还曾居住过和珅、恭亲王这些影响清朝历史的重要人物，再加上恭王府与曹雪芹笔下的大观园若有若无的牵连，真是处处都是掌故。

恭王府的地理位置极佳，东近什刹海前海，北倚后海，以前还有一条引自西海的水渠，绕过王府的西墙和南墙，流入前海，因此全府四面都近水。20 世纪 50 年代水渠被填，成了现在的柳荫街和前海西街。恭王府分为府邸和花园两部分，南为府邸，北为花园，总占地面积 6 万多平方米。

历史钩沉

1780 年，乾隆皇帝下了一条谕旨：所有李侍尧入官中所房屋一处，着赏给和珅，作为十公主府第。钦此。和孝公主是乾隆皇帝最喜欢的小女儿，出生时乾隆已经 65 岁了。她长得很像父亲，性格也爽朗英武，骑射俱佳。乾隆曾说："汝若为皇子，朕必立汝储也。"

这一年，云南总督李侍尧被检举贪污，和珅受命调查证实后，李侍尧被判斩监候，他的宅邸也被入官。此时，乾隆刚刚将和孝公主指婚给和珅之子，并赐名和珅之子

和珅画像

丰绅殷德，这座被没收的宅子也一并送给了和珅。打着公主府第的幌子，和珅对宅园进行了大规模的翻新和改建。

历史上的和珅并非影视作品中常见胖子形象，而以仪表端庄、才思敏捷、处事得当著称，甚至连英国特使马戈尔尼都对他的能力赞赏有加。和珅为满族钮祜禄氏，家族世袭三等轻车都尉爵位，但因父母早亡，年少时曾陷入窘迫，加之科举不中，因此在袭爵后进入宫中担任侍卫。聪明的和珅很快就因为在乾隆面前应对得当而受到赏识，一路平步青云，短短四年就从小小的侍卫做到了户部侍郎和吏部侍郎。查处李侍尧案时，和珅刚满三十岁，因为处置得当，很快被提拔为户部尚书和御前大臣。一时风光无两的和珅不仅吞下了李侍尧及其党羽的财产，也因位高权重得到百官巴结，不知不觉中，他也走上了李侍尧的老路。

和珅至少花了四年的时间建造十公主府，不仅规模和建筑极尽奢华，且多有逾制，他照抄宁寿宫的样式建造了府邸西路的楠木殿堂，还用了不少臣子不能用的毗卢帽门、太平缸、铜路灯等物件。

1790年，15岁的和孝公主下嫁丰绅殷德，正式住进此府。婚礼后六天乾隆皇帝就亲临公主府第看望新婚的女儿。但好景不长，公主在24岁生日这天迎来了父亲的死讯，随后便是兄长嘉庆皇帝宣布和珅的二十条罪状，抄家并罚没家产，据说查抄的家产超过八亿两白银，相当于清政府15年的财政收入。和珅被赐自尽，丰绅殷德因额驸的身份得以保命。

嘉庆把和珅的府邸一分为二，东部仍由公主夫妇居住，西部给了自己的弟弟庆亲王永璘。这位庆亲王不问政事，唯独对和珅的宅子觊觎已久，也算遂了心愿。20年后，公主去世，整座府邸都成了"庆王府"。但随着庆王后代爵位代代降低，到了永璘的孙子辈已不适合居住在这座王府。

咸丰皇帝一登基，就把这座王府赐给六弟奕䜣。奕䜣与四哥奕詝均由奕䜣母亲静贵妃抚养长大，亲如一母同胞，但立储之事让二人生出嫌隙。据说奕䜣文才武功都胜于奕詝，让道光帝颇感为难，最后立下奇特的"一匣两谕"遗诏，同时立奕詝为太子，奕䜣为恭亲王。

刚受封恭亲王的奕䜣还算顺风顺水，因成功组织击溃太平天国北伐连连升迁，得到在军机处行走的权力，打破了皇子不得干预政务的祖制。咸丰陪同孝静皇贵太妃驾临奕䜣整修一新的恭王府，并题写了"多福轩""葆光室"等匾额。但皇贵太妃作古，很快激化了二人的矛盾：奕䜣半逼半推，让咸丰不得不封皇贵太妃为皇太后，咸丰则愤而以奕䜣办理皇太后丧仪"疏略"的罪名，将其逐出军机处，罢免了一切职务。

1856年第二次鸦片战争爆发，英法联军步步逼近。1860年，清军在京郊八里桥大败，咸丰仓皇逃往热河，任命奕䜣为钦差大臣，留在北京主持谈判。南方太平天国的迅猛发展和清军面对洋人的节节败退，让奕䜣坚信"攘外必先安内"，与英、法、俄三国议和，并在咸丰的授意下签署了《北京条约》，随后奕䜣又提出成立"总理各国事务衙门"，很快在京城笼络起一个列强支持的小政权。他凭借自身影响力首倡洋务运动，并支持洋务思想的传播和事业的开展，理所当然地成了洋务派的首领，因此还得了个"鬼子六"的绰号。

1861年，咸丰在热河病死，且未将奕䜣列入顾命大臣之列，这让奕䜣与保守派的矛盾公开化。他迅速与受到顾命大臣压制的同治生母慈禧皇太后结成联盟，发动了"辛酉政变"，将顾命八大臣一网打尽，随后开启了"两宫垂帘听政、亲王辅政"局面。此时，奕䜣以议政王之名，任领班军机大臣兼摄首席总理衙门大臣，总揽内政外交之权。他重用曾国藩镇压太平天国运动，支持李鸿章、左宗棠兴办洋务，所谓"同治中兴"由此而生，恭亲王的权力和地位达到了顶点。也正是这一时期，奕䜣对府邸后花园进行了大规模的修缮，命名为"朗润园"——恭王府及花园今日所呈现的格局，由此基本奠定。

恭亲王奕䜣

很快，踌躇满志的恭亲王再次被最高统治者所忌惮，慈禧太后不仅培养了一批反对者牵制奕䜣，又多次操弄手段，撤销他的职务，随后稍加起复。奕䜣的锐气在权力斗争中逐渐消磨，他的决策开始摇摆不定，处处掣肘也让洋人不满他的行事，内政外交逐渐失势。同治和慈安相继去世后，慈禧以中法战争中清军的惨败为借口，将奕䜣和他的全班人马逐出军机处和总理衙门。恭亲王由此退出政坛，虽然十年后在甲午战争中又被拉出来调和矛盾，但已经只敢按照慈禧的懿旨办事，再无作为，不出四年就病逝了。

恭亲王奕䜣历经三朝，在政坛几起几落，见证了清末政局之变。他曾是宗室中致力于改革的领袖，也在后期成为因循守旧的代表。

1911年年末，继承恭亲王爵位的奕䜣之孙溥伟逃出北京，作为坚定的保皇派，

乐道堂

福厅

后罩楼

他以王府为抵押向西什库教堂的法国神父借款。不断的续借和利滚利，让溥伟逐渐无力还款。1936年他病逝后，神父向法院起诉，辅仁大学在拍卖中买下王府，成为校舍。

府邸建筑

如今我们看到的这座恭王府，基本保留了和珅当年建造时的格局。

中路为礼仪用房，由大门、二门入内，便是按照王府规制设置的银安殿（又称"银銮殿"），并设东西配殿。1921年原有的银安殿失火烧毁，现在的建筑是复建的。后殿"嘉乐堂"，面阔五间，据说其上悬挂的题匾是乾隆赐给和珅的，和珅的文集名为《嘉乐堂诗集》可证此为乾隆朝原物。在恭亲王时代，这座建筑被用作神殿。

东路即是当年和孝公主的"公主府"，目前仅剩两进院落。前院正房为"多福轩"，奕䜣曾以其为王府客厅，在这里会见英法联军的谈判代表，

庭前有一架两百多年的藤萝；后院便是公主曾经的居所，至今堂内屋架上还有凤凰彩画，奕訢后来也居住于此，取名为"乐道堂"，并自称"乐道堂主人"。

和珅为自己建造的西路，虽然方位不如东路尊贵，但却"内有乾坤"，是王府中精华所在。前院的客厅"葆光室"为咸丰御题，有告诫奕訢收敛锋芒的意思。后院的正厅原名"庆颐堂"，源自乾隆所赐"庆颐良辅"匾额，建筑也是和珅时期的旧物。该堂面阔七间——这本是王府之制，非官员应有——前后有廊，后出抱厦五间，堂内正中三间是敞厅，屋内东、北、西三面都装饰着两层的仙楼，上下安装了雕刻精美

西洋门

锡晋斋内景

的楠木隔断，柱础为鼓墩式下承覆莲座。这些正是嘉庆所列和珅二十大罪中第十三款所指：所盖楠木房屋奢侈逾制，隔断式样，皆仿宁寿宫制度，花园点缀与圆明园蓬莱岛瑶台无异，不知是何肺肠。坊间传说，那是和珅命小太监偷偷去宁寿宫抄绘仿制的，但其实和珅当时本就是建造宁寿宫的监工，直接照搬便是。

中、东、西三路院落的后面，是一座阔达165米的后罩楼，面阔多达50余间。按清代规制，王府的后罩楼面阔为7间，这座后罩楼是极为特殊的。楼的后墙上下两层共开了88个窗户，下层窗都是长方形，上层则是各色什锦窗，蝙蝠、寿桃、折扇、如意……取的都是吉祥富贵的好彩头。如今的导游都会说，这是和珅的藏宝楼。嘉庆皇帝曾说，和珅府中夹墙和地窖里都藏有金银——家资累至数十百万，不知其中有多少是藏于后罩楼之中。

后罩楼最西端的五个开间内设有极为罕见的室内园林，其中两层挑空，内设叠

石流水、亭台楼阁，俗称"水法楼"。可惜后来辅仁大学为增加面积，对水法楼进行了大面积的拆除和改建，室内园林荡然无存。

花园

恭王府的府邸与花园用一条宽阔的夹道分开。花园不仅有精美的西洋门，还有环绕大半圈假山所模拟的"城墙"，仿佛自成一体的世外桃源。

据说此地原为明代旧园，也有传闻说这里便是《红楼梦》大观园的原型。按照丰绅殷德留下的诗词推断，和珅时期就已修葺园林，而目前我们所看到的园景，基本为恭亲王改建修整而成。奕䜣在同治初年调集百名能工巧匠，增置山石林木，彩画斑斓，融江南园林艺术与北方建筑格局为一体，无论占地面积还是造园水平，都堪称京城私家园林之冠。因此，恭王府的花园比府邸名声更著。

和府邸一致，花园同样分为中、东、西三路。中路是比较严谨的对称布局，延续了府邸的中轴线；东、西两路则比较自由，东路以建筑为主体，西路主要是水系。

中路的正门为西洋拱券式，汉白玉雕刻，与圆明园大水法的门颇为相似。道光三十年（1850年）所绘的样式雷图样中就有这座西洋门，可见在恭亲王入住之前，这座西洋门就已存在，也不排除是和珅时期旧物的可能。

入园门，左右分列两座青石假山，中有小径，迎面是高达五米的太湖石"独乐峰"，起到影壁的作用。假山侧翼向东西延展，继而向北延绵，使得全园南、东、西三面呈峰峦环抱之势。山上建有城墙，甚至在西侧的次入口上设有狭窄的城墙关隘"榆关"，寓意清朝先祖从山海关入主中原；入园东南侧的假山上则有一座"曲水流觞"的小亭，名曰"沁秋亭"。

绕过独乐峰，豁然开朗，三面围合的院子正中一个蝙蝠形状的水池，名为"蝠池"——池中引入什刹海活水，而在清代北京往私宅中引活水是要皇帝特批

从邀月台俯瞰花园全景

的，恭王府的荣耀可见一斑。北侧的正厅"安善堂"建在青石叠砌的台基上，前出抱厦，以曲尺游廊与东西厢房相连，这是恭亲王在园中宴请宾客的所在。

安善堂后面的院子，以一座巨大的太湖石假山"滴翠岩"为中心，山腹有洞，名曰"秘云"，其中内嵌康熙手书"福"字碑。有民俗专家解读说，此"福"左边似"子"似"才"，右边似"寿"，"寿"字上部似"多"，下部似"田"，综合起来就是多子、多才、多田、多寿、多福的寓意。清代帝王有新年给臣子写福字的传统，但恭王府的年代远远晚于康熙朝，此"福"字应是从他处迁来花园，并配合这块碑建造了秘云洞。

滴翠岩的邀月台是花园的制高点，登临即可尽览园内美景，台上三间小室，中秋时节在此赏月游玩，堪称绝佳。从邀月台北侧拾级而下，紧贴假山而建的，即是花园最靠北的建筑——"蝠厅"。蝠厅前方出抱厦三间，两侧又出耳房，建筑平面像个蝙蝠，因此得名。蝠厅的梁柱构件全部彩绘斑竹，在假山和树木的荫蔽下更显幽静、清凉，是夏季消暑的好去处。

花园的东路建筑比较密集，以大戏楼为主体，前有两进院落。自垂花门入，先是植翠竹千竿的"竹子院"（据说恭亲王的福晋最爱翠竹），后为"牡丹院"，由此进入戏楼正门。

大戏楼是同治年间奕䜣改造花园的重点，与西洋门和后罩楼并称为恭王府三绝。它是我国现存唯一的全封闭式大戏楼，建筑面积685平方米，采用三卷勾连搭形式，设有前厅、观众厅、舞台及扮戏房等部分。尤其值得一提的是戏楼的声音效果，为了保证声音逼真，将戏台底下掏空后放置了若干口大缸，增大了共鸣空间。演员无需借助工具，就能让观众在戏楼任何一处都清晰地听到演唱。戏楼的装修也是金碧辉煌，据说当年慈禧太后喜欢在院子里看戏，恭亲王便让人在屋顶画满藤萝，模仿室外的藤萝架。棚顶悬大宫灯20盏，地面铺青砖，八仙桌配太师椅，戏楼后壁的木槛，用暗蓝色丝布做底衬罩饰。除了演戏之外，这里还是当年府中举办红白喜事的地方。每逢重要人物寿终正寝，就会布满挽联、挽幛，香烟缭绕，长幅高悬，各寺僧尼在此洒经超度亡灵。

相较于中、东二路，花园的西路舒朗开阔，主景是面积达1800平方米的方形水池和池中小岛上的敞厅"观鱼台"，周边的假山凿泉引水，自池塘三个不同方位的石刻龙头流入池内。中、西二路之间为一带游廊"诗画舫"间隔，池北则散布几座建筑。

北京的园林，特别是王府中的园林比江南园林更为开阔，空间尺度更大，且遵循宗法规制更强调对称和端庄。恭王府的花园正是其中的佼佼者。

恭王府与《红楼梦》

曹雪芹在《红楼梦》中描绘了一座兼具北方皇家园林的富丽宏阔与南方私家花园的典雅幽深的古典园林——大观园。自《红楼梦》问世以来，关于大观园原址的探寻就从未停止，猜想迭出，争议不断。其中，关于恭王府及什刹海周边一带即是《红楼梦》中的贾府和大观园的说法在清末就已出现。红学家周汝昌提出"曹雪芹所绘之芳园应在北京西北隅德胜门一带""曹家老宅应在护国寺一带"的结论，并结合乾隆京城全图发现这一带正有恭王府这样一处宅邸，因此提出恭王府即《红楼梦》中荣国府大观园创作蓝本的观点。

1949年后，经过1952年的院系调整，辅仁大学主体成为北京师范大学，恭王府和花园先后被多家单位占用，凌乱失修。1962年，周恩来总理在王昆仑等人陪同下到恭王府视察，提出要将恭王府保护好，将来有条件时对社会开放。对于恭王府花园是否是大观园的疑问，他说："不要轻率地肯定它就是《红楼梦》的大观园，但也不要轻率地否定它就不是。"一直到去世前，周总理都在关心恭王府开放的事情。

经过多年的动员和搬迁，1988年，恭王府花园正式对外开放；2008年8月20日，恭王府府邸及花园实现全面对外开放。周总理的遗愿经过数十年终于完全实现。

综观如今恭王府花园中的各处景致，有二十景名称与大观园相似，甚至直接套用了景点名称，如"曲径通幽""渡鹤桥"等，东路入口处有小块菜圃"蓺蔬圃"，很像"稻香村"；"诗画舫"又似"藕香榭"；"蝠厅"则有"怡红院"和"潇湘馆"的影子……但实际上，和珅得势已在乾隆后期，曹雪芹及其家族显赫时的族人早已故去。在乾隆十五年所绘的京城全图上，这一位置还是大片民居，而无花园和府邸；加之今人所见"萃锦园"的形制俱为恭亲王时期置办，与曹氏的渊源就更是无从谈起了。因此，较为可信的解释是，自从《红楼梦》面世后，不仅广受社会大众欢迎，也为达官显贵喜爱，据说和珅本人就是不折不扣的"红迷"，私下很爱看《石头记》。从那时起，花园的历代主人就在有意无意间模仿书中对大观园的描述，而曹雪芹极为真切的描述想必来源于当时常见的园林置景手法，二者之间已是"鸡生蛋""蛋生鸡"这样剪不断、理还乱的关系了。

文/图/任浩

马致远：京西古道有遗篇

故居地址：门头沟区王平镇西落坡村

马致远（约1250—1324年秋），字千里，号东篱，元大都人（今北京），元代著名的戏曲作家、散曲家，与关汉卿、郑光祖、白朴并称为"元曲四大家"。因为一首《天净沙·秋思》："枯藤老树昏鸦，小桥流水人家，古道西风瘦马，夕阳西下，断肠人在天涯"，马致远被尊为秋思之祖。

马致远故居位于北京市门头沟区王平镇韭园村的西落坡村，这里紧邻著名的京西古道，是元明清时代山西进入北京的咽喉要道。

从北京西三环路出发，沿着阜石路一路向西，到了门头沟区驶入石担路，再沿着蜿蜒的山路行驶大约一个小时，就可以抵达王平镇韭园村。2023年夏北京门头沟区遭遇了特大洪灾，寻访沿途，道路和建筑损毁严重，不时会看到工人们在修复道路和通信设施。

马致远故居是一座标准的四合院，坐西朝东，四面有房，共17间。故居门前有小桥流水，院门外影壁墙上镌有"马致远故居"字样，影壁墙的旁边立有木牌，上面刻录了马致远的《清江引·野兴》："西村日长人事少，一个新蝉噪。恰待葵花开，又早蜂儿闹，高枕上梦随蝶去了。"村里故老相传，马致远曾居住于此，这首小令中的西村据说就是西落坡村。

故居大门两侧悬挂张金铭先生撰写的一副对联："山河沧桑久葆小桥流水人家，

古道依旧无迹昔日西风瘦马"。进入故居院内，院中央是宋祖光先生设计的马致远蹲踞读书的塑像，旁边还塑有一匹永远活在中国文学史中的瘦马。坐像下石碑记载了故居的由来：这个院子原为马氏后人居住，2008年由中国农民书画研究会策划，在王平镇政府的支持下，与房主马春福、马春华等人签订租赁协议，历经改造，将老旧破败的小院修葺成为如今的马致远故居。

院内左首的房间是马致远故居陈列馆，右首房间为东篱馆。可能是疏于管理抑或受水灾影响，这些房间都是"铁将军把门"暂不开放，从窗外看进去，房间里有马致远抚琴的塑像，还陈列了一些仿古的家具和器皿，墙上悬挂了一些名人字画。

马致远出生在一个富有且有文化素养的家庭，自幼饱读儒家经典，勤学六艺，对古琴情有独钟。马致远年轻时热衷于求取功名，希望凭借自己的"佐国心，拿云手"一展抱负。据说他曾经向元太子孛儿只斤·真金献诗获得赏识而为官（"且念鲰生自年幼，写诗曾献上龙楼"）。1285年随着元太子去世，马致远被下放到江浙任省务官，此后郁郁不得志。元贞大德年间，马致远加入元贞书会，这一时期是他杂剧和套曲创作的高峰期。由于仕途屡受挫折，以及对元代政局的极度失望，马致远的散曲和杂剧创作也经历了由儒入道的转变，不再追求实现自己的政治抱负。他后期创作的散曲和神仙道化杂剧都流露出道家归隐的意蕴。马致远50岁左右归隐山林，过起了"酒中仙、尘外客、林中友、曲中游"的生活。马致远一生创作了大量的杂剧、散曲和套曲，其中杂剧《汉宫秋》、套曲《秋思》和小令《秋思》构成了他艺术创作的三座高峰。

元曲和杂剧作为上承唐诗宋词，下启明清小说的重要文学经典，多部作品入选了中学语文课本和课外读物。上高中时，我的语文老师齐大群先生常常在课堂上点将，朗读散曲和杂剧章节，由于文字通俗易懂，读到精彩处，大家常常笑作一团。一晃30年过去了，齐大群先生已于2021年仙逝。先生生前对马致远颇为推崇，几次筹划探访此处故居，但都因为修路和身体健康原因没能成行。作为他的学生，今天的探访算是替先生完成一个未了的心愿。

文 / 图 / 陆正军

洪承畴：明末降清第一将

故居地址：东城区南锣鼓巷 59 号；东城区东晓市街 203 号

洪承畴（1593—1665 年），福建泉州南安人，明清两朝重臣。洪承畴自幼聪明过人，23 岁中举人，24 岁中进士。初入仕途，洪承畴并没有受到重视，被派到陕西，当了一个督粮官。

1629 年，陕西爆发了农民起义，因缺少武将，洪承畴便以文入武，领兵围剿，初步展示出他的军事才能，随即被提拔为延绥巡抚、三边总督，并加太子太保、兵部尚书衔，总督河南、山西、陕西、湖广、四川五省军务，成为镇压农民起义军的主要军事统帅。

1639 年，清军南下，锦州危急，朝廷任命洪承畴为蓟辽总督，率 13 万大军前往救援。洪承畴采取步步为营、稳扎稳打的战术，战事一度进展顺利。但此时明朝的财力已无力承受一场消耗战，于是崇祯帝诏令洪承畴率明军与清军决战。冒进的结果就是被皇太极率八旗军断了退路，被困松山城内。洪承畴坚守数月，粮尽援绝，城破被俘。

1642 年，被俘后的洪承畴被押往盛京（沈阳），囚于太庙。洪承畴以绝食拒降。皇太极明白，要想进军中原，洪承畴是个不可或缺的人才，因此坚持劝降，先后派人前往抚慰。在观察到洪承畴生望尚存后，皇太极亲自出马，使尽怀柔策略。作为败军之将，洪承畴明白即便回到京城也只有死路一条。于是在被俘三个月后，洪承畴选择了"易服剃发"，向皇太极俯首称臣。戏剧性的一幕是，彼时崇祯帝正在京城为洪承畴举办高规格的葬礼。皇太极命洪承畴隶镶黄旗的包衣牛录，还未待发挥洪承畴的才能，1643 年皇太极暴病去世，其子福临（顺治帝）继位。

就在洪承畴被崇祯皇帝任命为蓟辽总督，率军去解锦州危机之后，农民起义军在李自成

洪承畴位于北京东城区南锣鼓巷 59 号的故居。

带领下于1644年3月乘虚攻入北京城，崇祯帝在煤山（景山）自缢。趁此之机，皇太极的弟弟、摄政王多尔衮，以洪承畴为引领，率八旗军南下直趋北京，将入皇城仅42天的李自成赶出了北京。

入主紫禁城后的顺治帝器重洪承畴，御赐太子太保、兵部尚书兼都察院右都御史，佐理军务，授大学士，成为首位汉人大员。洪承畴在任上采取"以抚为主，以剿为辅；原官留任，不念旧故"的策略，劝降了不少明朝官员，避免了大规模流血武装冲突，同时为保护汉文化做出了力所能及的努力。

洪承畴是一个颇具争议的历史人物，历来褒贬不一。孙中山曾写诗这样评价洪承畴：五族争大节，华夏生光辉。生灵不涂炭，功高谁不知。满回中原日，汉戚存多时。文襄韬略策，安裔换清衣。

从24岁起，洪承畴历为明清两朝恪尽职守，征战南北，直至迟暮之年还征战在剿灭南明永历政权的前线。1653年，在平定西南行军途中，洪承畴写下了唯一传世的一首五言绝句诗《督师》："横秋看剑气，跃马渡金波。坐策连云骑，亲挥指日戈。"

1659年夏，年老体衰的洪承畴向朝廷告老，请求回京。次年获准返京，奔波征战了一生的洪承畴终于可以安享晚年了。一年后，顺治帝去世，玄烨（康熙帝）继位，洪承畴被授从三品三等轻车都尉世职，世袭四世。这是一个外姓功臣的爵位称号，无实职。但这个爵位还是议政王大臣会议多次争论才落实的。

1665年，洪承畴去世，清廷恩赐祭奠如制，谥文襄，赐葬皇家御河不远处的车道沟。松林环绕的洪氏墓园规模很大，立有石碑、石人、石马、石狮。可悲的是，在洪承畴死后100年，乾隆把大清国的这位开国功臣列为《贰臣传》125个明朝降将中的首位，遭到羞辱。

洪承畴故居在北京有两处，一处位于东城区南锣鼓巷59号，另一处在东城区东晓市街203号。清朝入主京城后，把内城居住的汉人全部迁赶到外城。作为清廷功臣，洪承畴没有被赶出内城，依旧居住在位于内城的府邸，顺治帝又在外城金鱼池附近赐给洪承畴另一处更大规模的住宅。

南锣鼓巷位于北京中轴线东侧的交道口地区，北起鼓楼东大街，南至平安大街，宽8米，全长787米，

洪承畴位于北京东晓市街的故居，现在是金台书院小学。

与元大都同期建成，是北京最古老的街区之一，至今已有740多年的历史。这是一条南北走向的胡同，东西两侧各有8条胡同对称排列，完整地呈现出北京的文化内涵和两翼对称的建筑格局，以及北京独特的胡同和四合院风格，是北京的重点胡同保护区。

洪承畴故居是明末清初的建筑，后有损毁，现存部分是清朝中期的建筑。南锣鼓巷59号的"大门"看起来小而简陋，如果不留意挂在门旁的标识，游人可能不会想到著名历史人物曾经在此居住。门旁的中英双语标识牌提示：洪承畴宅位于南锣鼓巷五十九号，洪承畴曾居住于此。洪承畴（1593—1665年），字彦演，号亨九，福建南安人，是明末叛臣之一，也是清朝定鼎中原的重臣。原门外有两只铁狮子，为全城瞩目。现存北房三间，前出廊，为合瓦清水脊硬山房，是清代中晚期建筑。据说是洪氏祠堂所在地，时称洪家大门，但已经后世翻建。我国著名的古人类学家裴文中（1904—1982）先生也曾在此居住过。他于1929年发掘出第一个北京猿人头盖骨化石，成为中国古人类学发展史上的重要里程碑。

依照洪承畴在明清两朝的地位，他的这座府邸绝对不会只有现存的这个院落。对比附近奎骏故居的规模，当年的洪承畴府邸应该囊括沙井胡同与黑芝麻胡同之间的大部分地面。

洪承畴的这处故居现在已成为大杂院，根本看不出原来的模样，院内房屋大部分已被改建，加盖的简易房使过道狭窄。坐北朝南的三间北房看起来略有气象，前出廊，合瓦清水脊硬山房，有年代感。据说，当年洪承畴因忙于公务，无暇回乡祭祖，就将祖宗牌位供奉在此，因此，这里也被当地人叫作"洪氏家庙"或是"洪氏祠堂"。在南锣鼓巷整治过程中，59号院中曾发掘出来一对门墩，后按古法端端正正地把这对门墩安放在了整修一新的大门两侧（现存门墩为2006年整治时仿制）。

洪承畴的另一处府邸位于天坛北门祈年大街路西的东晓市街。由于这座府邸是顺治帝赐予，面积和建筑规模肯定比南锣鼓巷的府邸只大不小。据零散记载，此处府邸环境优美，内有花园、鱼池、亭台楼阁。洪承畴死后，这里被改建成"首善义学"，一所慈善性质的学校，供孤寒儿童免费就读，康熙御题匾额"广育群才"悬挂中堂，后于乾隆年间正式改建成"金台书院"，成为京城规模最大、名声最响、存在时间最长的学校，所收学生主要是京师和各省准备参加会试、殿试的举人和贡生，以及顺天府的童生。清末废除科举制度后，这里演变为普通学校，现在是"金台书院小学"。1984年"金台书院"被列为"北京市文物保护单位"。

洪承畴墓园位于车道沟桥东北角，兵器集团10号住宅楼北边的幼儿园内，现存一对石狮子，一片松树林，石碑等物已无踪影。

文／图／刘国庆

顾炎武：天下兴亡，匹夫有责

故居地址：西城区广安门内大街报国寺西院

一、简要生平

顾炎武（1613—1682年），生于南直隶苏州府昆山县千灯镇，卒于山西临汾曲沃县。原名绛，曾更名继绅，字忠清。明亡后，因慕文天祥学生王炎午为人，改名炎武，字宁人。曾因避仇寄居南京钟山即蒋山，亦自署蒋山佣。顾炎武还使用过顾圭年、王伯齐等化名。后人多以其号亭林先生尊称。他博学多知，与黄宗羲、王夫之并称"明末三大儒"或"明末三先生"；加上唐甄，又并称为"清初四大启蒙思想家"；他同时又是经学家、史地学家、金石学家、音韵学家。

顾炎武生于簪缨世家，生父顾同应，生母何氏。顾氏为江东世族，越王勾践之后，曾祖顾章志曾为南京兵部右侍郎。顾炎武后来被过继给去世的堂叔顾同吉为嗣，顾同吉之妻（十六岁时因顾同吉早逝，未成婚即守节）是太学生王述之女，独力抚养顾炎武成人，教以岳飞、文天祥、方孝孺忠义之节。

顾炎武六岁启蒙，十岁开始学史书及文学名著，十一岁自督读《资治通鉴》，务求甚解并做详细笔记。天启六年（1626年）十四岁取秀才，与归庄友好，同入复社，"砥行立节，落落不苟于世，人以为狂"。二人个性特立耿介，时称"归奇顾怪"。由于屡试不中,"感四国之多虞,耻经生之寡术",以为"八股之害,等于焚书;而败坏人才,有盛于咸阳之郊",故退而读书,"历览二十一史、十三朝实录、天下图经、前辈文编说部,以至公移邸抄之类,有关民生之利害者随录之。"

崇祯五年(1632年)壬申春三月,顾炎武二十岁,应岁试,提学御史甘学阔拔其卷列一等十四名。崇祯十六年(1643年)夏,以捐纳成为国子监监生。

清兵入关(1644年)后,顾炎武暂居语濂泾,由昆山县令杨永言之荐,在南明朝廷任一个小官。顾炎武把复仇的希望寄托在由福王朱由崧建立的弘光小朝廷之上,满腔热忱撰成《军制论》《形势论》《田功论》《钱法论》,即著名的"乙酉四论",为朝廷出谋划策,针对南京政权军政废弛及明末种种弊端,从军事战略、兵力来源和财政整顿等方面提出一系列建议。

顺治二年(1645年)五月,顾炎武取道镇江赴南京就职。尚未到达,南京即为清兵攻占,弘光帝被俘,南明军崩溃,清军铁骑直指苏杭。其时,江南各地抗清义军纷起。顾炎武和挚友归庄、吴其沆(字同初,上海嘉定人)投笔从戎,参加了佥都御史王永柞为首的一支义军。诸义军合谋,拟先收复苏州,再取杭州、南京及沿海,一时"戈矛连海外,文檄动江东",惜乎残破之旅,实不敌气焰正炽的八旗精锐,义军攻进苏州城,随即遇伏而溃,松江、嘉定亦相继陷落。

顾炎武潜回昆山,又与杨永言、归庄等守城拒敌。不数日昆山失守,惨遭屠城,死难者多达4万人,吴其沆战死,顾炎武生母何氏右臂被清兵砍断,两个弟弟被杀,顾炎武本人则因城破之前已往语濂泾而侥幸得免。九天之后,常熟陷落,顾炎武嗣母王氏闻讯绝食殉国,临终嘱咐顾炎武:"我即使是一个妇人,身受皇上恩宠,与国俱亡,那也是一种大义。你不是他国的臣子,不辜负世代国恩浩荡,不忘记先祖的遗训,那么我就可以长眠地下了。"

不难想象,顾炎武这一代汉族读书人,从小就饱读"忠""孝""义",亡国本已是奇耻大辱,更要面对清军的铁蹄,无论是"扬州十日"还是"嘉定三屠",亲人、朋友血淋淋的遭遇更是将国恨叠加了家仇。而对于活着的人来说,还要面对"剃发易服"这样的高压统治,很难不把"反清复明"作为个人的主要追求和使命。

之后经年,顾炎武一方面受家产之争的拖累,甚至一度因为手刃了出于侵吞其家产目的而告密于官府的家仆导致了牢狱之灾;另一方面则积极奔走于各股抗清力量之间,意图纠合各地义军伺机而动。随着弘光朝廷及闽浙沿海的隆武等南明政权先后瓦解,顾炎武亲身参与的抗清活动一再受挫。但是,顾炎武并未因此而颓丧。他以填海精卫自比:"万事有不平,尔何空自苦。长将一寸身,衔木到终古。我愿平东海,身沉心不改。大海无平期,我心无绝时。呜呼!君不见,西山衔木众鸟多,鹊来燕去自成窠。"

至顺治十三年（1656年）春，杀仆一案结案，顾炎武出狱。但其家难未解，多次遭遇仇家的跟踪和刺杀，险遭不测。1657年年初，顾炎武决计北游，出售了全部家产而去，一方面可以结纳各地抗清志士，考察北中国山川形势，徐图复明大业；另一方面也是远离纷争，离家避祸。从这一年开始，顾炎武至死再也没有回到过家乡。

顾炎武考察山川形势，"九州历其七，五岳登其四"。他联结反清人士，遍历山东、山西、河南、河北、陕西、甘肃等地，"所至厄塞，即呼老兵退卒，询其曲折，或与平日所闻不合，则即坊肆中发书而对勘之""往来曲折二三万里，所览书又得万余卷"。顺治十六年（1659年），至山海关，凭吊古战场。晚年定居陕西华阴。

顾炎武后来致力于学术研究，潜心于经世致用之学。他"精力绝人，无他嗜好，自少至老，未尝一日废书"。对宋明所传心性之学深感不满，主张著书不如抄书。晚年侧重经学的考证，考订古音，分古韵为10部，认为"读九经自考文始，考文自知音始。"他是清代古韵学开山祖，成果累累；对切韵学也有贡献。

平定三藩之乱后，康熙帝开博学鸿儒科，招揽明朝遗民，顾炎武三度致书清廷，表示"耿耿此心，终始不变"。康熙二十一年（1682年）正月初四，在山西曲沃宜园韩姓友人家上马时不慎失足，呕吐不止，初九丑刻卒。

二、学术与文风

顾炎武反对宋明理学空谈"心、理、性、命"，提倡"经世致用"的实际学问和对器物的研究，强调"形而上者谓之道，形而下者谓之器，非器则道无所寓"，因而提出以"朴学"代替"理学"的主张，扭转了晚明的空疏之风。顾炎武以《易》为宗，以史为归，反对心性之说，认为信奉程朱理学"百余年以来之为学者，往往言心言性，而茫乎不得其解也。"他提倡"多学而识""博学于文""行己有耻""自一身以至于天下国家，皆学之事也"。开一代之新风，提出"君子为学，以明道也，以救世也。徒以诗文而已，所谓雕虫篆刻，亦何益哉？"顾炎武因此被认为是清代考据学的开山祖师。清代中期许多学者以此发端，崇尚研究历史典籍，对中国历史从天文地理到金石铭文均反复考证，被称为"乾嘉学派"。

顾炎武强调做学问必须先立人格，"礼义廉耻，是谓四维"；主张众治，反对君主"独治"；提倡"保天下者，匹夫之贱，与有责焉。"（《日知录》卷十三）梁启超在《痛定罪言》中引述为"天下兴亡，匹夫有责"，遂使壮言遍传华夏。

顾炎武作文章讲究实用，不事藻饰，朴素自然，论理清楚。诗风如杜甫，用典精切，多关心时事。晚年诗风一变，充满想象，甚至将神仙、道法等融入诗歌。杜荫堂说顾炎武"锐意学杜，晚一变而神游谪仙之门。"

顾炎武"经世致用"的思想，一直影响到了百余年之后的林则徐、魏源与龚自珍。其著作以《日知录》（书名取自《论语·子张篇》。子夏曰："日知其所亡，月无忘其所能，可谓好学也已矣。"）最为著名。全书三十二卷，其中一至七卷论经，八至十二卷论政治，十三卷论世界风气，十四、十五卷论礼制，十六、十七卷论科举，十八至二十一卷论艺术、文学，二十二至二十四卷论名义，二十五卷论古事真妄，二十六卷论史法，二十七卷论注书，二十八卷论杂事，二十九卷论兵事、外国，三十卷论天象术数，三十一卷论地理，三十二卷论杂考。顾炎武自认《日知录》是生平得意之作："平生之志与业皆在其中。"

三、故居与祠堂

顾亭林祠在报国寺（又称大报国慈宁寺，慈宁寺）的西跨院（又称小报国寺），顾炎武在顺治十五年（1658年）进京后，就在此处落脚。在京期间，他曾多次探访昌平并十次拜谒明陵，写下了具有丰富史料价值的《昌平山水记》和《京东考古录》。康熙十八年（1679年），清朝开明史馆，征召海内名儒修纂《明史》，很多人推荐顾炎武。但顾炎武以"愿以一死谢公，最下则逃之世外"回拒帝师熊赐履，力辞而走，从此离开北京，隐居山西、陕西一带。三年后，顾炎武在山西去世。

顾炎武身后，很多人来报国寺西小院祭祀。到了道光二十三年（1843年），由翰林院编修何绍基、张穆等人发起，许多大臣捐款，在顾炎武一生居住时间最长、著述最多的报国寺西小院修建了一座顾炎武祠，既纪念这位"开国儒师"，又希望唤起国民的危机意识。两年后祠堂落成，祠内设佛堂、享堂、碑亭和游廊等，朴素大方，庄重脱俗，成为儒臣学子聚会社交之所。同治三年（1864年），该祠重修，御史朱琦撰《顾亭林先生祠记》，刻碑留于祠内。光绪二十六年（1900年），报国寺遭八国联军施虐，祠堂一并被毁（又有一说：顾祠虽与报

顾炎武祠

国寺一墙之隔，但得以幸免于战火）。光绪三十年（1904年），祠堂经张之洞等人动议改修成昭忠祠。1921年，王式通等再次重修时，增为三进院落。北洋政府大总统徐世昌亲撰《重修顾亭林先生祠记》，亦刻碑留于祠内。1934年，顾炎武祠被知行中学占用，后经与当局争取，将祠堂、佛殿、碑亭各三楹及西房一间顾氏遗物收回，交由顾炎武祠保管委员会保存。抗日战争时期，顾炎武祠被日军占领，当作军需库，遭到极大破坏。日军投降后，被国民政府河北田赋粮食管理处用作粮库。1949年后，政府接管重修，由粮食部使用。1969年，粮食部与商业部合并，报国寺由北京高炉厂（金属熔炼厂）使用，寺内建筑被改造成生产车间和仓库等。1988年工厂迁出，又归商业部使用。1984年5月24日，顾炎武祠被列为北京市第三批文物保护单位。1990年北京市文物局着手修复顾炎武祠。

为纪念亭林先生，中国境内有多处顾亭林祠，现存的除了北京报国寺顾亭林祠外，著名的还有南京夫子庙顾亭林祠。另外，陕西华山也有顾炎武晚年的故居——顾庐。江苏昆山亭林公园内有顾亭林纪念馆。位于昆山千灯古镇之千灯浦西蒋泾南岸的顾炎武故居，原为顾炎武祖父顾济所建，嘉靖年间为倭寇所毁，嘉靖帝赐原地重建。顾炎武故居坐西朝东，为五进大宅。正厅贻安堂为明代建筑，雕梁画栋。故居后园有顾亭林之墓和石马。

文／图／齐云 纪纲

顺德会馆：朱彝尊在北京的故居

故居地址：西城区海柏胡同 16 号

"燕子斜阳来又去，如此江山。"喜爱清词的人们一定知道朱彝尊（1629-1709年），清代诗人、词人、学者、藏书家。朱彝尊字锡鬯（音 chàng），号竹垞，又号驱芳，晚号小长芦钓鱼师，又号金风亭长。汉族，浙江秀水（今浙江嘉兴市）人。康熙十八年（1679年）举博学鸿词科，除检讨。康熙二十二年（1683年）入值南书房。曾参加纂修《明史》，受康熙皇帝赏识，特许在紫禁城内骑马。朱翁博通经史，诗与王士祯称南北两大宗，作词风格清丽，为浙西词派的创始者，与陈维崧并称朱陈。又精于金石文史，购藏古籍图书不遗余力，为清初著名藏书家之一。

广东顺德会馆坐落在北京原宣武区海柏胡同 16 号，是一个不起眼的院落。就在这里，朱彝尊完成了第一部关于北京地方史的巨著《日下旧闻》。这部巨作的完成，耗尽了朱彝尊半生的心血，为后人留下了宝贵的资料。

康熙二十三年（1684年），朱彝尊编辑《瀛洲道古录》，因私自带着他的学生入内廷抄录"四方经进书"，为学士牛钮弹劾，降官一级，住所也从黄瓦门迁移到宣武门外的海柏寺街。为此，朱彝尊曾作有一首《移居诗》："诏许移家具，书唯定客踪。谁怜春梦断，犹听隔城钟"。在《曝书亭集》中还有一首《古藤书屋送人诗》："我携家具海波寺，九月未槁青藤苗。夕阳倒影射栘柳，此时孤坐不自聊"。《顺天府志》记载的海柏寺即为海波寺。明代在海波寺街上可能有个寺庙，名为海波寺，因久已倾废，无从考证了，但是街名则仍以寺名流传下来。当时朱彝尊就居住在与海波寺街相邻的一间不甚宽绰的南屋里，此地即后来的顺德会馆。朱彝尊在北京几经辗转，这里是他居住时间最长的地方。

朱彝尊居住的南屋前，种植着两棵紫藤，每逢春夏之交，紫藤花盛开，小院充满生机。故此朱彝尊的诗中有不少吟咏紫藤的佳作，他还给自己居住的这间房子起名为"古藤书屋"。在书屋的对面，有一座亭子，名为"曝书亭"，亭子有柱无壁，是专为晒书用的。《顺天府志》记载，顺德会馆"庭有藤二本，柽树一株，旁帖湖石三五，可以坐客赋诗"。这可以使我们想象当时院中是多么幽雅，一派文人墨客吟诗阔谈的生动景象。朱彝尊曾邀友人在古藤书屋饮酒，限以藤、柽为题作诗。迟汤右曾诗云："柽叶绿如伞，藤花红满檐。"可知庭院中红绿相映，景色宜人。康熙二十七年（1688年）王士祯来京，朱彝尊也曾邀请他在古藤书屋共饮，食鲍鱼半翅，观米海岳研山图经。这些只是朱彝尊在此居住时的偶尔活动，更多的时间则是用来进行他所喜爱的历史研究。王原在《日下旧闻》一书的原跋说朱彝尊："日夕共卧一室，藤床竹几，架上藏书万轴，围列左右，先生目不停披，手不绝书"。冯博也曾说朱"僦居古藤书屋，风雨一编，青灯永夕。人见其萧然阖户，疑有牢愁羁旅之思，不知其搜拾旧闻，订讹辨误，与古人角胜于楮墨间也"。朱彝尊就是在这幽静、不大的书屋里，编著了关于北京历史的第一部不朽巨作《日下旧闻》，此书成为研究北京的珍贵文献。朱彝尊为编写此书所居的古藤书屋或叫"藤花书屋"也因而大获名声，后人在书中、

文中对古藤书屋多有提及。康熙二十八年（1689年），朱彝尊移居下斜街时曾作诗云："不道衰翁天倚著，藤花又让别人看。"由此可看出他对海波寺街这处居所的依恋之情。

1984年，顺德会馆被列为北京市第三批文物保护单位。旧时古藤在民国时期就已枯死，仅剩有一尺多长的根，现已不复存在。曝书亭一直保存到1949年以后，可惜在"文革"中被毁。古藤书屋饱经沧桑也已不存，原有"古藤书屋"字样的匾额亦不复存在。

海柏胡同现已名存实无，原来的顺德会馆已经翻新重建，现位于一在建房产项目之一角。

文 / 图 / 岑宏宇

孔尚任的戏剧人生

故居地址：原宣武区海柏胡同"岸堂"

孔尚任（1648—1718年），字聘之，又字季重，号东塘，别号岸堂，自称云亭山人，清初诗人、戏剧家，生于山东曲阜，孔子六十四代孙。孔尚任在儒家思想和学术上有着深厚的积累，自幼学习礼、乐、兵、农等各种学问，并且对乐律进行了考证，为后来创作戏曲打下了坚实的音乐基础。他创作了许多著名的戏曲作品，包括传世经典《桃花扇》、与顾彩合作的《小忽雷传奇》以及杂剧《大忽雷》。其中，《桃花扇》被视为明清历史剧作的最高成就，成为明清传世传奇戏的巅峰之作。该剧讲述了明末时期秦淮河畔侯方域和李香君的爱情故事，通过悲欢离合的故事表达了对国家忠诚的追求，展现了明朝遗民的亡国之痛。因其杰出的戏剧创作才华，孔尚任与《长生殿》的作者洪昇并称"南洪北孔"，被誉为康熙时期文坛双星。

仕途生涯

孔尚任的仕途生涯经历起伏不定。青年时期，他想努力通过科举考试进入仕途，但未能成功。为了筹集学费，他不得不典卖家产，成为国子监的捐监生。然而，命运在他37岁时发生了转机。

康熙二十三年年底（1684年），康熙帝结束南巡回京，途经曲阜祭孔，孔尚任因其杰出的学识和讲经才华被推荐到御前讲经。他所讲的《大学》第一章深受康熙帝的赞赏，还陪同康熙参观了孔林圣迹。回京后，康熙帝立即破格提拔他为国子监博士，职位仅次于祭酒和司业。

在国子监供职一年半后，孔尚任奉命随工部侍郎孙在丰赴淮扬治水，历时四载。康熙二十九年（1690年），孔尚任回到京城，开始了长达十年的京官生涯。回京后的五年，他仍然担任国子监博士，康熙三十四年（1695年）秋升为户部主事，奉命在宝泉局监铸钱币。康熙三十九年（1700年）三月，孔尚任被任命为户部广东司员外郎，同年五月被罢免官职。

京外旧居

孔尚任的旧居有三处。其中有两处在京外。

一处位于山东泰安的石门山，是他在出仕前和罢官后的两次隐居之地，也是《桃花扇》初稿创作的地方。

另一处位于江苏泰州的陈庵，环境清幽，是他奉命督办治水工程期间的住所。这期间，他目睹了河政的艰难、官吏的挥霍腐败以及人民的苦难悲号。他被这些现实所触动，为之"呻吟疾痛"，并创作了630多首诗歌，结成《湖海集》。孔尚任在此期间几乎足迹遍及南明故地，结交了一大批有民族气节的明代遗民，他们的爱国思想深深影响了孔尚任，加深了他对南明兴亡历史的认识。孔尚任积极收集素材，丰富了《桃花扇》剧本的构思。这一处住所是孔尚任故居中保存最完整的一处。

北京"岸堂"的戏剧人生

在北京，孔尚任的住所位于原宣武区海柏胡同，他于康熙二十八年（1689年）购得这处宅院，并将其称为"岸堂"。正是在这里，孔尚任经历了人生巨大的起伏，完成了剧本《小忽雷传奇》《大忽雷》和《桃花扇》的创作。

康熙三十年（1691年），孔尚任购得唐代宫廷著名乐器小忽雷。康熙三十三年（1694年），与顾彩合作完成了他的第一部传奇剧《小忽雷传奇》。这部剧本是孔尚任在创作《桃花扇》之前的探索性成果，为后来《桃花扇》的创作提供了重要的积累和经验。

康熙三十八年（1699年）六月，经过十余年的努力和三次修改，《桃花扇》终于在北京创作完成。孔尚任为了庆祝剧本的完成，邀请了18位有名望的友人在岸堂相聚，隆重庆贺，还特别请伶人清唱了《桃花扇》新曲。此后，《桃花扇》在京城菜市口的碧山堂大戏台演出，轰动京城，就连康熙都命内侍索要

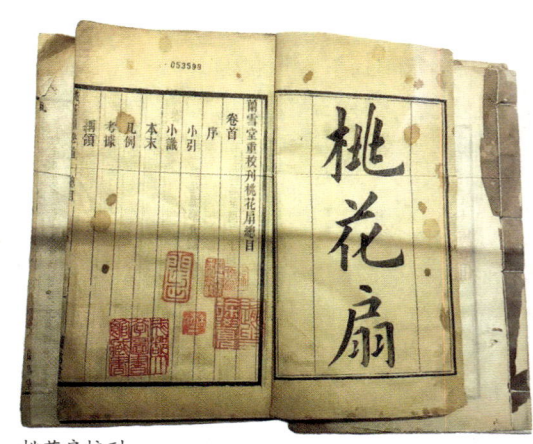

桃花扇校刊

剧本。然而，康熙帝看到剧本中包含了一些歌颂明朝抗清人物的情节后勃然大怒，但得知作者是孔子的后代、自己提拔的孔尚任后，康熙帝又大呼"杀不得"，于是在孔尚任提任广东司员外郎的短短两个月后便借贪腐的罪名罢免了其官职，结束了他的官场生涯。

"岸堂"位于现在的庄胜崇光百货商场东侧，这里早已不见了当初的模样，就连海柏胡同也消失殆尽，转而被住宅小区所取代。这里临近著名的文化街琉璃厂，孔尚任就曾在《早春过琉璃厂》写道："熙熙帝里春，光辉腾万象。金貂罗绮稠，千门竞来往。"可见当时此处的繁盛景象。

海柏胡同已消失殆尽，原址现为一住宅小区在建项目。

孔尚任工作地——国子监

尽管孔尚任的住所如今已无迹可寻，但他的人生在国子监留下了浓墨重彩的一笔。

国子监位于北京东城区国子监街，与孔庙相邻，是清代最高学府。孔尚任在国子监担任博士期间，每个月在国子监的彝伦堂举行三次讲学。每次上讲台前，钟鼓齐鸣，八省十五旗的满汉学员上百人一起向孔尚任三次磕头致敬，十分隆重。彝伦堂西侧的博士厅是孔尚任曾经办公的地方，现在还保存着当时的陈设。博士厅是国子监最主要的部门，博士厅的博士在明代设置五人，而清代只设两人（满汉各一人），负责教学事务，可见当时孔尚任在国子监的地位之高。如今，国子监东侧的展厅展出着孔尚任亲手誊录的抄本，还有光绪年间兰雪堂重刊的《桃花扇》印本。虽然孔尚任的仕途生涯结局吊诡，但他在国子监的贡献被后世铭记。

孔尚任作为清初文坛的杰出人物，他的作品流芳百世。无论是传世经典《桃花扇》，还是他在淮扬治水期间所写的诗歌、《湖海集》等文学作品，都彰显了他对国家和百姓的赤诚之心。

文 / 赵峥　图 / 赵奕凯

曹雪芹：陋室空堂，当年笏满床

故居地址：原崇文区蒜市口街 16 号院

站在崇文门外磁器口十字路口东侧的过街天桥向西望去，落日余晖勾勒出西山的轮廓，华灯初上，崇文门外大街与两广路交汇的十字路口人来车往，宽阔的马路呈现出北京城的恢弘气质。

这一带的老住户都知道，广渠门内大街就是原来的蒜市口大街，因为原来有个菜市场因卖大蒜而闻名，因而这个地区被称作蒜市口，原来的蒜市口大街只有 7 米宽。1982 年 10 月，中国第一历史档案馆研究员张书才在清代内务府分类档案中发现了一件雍正七年的《刑部致内务府移会》，上载明"京城崇文门外蒜市口地区十七间半房、家仆三对，给予曹寅之妻孀妇度命"。张先生拿乾隆朝《京城全图》对照，蒜市口街 16 号院与《移会》中记载的十七间半房相似，后经实地考察确认此院即为曹氏故居。2000 年，此地因位置处于两广路施工路段，经论证后曹雪芹故居不得不被拆除。当时故居的具体位置还存在争议，因为原来的 207 号院是 18 间房。但修路拆房时发现，其地基正好是十七间半的构造，进一步印证了 207 号院（广渠门内大街 207 号即史记蒜市口 16 号）所在地就是曹雪芹故居原址。建"曹雪芹故居纪念馆"计划在故居原址拆除后便被提上了日程，但复建的进展却一波三折。因为原址已修成道路，复建地点定在了原 207 号院北 40 米处，"2003 年复建规划方案通过后，却发现这个地方是地铁 5 号线的出气口位置"。规划方案不得不做出修改，最终确定再向东迁移 100 米。2006 年新规划通过时，计划 2008 年就可以完成的复建工程又碰到了麻烦，由于开发商新的地上地下综合开发需求，规划又一次重新修改，复建计划被迫拖延。

雍正六年（1728年），14岁的曹雪芹（约1715—1763年）跟随祖母、叔父回到京师，告别了锦衣玉食的生活，过着和普通旗人一样的生活。雍正六年五、六月份的《江宁织造隋赫德奏请细查曹𫖯房地产及家人情形折》上说，"曹𫖯家属蒙恩谕少留房屋以资养赡，今其家人不久回京，奴才应将在京房屋、人口酌量拨给"。也就是说，拨给曹家的房屋是雍正皇帝的恩谕。

曹公此处故居的院子原有一个小门，进门后向北是一条狭长的通道，通道尽头西侧还有一个小门，门内为四合院，为清代或更早些的民居。院内有北房、南房、西房各三间，东房两间，院落较为宽敞。院内的老房均为青砖灰瓦、木格门窗，砖雕、石雕十分精细。有专家说，这个院落过去在院子里有屏，上刻"端正方直"，很可能为曹家祖训。此外，里院的北屋还悬有"韫玉怀珠"的匾额。

历经周折，2022年7月29日上午，位于北京市东城区崇外大街磁器口东北角的曹雪芹故居纪念馆迎来隆重的开馆仪式，这里是研究曹雪芹和红楼梦文化新的里程碑。

曹雪芹在此处生活的时间是曹雪芹《红楼梦》思想形成的重要时期。《红楼梦》中的很多场景都能在蒜市口地区找到"影子"，书中提到的兴隆街就离蒜市口不远，铁槛寺的原型是附近的隆安寺，是古代皇家、高官停灵的地方，故居东边还有一座曹雪芹常去的卧佛寺。甚至有红学家认为《红楼梦》前八十回就是在此开始创作的。北京原崇文区一带是传统的手工业聚集区，《红楼梦》中提到的一些景泰蓝、掐丝等工艺，还有对于女孩首饰的细致描述，大约都来源于此。曹雪芹在这里度过了少年及青年时代，共生活了近20年。曹雪芹自幼即遭劫难，对世态炎凉、社会人生都有了进一步的了解，为他以后写作《红楼梦》打下了坚实的基础。关于曹雪芹是如何读书学习、以后又是如何考取功名的，因曹家在蒜市口居住时的资料很少，尚无从考证，但有红学家撰文揣测：曹雪芹曾在官办"景山官学"或"咸安宫官学"学习，后考为"贡生"中的二品"拔贡"。曹公有了这样的学历，后来才能到清右

曹雪芹故居纪念馆

翼宗学任教。曹雪芹到清右翼宗学任教后，结识了他的学生，即以后的好友敦敏、敦诚，后得以移居西山写作。

乾隆十二年（1747年），曹雪芹32岁，大约于是年移居北京西郊，此后数年内住过香山正白旗的四王府和峒峪村，镶黄旗营的北上坡及白家疃等地。此一时期，曹雪芹住草庵，赏野花，过着觅诗、挥毫、唱和、卖画、买醉、狂歌、忆旧、著书的寒士生活，靠卖字画和福彭、敦诚、敦敏、张宜泉等亲友的接济为生。敦诚《赠曹芹圃》"满径蓬蒿老不华，举家食粥酒常赊"正是曹雪芹此时生活的写照。敦诚《寄怀曹雪芹》还在安慰他："劝君莫弹食客铗，劝君莫叩富儿门。残羹冷炙有德色，不如著书黄叶村。"曹雪芹亦不负所望，在贫居西山的十多年间，将旧作《风月宝鉴》"披阅十载，增删五次"。乾隆二十七年（1762年），曹雪芹47岁，因幼子夭亡过度忧伤一病不起，大约于这一年的除夕病逝于"黄叶村"。

北京植物园内的曹雪芹纪念馆

1971年，有人在香山地区正白旗发现了一座带有几组题壁诗的老式民居，认为此处就是曹雪芹著书之黄叶村居，后以此为基础建成了北京第一座"曹雪芹纪念馆"，并于1984年4月22日开馆，溥杰题写馆名。这是一组低矮院墙环绕的长方形院落，前后两排共18间房舍，仿清代建筑。前排展室比照清代旗人居所，模拟曹雪芹在西山生活环境，陈列了不少200多年来有关曹雪芹身世的文章、书籍；后排6间展室，内容分为曹雪芹的生平家世、《红楼梦》的传世影响两部分。其实，北京西山一带记名"黄叶村"者甚多，这里是否就是当年曹雪芹所居并无确证，牵强附会的可能性很大。好在此处青山环抱，绿水长流，文人吊客，四季临门，曹公地下有知，当足以自慰矣。

文／图／岑宏宇 韩天放

大学士阿鲁特·赛尚阿

故居地址：东城区东堂子胡同 49 号；西城区丰盛胡同 13 号

阿鲁特·赛尚阿（1794—1875 年），蒙古正蓝旗人。从阿鲁特·赛尚阿这一代起，阿鲁特一族频频创造家族历史：赛尚阿官运亨通，一度官居一品领班军机大臣，两度被授钦差大臣；他的儿子崇绮在科举考试中脱颖而出，成为清朝历史上满蒙八旗子弟中唯一的状元；赛尚阿的女儿和孙女同嫁一帝，孙女是同治帝的皇后，幼女则是同治帝的珣妃。

1816 年，赛尚阿中举人，由此开启了他的仕途。官场上的赛尚阿以办事认真得到认可，从理藩院笔帖士（文书）起，步步高升，历任内阁侍读学士、一等侍卫、哈密办事大臣、都统、户部尚书，官至一品。被誉为蒙古大儒的赛尚阿饱读诗书，编纂了满蒙汉三种文字的《蒙文汇书》《蒙文晰义》《蒙文法程》等词典类书籍，还参与编制了清廷为治理西北少数民族而制定的行政法规《钦定理藩院则例》。

1841 年，第一次鸦片战争末，赛尚阿赴天津、山海关办理防务，勘筑炮台。1842 年，被道光帝授钦差大臣再赴天津，加强海防事务。同年，调任户部尚书、步军统领，掌管京城防务。

1850 年，咸丰帝继位。次年春，赛尚阿被授文华殿大学士、首席军机大臣，管理户部。1851 年，太平天国运动爆发，赛尚阿认为应该趁太平军羽翼未丰，将其扼杀在摇篮里。咸丰帝的想法与此不谋而合，于是授赛尚阿为钦差大臣，率 30 余万清军南下平乱。前次被道光帝授钦差大臣，此次又被咸丰帝授钦差大臣，可见赛尚阿是清帝颇为倚重的人。

然而，此次征战，赛尚阿有负于皇帝的信任，他根本不懂领兵打仗之道，再加上彼时的清军与当年开疆拓土时的八旗子弟早已不能同日而语，在广西永安，兵少粮乏的太平军孤注一掷，竟然冲破几十万清军的围困，而赛尚阿则躲在了阳朔城内，任由太平军冲出了广西，而且愈战愈勇，扩展成为席卷南方广大富庶地区长达十余年的太平天国运动。

听闻战败，咸丰帝震怒，将赛尚阿革职查办，摘去顶戴花翎，押解回京。经军机处和刑部审判，赛尚阿被判处斩监候（死缓），最后留了一条命，被降四级留任，效力赎罪，三个儿子也都被革职，位于东堂子胡同的府邸被籍没。

降级留任赎罪的赛尚阿跟随御前大臣僧格林沁督办京城防务。第二次鸦片战争爆发，1860年10月，英法联军攻入北京，占领了费时150多年建起的圆明园，掠夺园内珍宝，又一把火烧了这座世界名园。不知英法联军在京城大肆烧杀抢掠的时候，协理京城防务的赛尚阿又躲到了什么地方。

1861年，赛尚阿被授正红旗蒙古副都统，训练察哈尔蒙古兵，后回京，总统左翼巡城事务，授侍郎衔。此后，赛尚阿默默地捱到了终年，再无任何建树。

赛尚阿在北京有两处宅邸，一处在东城区东堂子胡同49号。东堂子胡同属东城区建国门地区，位于东单北大街路东，是从南往北数的第六条胡同。这是一条有着近800年历史的古老胡同，长700多米，东起朝阳门内南小街，西至东单北大街，南边是外交部街，北边紧邻金宝街。

东堂子胡同在中国近代史上颇有名气，在这条胡同中不仅坐落着清朝末期专司外交事务的"总理各国事务衙门"，还曾经居住有对中国近现代历史、文化、科技进程有着举足轻重影响的名人，如蔡元培、伍连德、沈从文、吴阶平、林巧稚、丁西林等。

赛尚阿府邸正门在东堂子胡同中部路北，院落南窄北宽，呈不规则的长方形，分正院、后院、西院、东院和"刀把"院五部分，有大小房屋上百间和一座花园，院内有一联"有山有水有竹，宜风宜雨宜晴"。

赛尚阿围剿太平军失利后，被咸丰帝降四级戴罪留用，他在东堂子胡同的府邸也被籍没充公，成为"铁钱局"，负责铁质钱币的制造。没过几年，铁钱局被裁撤，此院落空置。随着对外交涉事务增多，咸

东堂子胡同总理衙门保护标识

丰帝批准设立了"总理各国事务衙门",简称"总理衙门",接管了以往礼部和理藩院所执掌的对外事务,此空置的院落就成了新成立的总理衙门的办公地,门前立四柱三间三楼式牌楼一座,正门上方是一匾额,上书"中外禔福"。总理衙门的东院又称"东所",曾设"京师同文馆",为中国最早的外语教学机构,后被并入京师大学堂,改名京师译学馆,成为今北京大学外语学院前身。西半部称为"西所",为官员办公、处理外交事务、与各国使节进行外交活动的场所。清廷实施宪政改革后,将"总理衙门"改名为"外务部"。

赛尚阿在东堂子胡同的故居现为北京市文物保护单位,但不是以"赛尚阿故居"名义,而是由"总理各国事务衙门建筑遗存"得以照拂。在东堂子胡同寻访时,可见公安部信访中心外墙镶嵌有两块匾牌,左边白色匾牌注明"北京市文物保护单位 总理各国事务衙门建筑遗存 北京市人民政府二零零三年十二月十一日公布 北京市文物局二零零六年六月立";右边黑色的匾牌用中英文双语介绍道,清政府为办洋务及外交事务而特设的中央机构。原为清大学士赛尚阿的宅邸。1854年改为铁钱局公所,1861年又改为总理事务衙门。同治年间,在院内东部设"同文馆",挑选八旗子弟学习外语充当翻译,这是中国第一所外语学校,称东所。1875年,西院改建为出使各国大臣留住,也是各部院大臣接见各国大臣的地方,称西所。现仅存东西路各一进四合院。2003年公布为北京市文物保护单位。

寻访时,我驻足辨识"仅存东西路各一进四合院"在哪儿,执勤民警走过来,告诉我不要停留。经简短询问民警得知，现在看到的建筑都不是古建筑，而是仿建的，不由得失望之极。转到"总理衙门"的北墙外，原先这里的红星胡同已经残缺不全，眼前矗立的是金宝街上的"金宝汇"购物中心。

赛尚阿在东堂子胡同的府邸被籍没后，搬到了位于西城区丰盛胡同13号，这处府邸比东堂子胡同的宅邸小了很多。丰盛胡同位于西城区金融街东北，东起西四南大街，西至太平桥大街，全长约700米。从1992年开始，丰盛胡同陆续改建。

丰盛胡同找不到13号，只有13-1了。

现今的丰盛胡同以南北走向的树荫胡同为界分为东西两部分。东部东起西四南大街、西单北大街交汇处，西至树荫胡同；西部东起树荫胡同，西至太平桥大街。胡同东部仍然保持丰盛胡同原有宽度，但四合院遗存不多了，尚存不少老槐树，有些古树被铁栏杆保护着。西部已经被拓宽改造成双向六车道的主干道，道路南侧高楼林立，完全没有了胡同风貌，仅留下"丰盛胡同"的路牌。

清朝时期，丰盛胡同曾经居住过多位朝廷官员，赛尚阿故居位于胡同东段路北，后成为满蒙学堂。中华人民共和国成立后，先后成为志成中学、中国人民大学二分校及其他几所学校的校址。

在寻访中，我没有找到赛尚阿故居"丰盛胡同13号"的正门，只在一排平房前看到"丰盛胡同13-1"的号牌，号牌一侧依稀有一扇门，现已被砌砖封上，只有房前的一溜大树似乎在提示当年大院的气派。

文/图/刘国庆

顾太清：清代第一女词人

故居地址：北京市房山区大南峪

让我们先来读一首清代女词人顾太清（1799—1877年）的《鹊桥仙·云林瞩题闰七夕联吟图》。

新秋逢闰，鹊桥重驾，两度人间乞巧。
栏干斜转玉绳低，问乞得、天机多少？
闺中女伴、天边佳会，多事纷纷祈祷。
神仙之说本虚无，便是有、也应年老。

这首词是顾太清为云林所绘《闰七夕联吟图》所题。在有闰七月的年份，牛郎织女有两个相会的佳期，鹊桥两次搭建，而民间也就有了"两度乞巧"之说。词中的"闺中女伴"指的是画中联吟赋诗的仕女们。世人都想追求婚姻爱情的幸福，但词人舍弃了常规的赞美，转而感叹美好的愿望在人间常常是难以实现的，用词温婉，哀而不伤。关于这首词的创作时间，很多资料都记载为道光十七年，也就是1837年，但那一年并没有闰七月，而道光十八年（1838年）的8月31日恰逢闰七夕。就在这一年的七月初七，顾太清的知音夫君离开了人世，我们可以从这首词中读出那种淡淡的忧伤。

顾太清被誉为清代第一女词人，与清词三大家之一纳兰性德齐名，有"满洲词人，男中成容若，女中太清春"之谓，被誉为"清代李易安"。顾太清亦能书善画，其"书法秀丽超逸，与其词、画并称三绝"。作品有《东海渔歌》、《天游阁诗集》等。

顾太清出身世家，祖父是甘肃巡抚鄂昌。鄂昌之子鄂实峰娶香山富察氏女后，生一子二女，长女即太清，本名春，字梅仙，号太清。乾隆二十年（1755年），时任甘肃巡抚鄂昌因叔父鄂尔泰门生"胡中藻案"所累，作为重要查办对象卷入文字狱要案，赐帛自尽，家产籍没，家道由此败落。

顾太清的丈夫是爱新觉罗·奕绘，乾隆皇帝膝下五阿哥荣纯亲王爱新觉罗·永琪之孙。永琪的福晋西林氏是顾太清的堂姑。顾太清原名西林春，当时在诗词歌赋上已有很深的造诣。恰逢西林氏要给府里聘请家庭教师，便把侄女西林春带进了荣王府。荣王府的世子便是爱新觉罗·奕绘，不仅身份高贵，骑射俱佳，更是一名温文尔雅的学者、诗人和书画家。在西林春当家庭教师的这段日子里，奕绘经常遇到她，俩人彼此吸引并坠入爱河。因为是罪臣之后，为了能嫁给奕绘，西林春改姓为顾，历经坎坷终于嫁入荣王府，成为奕绘的侧福晋。遗憾的是，奕绘在四十岁的年纪便离开了人世。开篇的那首词作，就是顾太清在奕绘亡故后不久的那个七夕所作。

提到顾太清，不得不提到所谓的"丁香花公案"，因为这起公案在相当程度上影响了顾太清后半生的命运。顾太清守寡后不久，北京城里曝出了一件轰动一时的绯闻，人称"丁香花公案"，案中女主角是贝勒奕绘的遗妃顾太清，男主角则是一代文豪龚自珍。公案由一首闲诗惹起。龚自珍己亥杂诗二〇九："空山徙倚倦游身，梦见城西阆苑春。一骑传笺朱邸晚，临风递与缟衣人。"在诗后还有一句小注："忆宣武门内太平湖之丁香花"。太平湖畔距贝勒府不远的地方有一片茂密的丁香林，盛花时节花香袭人，龚自珍常自流连其间，故有此诗且意境甚美。缟衣，意思是白绢衣裳，旧时也指居丧所着的白色衣服。那么，诗中提到的"缟衣人"是谁呢？人们猜是顾太清，因为她住在"朱邸"之中，又常着一袭白衣。她与龚自珍是诗友，龚氏成诗给她品析，本是情理中事，但风波就是从这里开始的。经过琐屑小人渲染，一时之间传闻变得香艳无比、脍炙人口，最后的结果是王妃顾太清被逐出王府、流落市井，龚自珍则忧惧交加、惶惶然逃离京城。

荣王府本在旧时北京城宣武门内太平湖畔，现已无可查考。奕绘和顾太清的别墅故居则位于北京房山大南峪，也是二人身后的陵寝。据房山区文旅局工作人员指引，奕绘、顾太清庄园及园寝，位于北京市房山区青龙湖镇上万村，始建于清道光年间，于2021年8月27日经北京市政府审议正式公布为北京市第九批市级文物保护单位。初为奕绘贝勒和侧福晋顾太清的庄园，奕绘、顾太清死后改为园寝。民国

卫星地图上顾太清故居遗迹清晰可见

时期部分建筑损毁，现存杨树关、第一桥、宫门、山堂（后改为享殿）、霏云馆、清风阁、墓冢、东坡小石城等遗存，对研究清代庄园和园寝建筑风格具有重要价值，也见证了清代文学史上的一段佳话。大南峪别墅依山而建，总面积广阔，布局精巧，融合了南北园林的精髓。别墅内的杨树关、第一桥、山堂(后改为享殿)、霏云馆、清风阁、红叶庵、大槐宫、东坡小石城、牛羊砦、菜圃等景点，共同构成了大南峪十景，每一处都蕴含着深厚的文化内涵和艺术价值。其中，清风阁是大南峪别墅的标志性建筑之一。这座二层砖木结构的建筑，上下五楹，檐下曾悬"清风阁"匾额，前出廊面阔16.8米，廊下石阶为汉白玉条石砌成。清风阁周边群山环抱，层林叠翠，风物怡然。

然而，大南峪别墅的命运并非一帆风顺。奕绘于道光十八年(1838年)去世的时候，这座别墅尚未完全竣工。此后，顾太清及其子女因"丁香花公案"被嫡福晋所生长子载钧赶出府邸，别墅一度荒废。1857年，载钧壮年辞世，顾太清之子袭镇国公后，她才得以名正言顺地回到王府，并时常眷顾大南峪。顾太清于光绪三年(1877年)去世，享年78岁，与奕绘合葬于房山大南峪园寝。

文/图/张韵 韩天放

曾国藩：
一代名臣租房住

故居地址：长沙会馆，现草厂十条胡同 19 号；
原南横东街 109 号等

说起曾国藩（1811—1872年）的故居，广为人知的是他在家乡湖南娄底占地近4万平方米的庞大宅院，而他作为清廷重臣在京城内居住过的地方却籍籍无名。究其原因，并非曾文正公刻意低调，而是当年的京城"居大不易"，堂堂二品大员，在北京为官13年，都没能攒钱买下私宅，一直是租房居住，前后租住6处，搬了8次家，甚至直到离京10年已攻下"天京"之时，才还清在京城欠下的所有债务。

1834年，23岁的曾国藩已在湖南考取举人，次年进京准备来年的会试。会试未中后他继续留在京城读书，可惜次年恩科会试再次落第，只得返回长沙。这期间，曾国藩寓居于北京的长郡会馆（即长沙会馆，现草厂十条胡同19号）。会馆是专供同乡或同业人士聚会、寓居的场所，这家长郡会馆就是典型的供学子进京赶考的文人"试馆"。曾国藩寓居会馆期间，不仅在此联系了同乡友谊，为之后官场之路铺垫人脉，还与同乡增订会馆"条规"，营造了奋进读书的会馆氛围。

1838年，曾国藩再次来京参加会试，终于成功登第，赐同进士出身，选为翰林院庶吉士，由此也开始了他在北京13年的寓居生活。根据《曾国藩日记》的记载，他的第一个租房地点和长沙会馆同在城南，位于南横街千佛庵旁（原南横东街109号，已无存），四间房的租金是每月四千文，相当于他收入的1/3。他还在日记中提到，这处房子狭小简陋，又燥又热，炎炎夏日他只得"逃"到友人家里避暑。

翰林院庶吉士三年期满要举行散馆考试，曾国藩于是暂居圆明园附近的挂甲屯吉升堂，和朋友一起复习备考。后来又先后投奔好友所住的果子巷万顺客店和达子营关侯庙（今西城区和平巷一带）。此时已获得翰林院检讨一职的曾国藩，终于迎来了父亲、弟弟、妻子、儿子这一大家子。为了安顿全家老小，曾国藩租下棉花六条胡同（今西城区四川营胡同一带）的一处院落，房租则达到8000文，让这位新进京官的薪俸更显得捉襟见肘。

这处宅院未能久居。著名风水大师王翰城是曾国藩的老乡，一天来家中拜访，连连表示房子风水不好："三面悬空，不利于堂上老人；进深不够，不利于主人升官。"曾国藩立刻放下手头工作去找房子，随后在绳匠胡同（今菜市场胡同）选定了一处风水上佳的新宅。这条胡同在风水师眼中是北京最旺升迁的胡同，清代出过30多位名臣。当然，这处18间房的"豪宅"不光租金上涨，还要装修、搬家、打扫——朝廷命官该有的气派不能含糊——又要花费一笔"巨款"。好在，曾国藩搬家之后不到两年，就获得了外放四川乡试主考的大好机会，赚到不少外快。

此后的曾国藩，连年升官，家中也添丁增口，仆妇渐多——"寓中用度浩繁，共二十口吃饭"，于是在1844年再度搬家，住到了前门内碾儿胡同（今天安门广场西侧辇儿胡同），住房"共二十八间，每月房租京钱三十串"（《曾国藩日记》），也就是全年租金折银250余两，租金已经超过了他的年收入。

1847年，为了给房东腾房子，曾国藩最后一次在北京搬家，又回到了最初来北京时住的南横街，不过不是在当年的千佛庵，而是路北圆通观东侧。这处宅院有40多间房屋，是曾国藩在京城租住的最为宏敞气派的住所。此时他已经升任内阁学士加礼部侍郎衔，十年间连跃十级，但几乎所有薪俸都花在了租房上，日常开销靠外官馈赠和在老家募银，每年还有巨额赤字。他在家书中写道："余自去岁以来，日日想归省亲。所以不能者，一则京账将近一千，归家途费又须数百，甚难措办。"

南横东街上目前仅存的一些平房建筑

这位堂堂的二品大员，居然掏不起回一趟老家的路费。

1852年，曾国藩离京出任江西乡试主考官。行至安徽就接到了母亲去世的消息，根据当时制度必须丁忧，即回老家守制三年，家中老小也都跟着回到湖南，结束了他在北京的租房生涯，此后再也没有在北京长期居住过。

此时太平天国运动席卷大半个中国，回到老家的曾国藩借助师徒、亲戚、好友等复杂人际关系，建立了一支地方团练，称为"湘勇"，讨伐太平军。

曾国藩从会试入京，到官拜侍郎，一直租住于北京城南菜市口与虎坊桥以南一带。由于京官流动性比较大，随时可能会被调往全国各地，因此买房不如租房方便。另一方面，曾国藩为官尚属清廉，京城开销巨大，按照当时的房价，买下他们一家居住所需的宅院，至少需要几千两，这是频频举债的曾国藩想都不敢想的。

文 / 图 / 任浩

僧格林沁：最后一位铁帽子王

故居地址：东城区南锣鼓巷炒豆胡同 73、75、77 号

李翰祥导演的名片《火烧圆明园》中有这样一个片段：咸丰帝命怡亲王载垣与以英国外交官巴夏礼为首的使团谈判。会上巴夏礼盛气凌人，要求带大量军队进京面见皇帝，"交换国书"，且不行三拜九叩之礼。科尔沁亲王僧格林沁愤而与之比武，用摔跤把式将巴夏礼摔得七荤八素，还扔到了池塘里。随后又把使团的二十余人都关起来，押往京城……

看到这一幕，有人赞僧王爷民族气概，有人叹他鲁莽无知，导致后面英法联军攻入北京的大灾祸……那么，历史上的僧格林沁真是这般火爆脾气吗？制造巴夏礼事件，导致圆明园烧毁的灾祸，真的是他的错吗？

僧格林沁

僧格林沁（1811—1865 年），博尔济吉特氏，蒙古族，科尔沁左翼后旗人，成吉思汗的弟弟拙赤合撒儿的第二十六代

孙，属于流着"黄金家族"血液的蒙古贵族。到了他父亲这一代，已经非常穷困了，只是有最低贵族头衔的"四等台吉"，要靠给别人放牧为生。"僧格"是蒙古语"尊贵"之意，"林沁"则是"狮子"，由名字可见父母对这个孩子的期待。僧格林沁在12岁时终于有机会到城里读书，由此得到了改变命运的机会。

道光五年（1825年），僧格林沁的远房伯父扎萨克多罗郡王索特纳木多布济去世了，他早逝的夫人是嘉庆皇帝之女庄敬和硕公主，二人膝下无子，只有两个女儿，道光帝便张罗着在其同宗中选出一名嗣子。虎头虎脑又知书达理的僧格林沁幸运入选，由此成为郡王，颇得道光帝的喜爱，被招至京城与皇子们一起读书习武。

此后，僧格林沁历任御前行走、御前大臣兼管火器营、正白旗领侍卫内大臣、后扈大臣、总理行营大臣兼管虎枪营等要职，与道光、咸丰两帝接触甚密，又善骑射，深得信任，由道光赐婚皇室贵女，并在道光帝驾崩后成为顾命四大臣之一。《清史稿》载："出入禁闱，最被恩眷。"他的人生越来越密切地与爱新觉罗家族捆绑在一起，他也誓死为清室效忠。

咸丰三年（1853年），刚刚占领天京（南京）的太平军在林凤祥、李开芳两位主帅的带领下，浩浩荡荡向北京挺进，开始"北伐"。咸丰帝亲自将努尔哈赤使用过的宝刀授予僧格林沁，命其率军围剿。

炒豆胡同75号院门

此前，僧郡王只有密云剿匪和镇压科尔沁农民起义的经验，但面对两万多人的太平军，他率领满蒙骑兵奋力冲杀，两年之中大小数百战，全部获胜，终于让北伐的太平军疲惫不堪，全军覆没，两名主帅被俘身死。僧格林沁则由此被晋封为亲王，与曾国藩合称"南曾北僧"。

第二次鸦片战争爆发后，僧格林沁积极主战，于1859年受命至天津督办大沽口和京东防务。他原本只熟悉陆战和骑兵，对炮舰并无经验，但干劲十足，迅速整肃军队，加强工事，用伪装诱敌深入，不仅令英海军司令何伯中弹重伤，更让英军死伤400余人继而败退。

然而胜利是短暂的，英法联军于次年反扑。这一次他们绕过大沽口登陆，直逼天津。中英双方在通州谈判，英方首席谈判官巴夏礼正如电影演示，拒绝换约时向皇帝下跪，但僧格林沁并未在谈判桌上发怒。咸丰帝此前已下密旨，让他在英军统帅额尔金前来签约时予以击杀。看到谈判破裂，他立刻拿下巴夏礼和随行的25名外国人当作人质，其中首脑押往刑部，其他人囚禁于圆明园。

于是，通州八里桥成为僧王与英法联军决战的主战场。蒙古精锐骑兵英勇无畏，如潮水般涌向英法联军，但战马听到炮声就吓得往回跑，清军大败。咸丰帝此时慌忙带着嫔妃、大臣逃往承德，僧格林沁也带着骑兵向北而去。英法联军占领京城和圆明园后，发现人质受虐已死去大半，额尔金因此指示烧掉咸丰的圆明园作为惩罚。僧格林沁因惹怒英法两国，被朝廷革去爵位，仍留钦差大臣职，但很快又被派去剿灭捻军，复任御前大臣、亲王职爵。同治四年（1865年），僧格林沁在追击捻军途中，于山东曹州高楼寨受重伤，随后死于一个年轻的捻军手中，时年54岁。

僧林格沁祠位于故居不远处的地安门东大街47号。

僧格林沁虽然勇猛，但并不愚钝，在历次战役中可谓有勇有谋，行事也完全是在执行皇帝的命令。他失败的背后，满是清廷腐朽和落后的印记，大厦将倾，这个戴上铁帽子的草原雄鹰也无法力挽狂澜了。

时至今日，南锣鼓巷南口的炒豆胡同里，还有独占三跨院的僧王府和独立的僧王府家祠。最初的王府是僧格林沁养母庄敬和硕公主的公主府，随着僧格林沁进京后的步步高升，逐渐东扩，但也许是他忙于征战，始终没有作完整统一的重建。后来院落又几经拆分，清史专家朱家溍也在其中居住多年，对僧王府作过细致全面的记述，而他正是《火烧圆明园》的清史顾问。历史在这里走过了一个轮回。

文 / 图 / 任浩

东城区东四六条 63 号

崇礼故居：东城民宅之冠

故居地址：东城区东四六条 63、64、65 号

  在北京东四六条的胡同西口，有一幅历史文化街区文化探访地图，图中标注了从东四三条至东四八条的一众文物保护单位，其中唯一一处国家级文物保护单位就是清朝光绪年间大学士崇礼的住宅。

  崇礼（1840 前后—1907 年），汉军正白旗人，姓姜，人称姜四爷。崇礼一生经历了晚清四个皇帝的更替，生于道光年间，在咸丰年间年满 18 岁后登记在册为拜唐阿，是清朝无品级的管事人员，最初官职为清漪园苑丞，相当于现在的颐和园园长。后在同治和光绪年间逐步升迁，最高官职为文渊阁大学士。

  崇礼虽在清史中标名挂号，但并非今人耳熟能详的知名人物。为何崇礼住宅会在民国时期号称"东城之冠"，并在 1988 年被国务院公布为全国重点文物保护单位？让我们走进东四六条胡同，一起探访崇礼住宅。

  崇礼住宅位于东四六条胡同，西近月光胡同，东邻南板桥胡同，北接东四七条，全院面积上万平方米，住宅面积当之无愧为东城之冠。住宅坐北朝南，由三个并联的四合院组成，东路、西路均是有四进院落的住宅，中路为花园，各路自成一体又相互联通。

从东四六条胡同的西口走进胡同，很快便来到65号院，这是现在出入崇礼故宅的大门。

从东四六条胡同的西口走进胡同，很快便来到65号院，这是现在出入崇礼故宅的大门。崇礼住宅1949年后便成了轻工业部的高级干部宿舍，目前不对外开放。透过敞开的大门，可以依稀看到影壁墙上的"戬穀"（jiǎn gǔ）二字，这是古建用语，常在四合院等传统民居中出现，取吉祥如意、富足有余之意。

从东四六条65号继续往东走，沿着崇礼住宅的南围墙一直走到63号，可以看到一扇关闭的院门，这是通往崇礼住宅东路的大门。当年崇礼正是居住在住宅的东路和花园部分，高挑的房梁依旧保存完好。

虽然游客无法进入住宅内部感受大学士府邸的气派，但是从住宅南围墙上的一排小石洞可以想象出当年显赫门第的辉煌。一个一个的小石洞内嵌拴马桩，有的木桩上还保留着拴马用的铁环。崇礼住宅的南围墙下一共有九个这样的石洞，可以同时接待不少访客用来拴马，可见这里经常宾客盈门。

虽说崇礼为官平庸，政绩乏善可陈，那么他是如何"庸人多厚福"，升迁至文渊阁大学士的呢？

光绪进士何刚德撰写的《春明梦录》，记载了大学士宝鋆和崇礼的一段往事。"当洋兵之毁圆明园也"，大学士宝鋆被派往圆明园巡视，当时崇礼是奉宸苑苑丞，便和宝鋆同往各处寻觅。"见圣容散佚地上"，崇礼认为"以苑丞愚见，不如归之火化，较为得体"，宝鋆认为有道理，"跪地位而焚之，归以遍寻不见覆奏"。

后来当有人认为崇礼不能胜任礼部尚书一职的时候，宝鋆评价说"自是我甚重其人，遂由苑丞渐渐升到郎中。二十余年，循资按格，得一尚书，似不为过"。

清光绪二十四年（1898年），崇礼被授刑部尚书兼步军统领之职，同年发生了

从东四六条65号沿着崇礼住宅的南围墙一直往东走就是63号院，院门西侧墙上镶嵌着一块写有"崇礼住宅"的白底绿字标牌。沿着院墙往北拐，就能看到半扇红色的大门，原来住在63号院里的居民都是从这里出入。院内虽显破败，但仍依稀可见当年景象。

历史上著名的戊戌政变。崇礼按照慈禧的指令，带人去南海会馆抓捕康有为，结果没抓到，只好抓了其弟康广仁顶罪。

光绪二十六年（1900年），崇礼晋升为协办大学士，是清朝大学士七个级别里的最低等级。八国联军入侵北京，慈禧西逃之前把皇城管理和与洋人交涉的大权重托于崇礼。一年零四个月后，慈禧结束了逃亡生活回到京城，认为留京办事的大学士崇礼回旋有功、决断得力，于是赏地建府，便有了现在这座冠绝东城的大宅院。

清光绪二十九年（1903年），崇礼先是被晋升为东阁大学士，同年再被晋升为文渊阁大学士，这也是崇礼生前的最高官职。慈禧还给崇礼的女儿指婚，嫁给了光绪皇帝的弟弟载涛，也就是宣统皇帝溥仪的叔叔，从此崇礼一家跟皇室结下了姻亲。

光绪三十三年（1907年），崇礼病逝，谥文恪。

文／图／张韵

晚清首富盛宣怀

故居地址：西城区小石桥胡同 24 号

盛宣怀（1844—1916年），清末洋务派代表人物，既为官、又经商，集政治家、企业家、慈善家于一身，在中国近代实业、商业、高等教育等诸多方面都有建树。他注重文档留存，堪称"中国私人第一档"，包括文稿、信札、账册，甚至宴客菜单都保存完整，以其在世 26106 天统计，每天平均留存 6.8 件。

盛宣怀一生经历传奇，曾创下十一项中国第一：

（一）第一个民用股份制企业轮船招商局；（二）第一个电报局中国电报总局；（三）第一个内河小火轮公司；（四）第一个银行中国通商银行；（五）第一条铁路干线京汉铁路；（六）第一个钢铁联合企业汉冶萍公司；（七）第一所高等师范学堂南洋公学（今上海交通大学、西安交通大学、中国台湾交通大学前身）；（八）第一个勘矿公司；（九）第一座公共图书馆；（十）第一所官办大学北洋大学堂；（十一）创办了中国红十字会。

盛宣怀祖籍江苏常州，任五品地方官的父亲盛康见儿子在科场屡试不中，就通过关系，把儿子送到李鸿章的幕府。在这里，盛宣怀善办洋务的潜能得到了李的赏识，翌年即被提拔至知府级官员。奉李鸿章之命，盛宣怀主掌新成立的"洋务标本"轮船招商局，以建造商船为造兵舰提供费用。随后，受李的委托办理湖北煤铁事物，设立了"开采湖北煤铁总局"，并成功勘探到大冶铁矿。

35岁时，盛宣怀代理天津河间兵备道。其间，他建议李鸿章兴办电报事业，李采纳建议并创立了天津电报局，任命盛为总办。从40岁开始，盛宣怀的职位一年一变，先是赴粤办理沙面事件，后代理天津海关道。1897年，升任招商局督办，后转任山东登莱青兵备道道台兼东海关监督。在那里，他创办了中国第一个内河小火轮公司，又在烟台独资经营客货海运，开辟了烟台至旅顺的航线。其间，他成立了广仁堂慈善机构。48岁时，盛宣怀被任命为直隶津海关道兼直隶津海关监督，并奏设北洋大学堂（天津大学前身）。在不惑之年，盛宣怀还碾压了商海对手胡雪岩。

1896年，盛宣怀以四品京堂候补督办铁路总公司事务，接办了汉阳铁厂和大冶铁矿。其间，奏设南洋公学（交通大学前身）。授太常寺少卿衔，翌年，补授大理寺少卿衔，并在上海滩开办了中国通商银行。57岁时，盛宣怀被赏加太子少保衔，任正二品工部左侍郎。1905年，盛宣怀才奉旨进京，加恩在紫禁城内骑马。1908年，任邮传部右侍郎。64岁时，盛宣怀将汉阳铁厂、大冶铁矿和萍乡煤矿合并，成立了"汉冶萍煤铁厂矿有限公司"，任总经理，由此将"官督商办"的公司改为完全商办公司。

慈禧和光绪死后，清廷罢免了与盛宣怀关系不一般的袁世凯，盛宣怀赶紧请辞，没想到，清廷却提升盛宣怀为集铁道、交通、电信和邮政为一体的邮传部大臣。在任上，盛宣怀建议将铁路和邮政收归中央，引发了"保路运动"，盛宣怀下令镇压，此举加速了清王朝的灭亡。随即，盛宣怀被朝廷革职，永不录用，在日本领事馆的协助下盛宣怀逃亡日本。1912年底，应孙中山邀约，盛宣怀返回国内，继续主持轮船招商局，并任汉冶萍公司董事长。为筹措资金，以公司资产做抵押，向日方贷款，导致汉冶萍公司逐步走向没落。盛宣怀也走到了生命的尽头。

盛宣怀一生在各地打拼，所以他的住所分布在全国多地。在京城，他也置办了四五处豪宅，现今保存完好的仅剩西城区小石桥胡同24号（正门在后马厂胡同17号）一处。这处取名"盛

盛宣怀花园现为竹园宾馆

盛宣怀故居位于后马厂17号的正门现成了竹园宾馆的后门

园"的四合院，东部是住宅，西部是花园，整个庭院亭台楼阁游廊连接，雕梁画栋，彩灯垂檐，院内遍布假山果树，喷泉流水，白栏小桥，春夏百花争妍，秋季果实累累。

　　作为朝廷官员，盛宣怀经常往来京城，凡来京城，他都住在盛园。无论是皇上召见，上奏折，或是朝廷嘉奖晋升，及赏福字、匹头，饽饽、肉食，他都要千里迢迢赶赴京城，盛园就成了他长途奔波后的喘息之所。

　　据记载，盛宣怀故居正门原来是在南面的后马厂胡同17号，经后来主人的改造，把正门开在了小石桥胡同，后马厂胡同17号成了后门。北京标准的四合院应该都是坐北朝南，大门面南，是主人进出的，后门在北边的另一条胡同，是仆人和马车进出的。

　　小石桥胡同位于西城区旧鼓楼大街中部的西侧，胡同北侧都是住宅楼，南侧仅剩盛宣怀故居"盛园"。盛宣怀故居分为东西两部分，西部是花园，现在是竹园宾馆，门牌号24号。东部有两路。东路建有廊亭和花厅，现在开有一较小的门，门西侧墙上钉有一个红色标牌，注明：西城区文物保护单位 西城区人民政府公布 西城区文化文物局立；门牌为：小石桥胡同甲24号。西路是个三进四合院，为盛宣怀在京的住所，位居三个大门正中，但没有标门牌号，只在大门西侧墙上挂有一个标牌，上写：西城区文物保护单位 小石桥胡同24号宅园（盛园） 北京市西城区人民政府一九八九年八月公布 北京市西城区文化和旅游局二〇二〇年十二月立。

　　盛宣怀深得慈禧和李鸿章的赏识，在官场平步青云，游刃有余。在商海他如鱼得水，利用自己的官员身份，掌控了"国企"，既为朝廷增加了收入，也为自己赚得钵满盆满，积累了数不清的财富，但那些钱财没有给盛家子孙带来幸福，反而导致后人为遗产纷争不断，对簿公堂。

文 / 图 / 刘国庆

"大刀王五"与源顺镖局

故居地址：东城区西半壁街 13 号

说起北京的胡同，大部分胡同的两侧都是有房屋院落的，而半壁街只有一侧有房屋，另一侧没有房屋，所以被称作"街"。明代这条街叫半边街，清代改称半壁街，分为东半壁街和西半壁街。从 1965 年设立华北光学仪器厂之后，东半壁街和西半壁街就不再相通了。

西半壁街坐落在珠市口，街口对着珠市口基督教堂，是条东西走向的街道，西起西草市街，全长 185 米，宽约 4 米。西半壁街的南侧都是房屋，北侧目前是半高的围墙加铁护栏。街边若是临时停下一辆小轿车之后，也就剩下多半个车身的空间可以供行人和非机动车通行了。

西半壁街 13 号位于这条街的中段，东城区文化委员会在 2012 年 2 月设立标牌，标明这里是北京市东城区的普查登记文物，也就是源顺镖局的原所在地。如果您没听说过源顺镖局，那么您一定听说过这家镖局的创办人"大刀王五"。

"大刀王五"名王正谊，字子斌（1844—1900 年），擅拳脚功夫，又拜师"双刀李凤岗"，练就了一套纯熟的大刀刀法，还特意打造了一把 100 多斤重的"青龙偃月刀"，加上他在师兄弟中排行第五，人称"大刀王五"。

"大刀王五"是河北沧州人，自幼家境贫寒。沧州民风尚武，镖局行业在当时十分发达，于是"大刀王五"年纪很小就到镖局打工挣钱，渐渐喜欢上了练武。"大刀王五"武功精湛，位列民间广泛流传的晚清十大高手，与燕子李三、霍元甲、黄飞鸿等知名武师齐名。在"大刀王五"30 岁的时候，他来到京城创办了源顺镖局，买下了半壁街 13 号为镖局使用。源顺镖局坐南朝北，前后共有五座院落，分为前院、后院、西院，以及镖师住房和沐浴礼拜的房间。据说源顺镖局昔日共有 30 多位镖师，院里有房 30 多间，前院是仓房、

西半壁街西口两侧

车棚和马厩，后院搭有天棚，为镖师练功习武和起居用餐之地，中间空场儿放着石担、铁杠、木桩、跳板等练功设施。

镖局已经退出历史舞台100多年了。老北京最后一个宣告解体的镖局是会友镖局，它曾是京城规模最大的镖局，拥有300年历史，生意红火的时候有1000多人。当时北京城里最著名的镖局有两个，一是会友镖局，另一个就是源顺镖局了。相比之下，源顺镖局的规模并不大，但是管理很严格，平日里有镖则保镖，无镖则练功。镖局的镖师分为旱路和水路，往北边走的多是旱路，往南边走的多是水路，大多是顺着通州运河南下而行。源顺镖局凭借诚信周到的服务赢得了很多回头客，名声也越来越大，成了当时镖局行儿的后起之秀。

"大刀王五"在当年走镖的过程中认识了谭嗣同（戊戌六君子之一）的父亲谭继洵，后结识谭嗣同。在和谭嗣同交往过程中，俩人志向相投，彼此敬重，遂结拜为异姓兄弟。"大刀王五"与谭嗣同切磋刀法和武艺，又受谭嗣同影响，成为维新派拥趸。后来戊戌变法失败，谭嗣同入狱后在牢房作题壁诗中有"我自横刀向天笑，去留肝胆两昆仑"两句，据梁启超在《饮冰室诗话》中解释，"两昆仑"其一是指康有为，而另一个就是指"大刀王五"，可见"大刀王五"和谭嗣同之间的情谊非同一般。

源顺镖局院门口

八国联军入侵京城的时候，"大刀王五"率领源顺镖局积极投入爱国斗争中，还把镖局作为革命群众团体的秘密联络点和聚集地，最终不惜牺牲自己的生命奋战到底，成了普通百姓心中的侠客。他的英雄事迹不但成为评书、小说题材，还曾多次被拍成了电影和电视剧。虽然源顺镖局在1904年就已经关门歇业了，但是"大刀王五"的侠肝义胆和英雄事迹一直被人们传颂。

笔者寻访半壁街13号院时，看到墙上整整齐齐挂着二三十块居民用电的电表，院里充满了浓浓的生活气息，已经完全找不到当年镖局的影子。如果沿街一直往东走到西半壁街的尽头，可以看到街北侧的铁护栏外也已经筑起了高楼。也许再过几年，人们已经理解不了半壁街的名字由来了，但是人们一定会记得这里曾经的源顺镖局，还有那位鼎鼎大名的"大刀王五"！

文/图/张韵

杨深秀与闻喜会馆

故居地址：西城区宣武门外东河沿街 74 号

戊戌变法是中国近代史上一次重要的政治事件，是晚清时期以康有为、梁启超为代表的维新派在光绪帝支持下进行的倡导学习西方科学文化，改革政治与教育制度，发展农工商业的资产阶级改良运动。1898 年 6 月 11 日，变法开始实施；9 月 21 日，慈禧太后发动政变，光绪帝被囚禁，康有为、梁启超被迫流亡海外；9 月 28 日，维新志士谭嗣同、康广仁、林旭、杨深秀、杨锐、刘光第等在北京惨遭杀害，历时 103 天的变法失败。

杨深秀（1849—1898 年），本名毓秀，字漪村（一作仪村），号眘（nǐ）眘子，山西省闻喜县仪张村人，曾任刑部主事、刑部郎中、山东道监察御史。

杨深秀出生于清道光二十九年四月初二（1849 年 4 月 24 日），12 岁成为秀才，21 岁中举。同治十年（1871 年），22 岁时进京参加辛未科会试（科举制度的中央考试），未能考中，留在北京拜师求学，钻研汉学；光绪十五年（1889 年）春，参加会试中贡士，殿试入三甲。

光绪初年山西连续三年大旱。1878 年春，杨深秀放弃科举考试，返乡组织赈灾。灾后，他与当地官绅商议削减了乡民的驿费，受到拥戴，成为当地有影响的领袖人物。

光绪五年（1879 年），杨深秀参与续修《闻喜县志》，他以"考据精确，文章雅练"，成为县志编撰者中的佼佼者。

光绪五年至十八年（1879—1892 年），曾国荃（晚清名将，曾任山西巡抚）倡议重修《山西通志》。杨深秀担任了《星度谱》与《古迹考》的重修工作，为《山西通志》的顺利完成做出了重大贡献。

光绪六年（1880 年），杨深秀被聘为山西太原崇修书院山长。崇修书院（位于现山西省第一博物馆西小院）筹建于同治四年（1865 年），1867 年正式开学，招收来自山西各地的优等学生。

光绪八年（1882 年），张之洞（晚清洋务派代表）到山西主政，在杨深秀建议下，废除了"公堂礼"（岁试、科试的考棚费和送礼费）。公堂礼废除后，河东（今山西省永济市东南）道台江人镜为此事立碑，杨深秀撰写了题为《以里书银抵新进生公堂礼记》的碑文，首句"古之为政者，为民兴利而已。"道出了民众的心声，成为做官为政的准则。该碑现立于闻喜县闻喜文庙的牌楼前。

光绪十年四月（1884年），张之洞创建的山西太原令德堂书院正式开办，杨深秀被聘为协讲。他以《春秋公羊传》启迪学生，要求学生从八股文中走出来，学习改制立法。

光绪二十三年（1897年）德国强占胶东半岛，杨深秀震惊。十二月初七，杨深秀被任命为山东道监察御史。第二天，他便上奏光绪帝《时事艰危谨贡刍议折》，阐明"时势危迫，不革旧无以图新，不变法无以图存"的主张。这是维新派最早的变法呼声，在朝廷中引起轰动。

光绪二十三年十一月（1897年12月），沙皇俄国强占了旅顺和大连。十二月初九，杨深秀代康有为上奏《请联英国，立制德氛，益坚俄助折》，请求抗俄。

戊戌变法前夕，杨深秀上奏光绪帝，申明变法的必要性。据此，光绪帝决定变法。在变法运动中，杨深秀单独或与他人联合上奏折17封之多，推动了戊戌变法的进行。

戊戌变法失败后，1898年9月24日，杨深秀在北京宣武门外的闻喜会馆南跨院虚声堂被捕，9月28日，在宣武门外菜市口鹤年堂药店附近被杀害，时年49岁。杨深秀被害后，他的长子杨黻（fú）田在山西同乡的帮助下，将杨深秀遗体收殓，灵柩运回故乡闻喜县仪张村安葬。

闻喜会馆为清顺治时期闻喜人赵宪鼎、崔尔仰、翟凤翥等集资而建，康熙年间进行了重修。会馆坐北朝南，馆内有30间房舍。杨深秀在北京时惯常居住于此。

闻喜会馆门前是北京内城护城河，护城河与闻喜会馆之间有一块空地，是前往白云观的集结地。当时，人们多用毛驴作为短途赶脚的代步工具。从清嘉庆年间开始，这块空地被称为"赶驴市"。20世纪

闻喜会馆前的老槐树与曾经的赶驴市。

50年代，宣武门外的赶驴市消失，但"赶驴市"的地名在地图上还保留着。闻喜会馆的门牌曾经是赶驴市1号。1965年赶驴市并入宣武门东河沿街，闻喜会馆的门牌改为了宣武门东河沿街74号。

东河沿旧貌

现今，宣武门东河沿街为东西走向，东起南新华街西至香炉营头条。明清时期的东河沿街，东起前门西，西至宣武门，称为"前门西河沿"。1913年建南新华街，把前门西河沿分成了两部分。1965年，南新华街以西称为"宣武门东河沿街"，但老居民仍称其为"前门西河沿"。1965年7月，北京地铁工程动工，内城城墙开始拆除，1969年彻底拆完，护城河改为暗河。1978年12月底，前三门大街住宅楼建成后，东河沿街北侧平房被全部拆除，建起楼房。1995年，东河沿街西端被拆除，建成庄胜崇光百货商场（庄胜广场一期工程）；2002年，胡同中段被拆除，庄胜广场二期工程开工。

现在，位于香炉营头条西口的庄胜广场（宣武门外大街8号）北侧地下停车场门前，有一棵老槐树，其南侧即是原闻喜会馆所在处。当年，从这棵老槐向东有两条胡同，北侧的一条是东河沿胡同，南侧的一条是香炉营头条。从老槐树向西到宣武门外大街之间，就是当年的赶驴市。如今东河沿胡同已经和香炉营头条合并，统称为香炉营头条，在头条的北侧仍存东河沿胡同73号、71号和69号。

1991年，闻喜会馆还存在，进入会馆大门有三个成品字形排列的独立小院，第一个小院内有一株老树。1995年，宣武门外大街进行拓宽，闻喜会馆旧址被彻底拆除。如今，闻喜会馆道光年间的重修碑在首都博物馆三楼展厅与杨深秀的字画一起供人缅怀。

文/图/张进

郭曾炘、郭则沄父子的蛰园、匏庐

故居地址：东四二条 11 号；地安门内大街 41 号

郭曾炘（1855—1928年），原名曾炬，字春榆，号匏庵，晚号福庐山人，又号遯（dùn）叟。福建侯官（今福建省福州市闽侯县）人，道光十二年（1832年）进士郭柏荫之孙。

郭曾炘是清光绪元年（1875年）举人，光绪六年（1880年）进士，曾任仪制清吏司主事、军机章京、内阁学士、太常少卿、光禄寺卿、礼部侍郎、户部侍郎。宣统元年（1909年）任实录馆副总裁；1913年参与编写《德宗实录》和《德宗本纪》，书成后溥仪赏郭曾炘"头品顶戴""太子太保"衔；1914年任《清史稿》总纂。

郭曾炘学通中西，擅诗词，时称"诗坛耆宿"，著作有《匏庵诗存》《楼居茶记》《邴卢日记》《读杜札记》等。

郭曾炘赞成变法维新，光绪三十一年（1905年）曾上奏朝廷建议认真推行新政，主张学习有利于国家的实学。

郭则沄（1882—1946年），字蛰云、养云、养洪，号啸麓，别号孑厂，晚号龙顾山人，郭曾炘之子。生于浙江台州龙顾山试院。郭则沄是清光绪二十九年（1903年）进士、翰林院庶吉士、武英殿协修，参与编修《各国政议通考》。

1898年，郭则沄考入京师大学堂（今北京大学），1907年赴日本早稻田大学留学。宣统元年（1909年）夏，郭则沄任浙江温处道兼瓯海关监督，创建了农业学堂、贫民习艺所、法政学堂；宣统二年（1910年），代理浙江提学使，创立了机织工业学堂，促进了我国民族工业的发展；1914年，任机要局帮办和政事堂参议，同年秋，调任铨叙局（人事行政主管机关）局长，完成《铨政纲要》；1915年11月，任袁世凯帝制"大典筹备处"礼制科主任；曾任民国大总统徐世昌的二等秘书；1918年任北洋政府国务院代秘书长、秘书长、经济调查局副总裁。

1919年5月，五四运动爆发。6月，郭则沄代表北洋政府向北大学生联合会转达政府接受曹汝霖辞职的决定，接见京师总商会代表；8月，代表政府接见北京各界代表，答复请愿书；11月，代表政府答复北京学生请愿团。

1922年，第一次直奉战争爆发，大总统徐世昌被迫辞职。从此，郭则沄隐居于天津和北京家中，著述讲学，组织诗词社。郭则沄长于经史文章，工书擅画。

1942年，周作人（又名启明）邀请郭则沄出任日伪"华北教育总署署长"，郭则沄坚决拒绝，并在国学书院《国学丛刊》上发表《致周启明却聘书》，以明心志。

1947年1月8日病逝，享年65岁，安葬于北京玉泉山西麓普安店村。2014年，普安店村拆迁，墓地湮没。

郭则沄的主要著作有《瀛海采风记》《龙顾山房全集》《十朝诗乘》《清词玉屑》《旧德述闻》《竹轩摭录》《庚子诗鉴》《南屋述闻》《遁圃詹言》《知寒轩谈荟》《龙顾山房全集》《洞灵小志》《洞灵续志》《洞灵补志》以及《红楼真梦》（又名《石头补记》）、《红楼真梦传奇》等。

侯官郭氏家族是福州望族，其文史治家的传统及家庭成员的文学成就，在家族文学、文化教育和清末民初福州文化发展史上都占有一席之地，影响广泛。

1920年，郭曾炘与郭则沄购置了位于北京市东城区东四二条的忠锐嘉勇贝子府中一座废弃的花园。此府是福康安后人公爵海年的宅邸。福康安是清乾隆时期的吏部尚书，武英殿大学士兼军机大臣，一等忠锐嘉勇公。据说，该府曾经贯穿了整个东四二条，后来忠锐嘉勇贝子府归属了海年兄弟三人，所以又被称为"海公府"。

海公府位于现在的东四二条路北的11号至21号，当年分西院、中院和东院，西院和中院用于居住，东院是花园。1920年，福康安后人将西院和中院卖给了王揖唐（北洋政府众议院议长，日伪时期的汉奸），东院卖给了郭曾炘父子。购买时，花园已废弃，楼宇破败，但树木假山还完好，经修葺，以郭则沄字"蛰云"中的"蛰"定名为"蛰园"。

东四二条11号已经盖成了楼房，从两座楼中间的夹道进去，就能见到院内仅存的蛰园老房。

进蛰园垂花门，迎面是松乔堂，其后是一座四合院，东侧是一小园，园内有卍雪楼、结霞阁、小鄂阶堂、亚翠亭、假山和水池。最北有一排后罩房。松乔堂内曾有一块蓝地金字的匾，是乾隆赐予福康安的，上书"屏翰嘉勋"四字。园内花木繁盛，有绿牡丹、紫牡丹、墨牡丹和桂花。

蛰园西侧有一块属于王揖唐的空地。1920年王揖唐出走海外，将这块空地卖给了郭则沄，但未签契约。郭则沄在这块空上建起了一座名为"逸圃"的花园。1924年，王揖唐归来，称郭则沄占了他的地。郭则沄拆掉逸圃，在景山后大街（今景山后街）购置了一块地，用逸圃的建筑材料和花木建了一座宅园，因在宅园的假山上可遥望位于西南的北海白塔，故取名为"琼影精庐"，后改为"匏庐"。

1925年，匏庐建成，郭曾炘与郭则沄全家迁入，将蛰园的正房及西厢房出租，其余部分用于娱乐与会客。1938年，郭则沄将小鄂阶堂和结霞阁借给了他的三妹夫黄孝平（词学家、诗人）和其二哥黄孝纾（古典文学教授），松乔堂则用于诗社活动。

匏庐最前面为一长方形小院，大门在东南，北面正中为垂花门，门内是祠堂。1928年，郭曾炘去世，郭则沄把匏庐前堂改为家祠，祠堂前有两株海棠树，两侧有回廊。祠堂后身东西两侧的厢房用于藏书。正北上房为养福堂。中院内有紫丁香、白海棠。东院名为遯圃，遯圃南北各有一厅，南厅名为"再愧轩"，北厅名为"瓶花簃"。后院有牡丹台、假山、井亭、太平花池、花房、餐厅和厨房。

1949年后，东四二条21号院（原海公府西院）曾由爱国华侨领袖尤扬祖居住，现为私人住宅；15号院、13号院和11号院（蛰园）为外交部宿舍。现在，11号院内建有五座住宅楼，尚存四、五处当年蛰园的老建筑。

匏庐位于景山后街与地安门内大街相交处的丁字路口西北角，南至地安门内大街西侧的雁翅楼，当年为景山后大街5号。1954年匏庐被拆除，建起了总参家属宿舍楼，即现在的地安门内大街41号，俗称"总参地安门大院"，现仅存当年的大槐树了。

景山后街地安门内大街41号的总参地安门大院，即为当年匏庐的位置。

文/图/张进

徐世昌的北京公馆

故居地址：东城区铁营胡同5号、10号

徐世昌（1855—1939年），祖籍浙江，出生在河南卫辉，那里是其祖辈为官之处。因早年丧父，徐世昌自幼家境贫寒，但母亲不去依附徐家族人，只身持家教子。在这样的家庭条件下，徐世昌早年出道，17岁即做县衙文案，18岁又为知府治函札兼做会计。此时，他遇见了袁世凯。1886年，徐世昌中进士，先授翰林院庶吉士，后授编修。翰林院是中国封建社会为科场顶尖人士设立的最高机构，也是汉族士子进入官场的主要通道。

徐世昌在这个职位一待就是九年，虽为京官，但官级仅为七品，俸禄很低。徐世昌无钱购房，只能租房居住。那期间，他曾租住在八角琉璃井、内四牌楼、宣内兵部洼等地，但是具体地点已无从考据。1895年，已是不惑之年的徐世昌迎来了人生的转机，早年结识的袁世凯在小站练兵，举荐徐世昌赴小站协助练兵，并保留其在翰林院的职位。在小站，徐世昌发挥其文武才干，引入了比较完整的近代军事理论，制定中西结合的军规、条令及战略战术原则，成为袁世凯的得力智囊，也奠定了其在北洋军队中仅次于袁世凯的地位。

随后数年，徐世昌一路升迁，由于其在官场老谋深算、左右逢源的"中庸之道"，他得到了"水晶狐狸"的绰号。1900年，徐世昌随驾慈禧西行，得到青睐，1904年担任了中国历史上最后一次科举会试的阅卷大臣，次年入值军机处，授军机大臣署理兵部尚书。1906年，被任命为钦差大臣、东三省总督（从一品）。两年后，慈禧、光绪薨，徐世昌审时度势，主动奏请开缺，被调任邮传部尚书。1909年，清廷授徐世昌体仁阁大学士，这是清代文臣的最高品级，此举无非是要其效忠朝廷。（清代仅有刘墉、曾国藩、张之洞等为数不多的汉臣被授予过这个正一品的官职）。

辛亥革命爆发后，徐世昌离京避乱，暂居青岛浙江路26号，静观时局变化。1915年被袁世凯任命为北洋政府国务卿，后在袁世凯酝酿称帝期间辞职。1918年，徐世昌被国会选为大总统。时值军阀混战，徐世昌与掌握军权的段祺瑞维系了四年的关系，1922年终被曹锟逼迫辞职。虽任职仅四年，这在当时已然是任期最长的大总统了。从辛亥革命后至1928年，北洋政府的总统几乎没有任期超过一年的，最短命的甚至只有几天。辞职后的徐世昌隐居天津英租界，研习书法，著书立作。在抗战期间，徐世昌保持了晚节，拒供伪职。

徐世昌从政40年，在卫辉留有祖宅，在天津购置多处房产，这些房产使他得以从政坛全身而退后安享晚年。民国初年，他以租用为名拆除鸣鹤园（圆明园附属园林之一，位于现北京大学西门北）木料修建河南卫辉的祖宅，曾惊动了清朝遗老。

徐世昌没有在京自置房产，在北京的住所是其老部下唐绍仪所赠。徐世昌于1909年年底入住位于铁匠营的豪宅，取名"弢园"。

铁匠营现名铁营胡同，位于东四五条、六条之间，北京史地学家陈宗蕃在《燕都丛考》一书中这样描述：东四六条中间东西小胡同，曰铁匠营，曰甜井沿。南北小胡同，在西者，曰胳膊肘，曰月牙胡同；在东者，曰流水沟，曰后坑。从此书附录的地图可以看出，铁匠营是一条东西走向的小胡同，呈"弓"形，加上南边的"听松楼"，整体又像一个"回"字。东边与其相接的是一条南北走向的胡同叫流水沟，现名流水巷。

据徐世昌的后人回忆，当年的"弢园"是个三进的大院，又分为东西两列。西院坐北朝南的是四明一暗五大间正房，前廊后厦。西厢房是书房，南房为门房。东院狭长，直通西边的花园，建有铁栅栏门墙，正房是欧式风格。二门内是花园，有太湖石假山。二门内东边是"虚明阁"，阁后为内宅，阁前是"退耕堂"，距此不远是徐世昌的藏书楼"书髓楼"，楼前有一条南北向的小月牙河。第三进是徐世昌的居所，与东北侧的四合院以院墙分隔，那是其弟弟徐世光的居所。"弢园"南墙外是一个独立的庭院，一条过街楼与弢园相连，院内有一小庙，是拜祖之地。除此之外，其余建筑为书房、书斋，名为"冲和斋""听松楼"，后者为卷棚歇山顶的二层小楼，楼西是廊墙，嵌有六朝碑刻。

现在，此地胡同整体布局未变，7号院西侧是南北走向的"铁营北巷"，已被"吞并"的3号院对面是铁营南巷，直通东四五条。在铁营胡同已经找不到"弢园"了，据笔者观察，那座豪宅已经被分割成了坐北朝南的1号、5号和7号三个院落，3号大院已被166中学圈入，盖起了楼房。西部花园一带成为166中学，东部和南部为大杂院，住了上百户居民，院内多杂乱搭建屋舍，几人合抱的古树也被简易棚围在了当中，西边的月牙胡同不知是不是当年的小月牙河。由过街楼相连的南部庭院现在的门牌号是铁营胡同10号，向南东拐的院子的门牌号是铁营胡同10-1号。前几年，在街巷整治行动中，10-1号院内发现了疑似卷棚歇山屋顶的"听松楼"。在寻访时，我特意近前观察了这处幸存遗迹，只见两层小楼四角翘起，因年久失修，木质结构已暴露，虽无任何粉饰，仍可感受到建筑的精巧和气派。真希望整修工作能够继续下去，使百年古建重现光彩。

文 / 图 / 刘国庆

乱世枭雄袁世凯

故居地址：东城区东单北大街外交部街33号；
东城区张自忠路3号（原铁狮子胡同1号）；中南海居仁堂

袁世凯（1859—1916年），中国近代著名政治家、军事家、北洋新军的创始人。

袁世凯祖籍河南项城，出生在官宦世家，自幼过继给叔父袁保庆为嗣子，并先后在其任职的济南和南京读书。袁保庆去世后，袁世凯又随在京任户部侍郎的叔父袁保恒到北京读书。

1876年和1879年，袁世凯两次乡试都未考中，只好投靠袁保庆的结拜兄弟吴长庆，任淮军"庆军"营务处会办。吴长庆是淮军统领，统率庆军六营驻防山东登州，督办山东防务。

1882年，朝鲜发生内乱，应朝方请求，清廷派吴长庆率部东渡朝鲜平乱，兵变很快得以平定。吴长庆在给清廷的呈报中为袁世凯报首功。23岁的袁世凯以帮办朝鲜军务身份驻朝12年，维系了清廷和朝鲜的关系。

因袁世凯在朝鲜办事表现突出，北洋大臣李鸿章等保荐袁世凯负责督练新军。从1895年起，袁世凯在天津与塘沽间的小站练兵。小站练兵是中国新式军队发展的转折点，也使袁世凯得到清廷的倚重，1897年擢直隶按察使，仍主持练兵。

1898年6月，袁世凯升任工部右侍郎。1899年冬，袁世凯署理山东巡抚，率领全部新军前往济南。山东在袁世凯治理下免遭了义和团动乱。

1901年11月，袁世凯接替李鸿章署理直隶总督兼北洋大臣，次年实授，成为实权人物。1902年，袁世凯兼任政务处政务大臣和练兵大臣，在保定编练北洋常备军（简称北洋军）。

1905年，北洋六镇（师）编练成军，每镇12500余人，除第一镇系满洲贵族铁良统率的旗兵外，其余五镇都在袁世凯的控制之下，重要将领几乎都是小站练兵时期的嫡系军官（民国初年的军政要人和北洋军阀多出自这支新军）。同时，袁世凯还兼任督办电政大臣、督办铁路大臣及会议商约大臣。在此期间，他在发展工矿企业、修筑铁路、创办巡警、整顿地方政权及开办新式学堂等方面颇有建树。通过办理新政，很快形成了一个以袁世凯为首的庞大的北洋军事政治集团。

　　1906年，袁世凯主动辞去各项兼差，并将北洋军一、三、五、六各镇交陆军部直接管辖。1907年，升任军机大臣兼外务部尚书，成为中枢重臣。1908年11月光绪帝和慈禧太后相继过世，年幼的溥仪继位，其父载沣为摄政王。成为摄政王后，载沣立即解除了袁世凯的官职。袁世凯隐居在安阳的洹上村，暗地里仍关注政事，伺机复出。袁世凯此间写下了一首《登楼》：楼小能容膝，檐高老树齐。开轩平北斗，翻觉太行低。登楼远眺，觉北斗星矮、太行山低，寥寥二十个字，足见其睥睨宇内的枭雄气度。

　　1911年10月10日，武昌起义爆发，北洋军成为清廷唯一可以抵抗革命军的力量，而袁世凯训练出来的北洋军，别人根本指挥不动。于是，清廷只好请袁世凯二次出山。1911年11月1日清廷宣布解散皇族内阁，任命袁世凯为内阁总理大臣。袁世凯带领北洋军很快将革命军逼入险境，而暗中却与革命党人"讨价还价"。

　　同年12月29日，南方17省选举孙中山担任中华民国第一任临时大总统，翌年1月1日在南京宣布中华民国成立，孙中山就任临时大总统。1月25日，袁世凯及北洋将领通电支持共和。1912年2月12日，面对颓势，隆裕太后代宣统帝发退位诏书，清朝统治宣告终止。3天后，南京参议院正式选举袁世凯为中华民国临时大总统。依据《中华民国临时约法》，改总统制为内阁制，并要求袁世凯到南京就职。但袁世凯坚持在北京就职，南京参议院只得应允。3月10日，袁世凯在北京石大人胡同的前清外务部公署就任临时大总统。民国史上北洋政府的统治开始了。

　　1913年，袁世凯镇压了国民党发起的二次革命，迫使孙中山等人逃亡日本。随后，在议会三轮投票选举后，袁世凯成为中华民国首任大总统。乘着八抬彩轿、着陆海军大元帅钴蓝色金线礼服的袁世凯在北京故宫太和殿就职。随后，袁世凯废除《中华民国临时约法》，推出了《中华民国约法》，又恢复了总统制。

　　就任大总统后，袁世凯坚持中央政府的集权统治。在财政金融方面，袁世凯筹措公债、整顿税收、开办银行、疏通金融、改革币制。这些举措不仅缓解了当时的财政危机，也促进了中国近代财政金融的现代化。袁世凯兴学重教，兴办新式学校，积极倡导学子留洋。袁世凯竭力维护中国的主权和领土完整。1912年4月22日，袁世凯发布的大总统令明确宣告：蒙、藏、疆各地方的一切政治俱属中国内政。1913年，袁世凯批准以正月初一为"春节"，例行放假。

1914年"一战"爆发，袁世凯本想借机收回德国在山东的权益，但日本作为协约国成员，在英国的支持下派兵进驻山东。随后日本派驻华公使秘密会见袁世凯，递交了严重损害中国主权的"二十一条"。5月25日，在北京签订了所谓的"中日条约"和"换文"。此后的历届中国政府均未承认其为有效条约。

1915年12月，袁世凯悍然恢复了君主制，自称"皇帝"，建立"中华帝国"，以1916年为"洪宪元年"，将总统府改名"新华宫"。12月23日，袁世凯身着衮冕在天坛祭天，并于1916年1月1日举行登基大典。陆军上将蔡锷在昆明发动护国战争，讨伐袁世凯，全国多地相继响应。

1916年3月22日，袁世凯被迫恢复"中华民国"年号，但"讨袁"各省没有停止军事行动。6月6日，袁世凯因尿毒症不治而亡。

袁世凯在北京多处居住过，本文仅介绍三处。

第一处故居：1912年3月10日，袁世凯在北京就任中华民国临时大总统，他选中的办公地点在今天东单北大街路东外交部街33号的"迎宾馆"。当年，那是北京城内最豪华的西洋建筑。辛亥革命爆发后，清廷任命袁世凯为内阁总理，他将内阁政府设在了迎宾馆内。此后不久，他就把一妻九妾和几十个儿孙也搬了进来。就任中华民国临时大总统后，迎宾馆自然也就成了临时大总统府。

袁世凯就任临时大总统后，邀请孙中山北上。袁世凯将迎宾馆让给孙中山居住，全家搬到了位于铁狮子胡同1号的陆军部和海军部大院。至孙中山离京，袁世凯再也没有搬回，而是下令将外务部迁到迎宾馆。这条原名石大人的胡同随后改名外交部街。

外交部街33号位于胡同中部路北，如今是外交部宿舍，建起了12栋住宅楼，开有东西两个大门。迎宾馆圆拱形的西式门楼依旧位于原地，门前是两只威严的石狮子。门旁墙上嵌有两方匾牌，一方是文保标识牌"清外务部迎宾馆大门"，另一方是迎宾馆介绍牌：清末宣统年间为迎接德国王储将已

外交部街33号西洋大门保存完好

废宝源局改为迎宾馆，聘美国建筑师坚利逊承包，于1908年兴建的西洋式建筑。袁世凯任临时大总统时在此办公，孙中山北上下榻于此。中华人民共和国外交部自1949年11月8日成立至1966年年初于此办公。

第二处故居：铁狮子胡同1号，现为张自忠路3号。位于张自忠路路北，路南的大影壁保存完好，对面的整座中西合璧

张自忠路3号主楼为西洋建筑风格

建筑群经过修整，看上去很有历史感，只是那对铁狮子已不存，代之以一对石狮子。东边石狮子旁有牌，上书："三·一八"惨案发生地。往西是北京市文物局于2006年6月立的文保碑"全国重点文物保护单位 清陆军部和海军部旧址 中华人民共和国国务院二零零六年五月二十五日公布"。正门东墙上是四块匾牌，较全面介绍了整个建筑群，在此摘录如下：

（一）《清陆军部和海军部旧址》1906年，清政府拆除了和亲王府和贝勒斐苏府，兴建了两组西洋式砖木结构建筑群，1907年竣工。该建筑群东为海军部，西为陆军部。两部共用一座大门。主楼建筑形式为西洋古典式，木结构三角桁架，铁皮屋顶。外立面大量采用砖雕装饰，图案十分精美。1912年，袁世凯总统府曾设于此。1924年为段祺瑞执政府。1926年在此发生"三·一八"惨案。2006年公布为全国重点文物保护单位。

（二）《中国人民大学老校区》1950年10月3日，以华北大学为基础合并组建的中国人民大学在铁狮子胡同一号（现张自忠路3号）隆重举行开学典礼，这里即是中国人民大学命名组建的最初校址。1953年起，学校陆续将各院系迁往北京西郊（现中关村校区）。1966年起，老校区不再承担教学任务。随着时代发展，老校区历久弥新，是我校校史校情的重要载体，是东城区爱国主义教育基地，正在不断发挥出更大的文化与社会价值。

（三）《段祺瑞执政府旧址》东部原为康熙九子允禟府第，后赐予雍正五子弘昼，为和亲王府，清末改为贵胄学堂。西部原为顺治五子常宁的恭亲王府，清末传至镇国公承煕，称承公府。光绪三十二年（1906）将原建筑拆除，兴建了两组西式建筑群，西部设陆军部，东部设海军部。民国时期，袁世凯在此设立总统府和国务院。1924

年作为段祺瑞执政府。1926年3月18日，北京学生在执政府门前请愿时遭军警镇压，死伤多人，史称"三·一八"惨案。1984年被列为全国重点文物保护单位。

（四）《"三·一八"惨案发生地》此地原称铁狮子胡同1号，系清朝和亲王府。1924年北洋军阀皖系首领段祺瑞任中华民国临时执政，因此，改为执政府。1926年3月18日，北京各界群众为反对日本军国主义侵犯中国主权，在中国共产党的领导下，由李大钊等人带领在天安门集会抗议并举行示威游行。队伍行进到段祺瑞执政府门前请愿时，遭到执政府卫队的枪击和大刀砍杀，死难47人，打伤200余人，酿成震惊中外的"三·一八"惨案。北京女师大学生刘和珍等就是当时在此地牺牲的。1992年此地被列为东城区青少年爱国主义教育基地，2002年被东城区委区政府命名为东城区爱国主义教育基地。

第三处故居：中南海居仁堂是袁世凯任中华民国大总统后的办公和居住地。1912年清室逊位后，袁世凯在北京就任中华民国大总统，因为没有大总统官邸，便临时居住在石大人胡同的"迎宾馆"和铁狮子胡同的陆军部海军部大院。后经协商，清室决定将未曾修缮完备的摄政王府、曾经的皇家园林中南海腾出来，用以做民国大总统的府邸。就这样中南海在袁世凯接手后成了北洋政府的权力中枢，它同样也是袁世凯和妻妾子女们栖身的私宅。1915年12月，袁世凯在中南海居仁堂称帝，改元"洪宪"，建立起他的"洪宪王朝"，不久便在一片反对声中倾覆，袁世凯也在居仁堂病逝。

中南海居仁堂，位于中海西岸，原名海晏堂，是垂帘听政的慈禧常住之处。袁世凯搬进来后，首先把中南海改名为"新华宫"，把南海的宝月楼改造成中南海的正门，打开南墙修了一对八字墙，接宝月楼两端，使其直接面对西长安街，正式命名为"新华门"。新华门一层中间三楹辟三门，楼北建起一大影壁。

身为大总统的袁世凯在"新华宫"中部的"居仁堂"居住和办公。那座两层楼房分南楼、北楼，两栋楼由走廊相连。南楼楼上东头是袁世凯的卧室，西头是袁世凯最喜欢的两个女儿的闺房。楼下东头是袁世凯的办公室，西头是他的会客厅、会议室和餐厅。其他家人分别住在居仁堂后边的楼内、福禄居以及万字廊后边的几个院子里。袁世凯在中南海住了近五年，并在居仁堂走完了传奇一生。袁世凯的荣辱功过各有评说，总之，他是中国近代史上最具争议的人物之一。

居仁堂后来为北洋政府几位继任者和家人所用，再后来成为李宗仁的办公之处、傅作义的指挥所。新中国成立后，成为中央书记处的办公场所。20世纪60年代初，作为危房被拆除。

文／图／刘国庆

黎元洪的北京公馆

故居地址：王府井大街 27 号

在今天繁华的王府井大街北端，形式新颖独特的嘉德艺术中心那庞大身影下，曾有一条记录着明清两代历史，又在民国时期留下浓重一笔的街巷——东厂胡同。顾名思义，这里曾是明朝臭名昭著的东厂机构所在地。清初，废弃的东厂衙门被民居取代，又几次成为清代大学士的住所。道光、咸丰年间的大学士瑞麟大兴土木，在西部改建出富丽堂皇的宅邸，又在东部的空地造园，竹木苍翠，曲径通幽，还点缀着几方太湖石，使之成为京城知名的"漪园"。

1900 年八国联军入侵北京，园子被八国联军占用，作为德国野战医院。战后，瑞麟的后代索性稍加修整，对公众开放，更名"余园"，取"劫后余生"之意。不久后又卖给了大学士荣禄。在京城，这座宅院不仅在面积上仅次于王府，更是除皇宫外第一个装上电灯、电话的宅院，历任主人多是堪称"一人之下，万人之上"的大学士，最后一任主人黎元洪更是在这里当上了中华民国大总统。

黎元洪（1864—1928 年），湖北黄陂人，19 岁入天津北洋水师学堂学习，学成后在北洋水师效力 12 年。甲午海战中，黎元洪所在舰只触礁，为躲避日军的追捕，他跳海得以逃生。此后，他投奔张之洞，回到家乡湖北操练新军。武昌起义前，黎元洪已是湖北军界统领。

1911 年 10 月 10 日，武昌起义爆发。次日，首义革命党人、湖北谘议局议员和绅商代表共同召开联席会议，认为革命不能群龙无首，要请出一位德高望重、为国人所熟知的领导人组建军政府。黎元洪被革命党人强推为湖北军政府都督，待汉口、汉阳光复，各国领事宣布"中立"，才宣告就职。各省都督府代表联合会成立后，推选黎为中央军政府大都督。

南京临时政府成立后，黎元洪被选为副总统兼领鄂督，但不久后就支持袁世凯镇压二次革命。1913 年 10 月，袁世凯当上中华民国大总统，黎元洪虽然是副总统，但仍在湖北，袁世凯既为拉拢又为控制，胁迫其进京，又从荣禄后人手中以十万银圆买下宅院东半部，送给了黎元洪。但黎元洪当时被袁世凯安置在瀛台，还被迫与其结成儿女亲家。1915年，袁世凯称帝后，黎元洪搬到东厂胡同，闭门谢客。据说袁世凯封黎元洪为"武义亲王"后，亲书匾额，派人挂到黎府门口。黎元洪待送匾的人走后，就把匾摘下扔到马圈里边去了。

袁世凯的复辟闹剧很快收场，1916年6月，黎元洪以副总统身份接任袁氏去世后留下的总统之位，上任仪式就是在黎宅举行的。但此时真正掌权的是总理段祺瑞，无兵无权的黎元洪不过是再次成为傀儡。不甘受制的黎元洪制造"府院之争"后，段祺瑞假手张勋把他赶走，由副总统冯国璋代行大总统职权。直到1922年曹锟、吴佩孚赶走皖系总统徐世昌，黎元洪再次被请出来复任总统，但仍无实权，因此一年后再度辞职，从此退出政坛，移居天津投资实业，直至1928年去世。

黎元洪一生，经历了北洋海军、湖北新军，曾任首义都督、三任民国副总统、两任民国大总统，有功亦有过。在矛盾和争议之外，他的政治道路其实大半都是被裹挟前进的，几任傀儡，既没有实现革命，也没能实现国家统一，可谓名实难副。

在余园居住期间，黎元洪将其改名为"大德堂"，还增添了一些中西合璧的建筑，

左图为余园留存至今的部分建筑，右图为仅存的西洋式围墙片段。

围墙也点缀着西方古典柱式装饰。离开北京后，于1926年登报出售宅院，被日本特务机关"东方文化事业总委员会"购得，并在园子的东北侧修建了一座三层楼房。1945年抗战胜利后，宅院被收归国有，中央研究院历史语言研究所北平分所及胡适、傅斯年、郭沫若等学者都曾在这里留下印记。1949年后，宅院归属于中国社会科学院，从1980年至今，陆续拆除住宅和山石，修建办公建筑，余园仅留下几座古建筑和少量树木、山石遗迹。

文/图/任浩

段祺瑞：北洋之虎

故居地址：东城区仓南胡同 5 号

北洋军阀段祺瑞（1865—1936 年）以"三造共和"闻名。其一"造"，是在武昌起义后率军致电清廷要求共和，加速了清帝退位的步伐；其二"造"，是在袁世凯称帝前五次劝阻，并在袁世凯死后，推举黎元洪任大总统，恢复了国会和《临时约法》；其三"造"，则是在张勋复辟后，与冯国璋联合讨逆，赶走张勋恢复共和。

段祺瑞在北京的三处住所，似乎也可对应他的三段重要人生经历。段祺瑞是安徽人，从李鸿章创建的北洋武备学堂入伍，因成绩优异被派往德国深造，回国后被派往天津小站，跟随袁世凯训练新军，从此鞍前马后成为袁氏心腹，也逐渐培植起自己的势力。袁世凯甚至将自己的义女张佩蘅嫁给段祺瑞作继室，可见信任之深。在此之前段祺瑞在北京西堂子胡同有一处宅院，但可能是租的。

据说，1909 年某日袁世凯打麻将赢了，对方把一套时值 30 万大洋的房子抵押给他，他转手就送给了段祺瑞。段不敢受此大礼，袁世凯就说："这是我送给干女儿的嫁妆。"真是把他当成女婿看了。但袁世凯可能在此也藏了个心思——这套房子位于府学胡同 36 号，就在新建成的清陆军部后面，也许袁世凯早已听说这位陆军总长"经常不上衙门"，要督促他按时上班。后来段祺瑞还给宅子开了侧门，和陆军部院子相通，经常由此门出入。

送房子一说并没有确凿的证据，也有人说段家是借住或租用此房。但可以肯定的是，搬进府学胡同的段祺瑞并不安宁。反对袁世凯称帝时，张佩蘅在家大骂丈夫没良心，段祺瑞只能听着，不敢吱声。据说袁世凯死后，房主拿着房契来要房，段祺瑞虽已贵为总理，还是要搬家。这座宅邸现在是某武警部队驻地。

此时，段祺瑞已得到另一处豪宅——康熙皇帝第二十二子允祜留下的府邸。宅院位于仓南胡同5号，仅占地面积就有两万平方米，但早已空置多年。段祺瑞对这座贝勒府大加改造，将大门改为西式铁门，中轴线上的建筑仅保留大殿，并改为面阔九间带门廊的形式，颇具民国风格。殿前院内有曲水环绕，上设三座小石桥。殿后的院子则在东、西、北三面环建二层西式小洋楼，朝向院子设门廊，采用了优雅的爱奥尼式柱子。东西两侧还各有一个小天井。据说段母住在小楼东翼，西翼则是两层通高的舞厅，可兼做会议厅，国务会议曾在此举行。整个宅子外环绕着围墙，墙垛厚实，宛若城堡。

段祺瑞故居东城区仓南胡同5号已成为某部队大院。

经过几番权力斗争，段祺瑞在1924年由冯玉祥扶上中华民国临时执政的宝座。1926年3月18日，他在由清陆军部改成的执政府里做出臭名昭著的决定，下令向在门口请愿示威的学生开枪，打死47人，伤199人，酿成震惊中外的"三·一八"惨案。

失去民心的段祺瑞很快被赶下台，离开北京去天津做寓公了。虽然"九一八事变"后，日本人多次到天津秘访，邀请其到伪满洲国任职，段祺瑞都严辞拒绝了，并举家迁往上海，公开表明自己的反日态度。

有人说，段祺瑞"三造共和"，对于一个封建军阀，实属难能可贵，尤其是不顾与袁世凯多年私交，甘冒弃官违命的风险，可谓深明大义；也有人说，所谓"共和"不过是这位军阀权衡利弊的棋子，背后的目的仍然是争权夺利、清除对手；有人认为他至死不当汉奸，令人尊敬；也有人说，段祺瑞在发展皖系军阀的过程中，将大量国家资产抵押、租借给日本人，严重损害了民族利益。

作为曾经的国家掌权人，1936年段祺瑞在上海病逝。民国政府为其举行国葬，国葬令有言："辛亥倡率各军，赞助共和，功在民国。及袁氏僭号，洁身引退，力维正义，节慨凛然。嗣值复辟变作，誓师马场，迅遏逆氛，率能重奠邦基，巩固政体，殊勋硕望，薄海同钦……"功过是非，继续留给后人评说。

文 / 任浩

英敛之：创办大公报和辅仁大学

故居地址：香山见心斋；西城区西安门大街 103 号且楼

英敛之（1867—1926 年），原名赫舍里·英华，字敛之，号安蹇斋主、万松野人，满族正红旗人，中国近代著名教育家、慈善家、爱国天主教徒。他因揭露慈禧的暴政和袁世凯的卖国行径、斥责清政府杀害徐锡麟和秋瑾而名扬海内。英敛之有《也是集》《万松野人言善录》《安蹇斋丛残稿》等著作存世。

清同治六年十月二十八（1867 年 11 月 23 日），英敛之出生在北京西郊蓝靛厂火器营一个贫寒的家庭。1912 年清政府灭亡后，英敛之放弃赫舍里姓，只称英华，从此他的后代开始姓英。

英敛之天资聪慧，少年时就勤学苦读，博览群书，成年后研读道教、佛教、伊斯兰教和儒家经典。由于深受意大利传教士利玛窦的《天主实义》和德国传教士汤若望的《主制群徵》的影响，1888 年开始信奉天主教。

英敛之一生主要做了三件大事，一是创办《大公报》；二是与马相伯（著名教育家、爱国人士、耶稣会神学博士）创建辅仁大学；三是出任慈幼局局长，兴办慈善福利事业。

1895 年，康有为"公车上书"后，英敛之写文表示支持。1898 年 6 月，慈禧发动戊戌政变，百日维新失败，英敛之为避免株连出走天津，后又赴上海。1901 年 4 月，英敛之由上海回到天津，开始筹办《大公报》。翌年 6 月 17 日，《大公报》在天津法租界创刊，以"忘己之为大，无私之谓公"为办报宗旨，宣传变法维新、君主立宪，反对封建专制和外来侵略，以敢议论朝政，反对袁世凯而著称。英敛之亲自担任《大公报》总经理，并主持工作 10 年之久。

英敛之特别关注妇女问题，旗帜鲜明地反对女子缠足。在《大公报》出版的第一天，他就安排刊发了题为《戒缠足说》的白话文。此后，他还参与创办了"天足会"，推动妇女解放。

1902 年 6 月 21 日，《大公报》第五期刊发英敛之撰写的文章《论归政之利》，公开要求慈禧撤帘归政。

1894年，美国政府与清政府签订了为期10年的《限禁来美华工保护寓美华人条约》，使美国限禁华工、歧视虐待华人的行为具体化、合法化。1904年该条约到期后，美国政府再次向清政府提出禁止华工赴美，引发了反美爱国运动，控诉美国排华和经济侵略的罪行。《大公报》积极支持反美爱国运动，宣传抵制美货。袁世凯看到《大公报》宣传抵制美货，下令禁邮禁阅《大公报》。面对袁世凯的扼杀，《大公报》奋起反击。禁邮禁读未成，袁世凯又企图以重金收买英敛之，遭到拒绝。

1906年7月1日，英敛之发起并组织成立了中国近代第一个新闻团体"天津报馆俱乐部"。

1907年7月，清政府杀害了革命党人徐锡麟和秋瑾，《大公报》刊出专文，谴责清政府的野蛮凶残行径。

1907年，江南发生水灾，《大公报》发起募捐，筹得白银11469两，全部用于赈灾。

1912年1月1日，中华民国成立。2月23日《大公报》改用"中华民国"年号，英敛之辞职返回北京。作为满族知名人士代表，英敛之成为清室善后委员会的成员。之后，清室善后委员会将清室财产香山静宜园拨给英敛之用于办学。英敛之到静宜园后，首先创建了"静宜女学"，次年开办"辅仁社"，专门招收各省信教青年，提高他们的文化水平。

1912年9月20日，英敛之和马相伯联名上书罗马教廷，请求在中国创办公教（天主教）大学。由于第一次世界大战爆发，此事被搁置。1919年，第一次世界大战结束后不久，罗马教廷派人到中国考察。1924年6月27日，罗马教廷同意在北京建立公教大学。1925年2月，确定西城区李广桥西街10号原涛贝勒府为北京公教大学校址（今定阜街1号），10月10日正式开学，取名为"北京公教大学附属辅仁社"，英敛之任社长。1927年6月，英敛之病逝一年半后，北京公教大学附属辅仁社更名为私立北京辅仁大学。1952年9月，辅仁大学并入北京师范大学。1960年，辅仁大学在中国台湾复校。现在，辅仁大学本部旧址为北京师范大学继续教育学院，是全国重点文物保护单位。

1913年2月，英敛之携妻儿到北京海淀区温泉镇显龙山登顶眺望：山下温泉蒸腾，山上云雾缭绕。英敛之触景生情，感慨万千，不禁吟起杜甫的诗："坦腹江亭暖，长吟野望时。水流心不竞，云在意俱迟。"第二天，英敛之雇人在山顶西面的一块巨石上，刻上他书写的"水流云在"四个大字，并题注："英敛之偕内子淑仲小儿千里游此偶取杜句寄意时宣统退位之次年正月也"。

1916年9月，《大公报》由原股东之一的王郅隆购买。1923年9月，王郅隆在日本关东大地震中殒命，难以为继的《大公报》于1925年11月27日宣布停刊。1926年9月，吴鼎昌、张季鸾、胡政之合作，以新记公司的名义接办《大公报》，先后出版过泰兴《大公报》、香港《大公报》、天津《大公报》、上海《大公报》，香港《大公报》至今仍在发行。《大公报》是中国报龄最长的报纸，已有120余年的历史。

1917年夏末秋初，北京、河北发生大水灾。水灾过后，熊希龄（政治家、教育家、实业家和慈善家，北洋政府第四任国务总理）在静宜园成立慈幼局，收容灾童，英敛之任慈幼局局长。1920年，熊希龄创办香山慈幼院（现北京实验学校），专门招收灾民子弟。英敛之参加了慈幼院的筹建和领导工作。他每年冬天都要募集善款，在静宜园开粥厂，赈济贫苦百姓。

在慈幼院工作期间，英敛之居住在香山见心斋。他一方面从事宗教教育和慈善事业，一方面寄情于山水和松林，自称"万松野人"。

见心斋建于明嘉靖年间（1522年），清嘉庆年间（1796年）重修，是皇帝训诫臣属的地方。这是一座环形庭院式建筑，造型别致，环境清幽，具有江南园林特色。院内有半圆形水池，池水清澈，游鱼可数。在水池东、南、北三面的半圆形回廊，连接着西面的水榭，水榭上悬挂着嘉庆帝题写的"见心斋"牌匾。如今的见心斋风景依旧。

且楼现状

1926年1月10日，由于劳累过度，英敛之旧病复发，在西城区西安门大街且楼病逝，享年59岁。

且楼是英敛之购买的一处房产，原楼内挂有一块英敛之题写的"且住为佳"的匾，语出颜真卿《寒食帖》："寒食只数日间，得且住为佳耳。"且楼是一座临街的砖木结构二层小楼，上下层各三间房，后又加盖了四间房。房屋内有木地板、玻璃窗、木雕装饰。楼的西侧外墙有木梯供上下楼用。院内有石榴树、盆花和鱼缸。二层为英敛之的书房兼工作室，楼下两侧为卧室，中间是会客室兼餐厅，另外四间为储藏室和厨房。1917年后，英敛之身体日渐衰弱，为了方便就医，常住在且楼。

20世纪80年代末，且楼还保存完好，并进行了翻建。且楼现在是西安门大街103号，曾经是中国工商银行西安门储蓄所。2021年4月10日笔者实地探访且楼时，楼门紧闭，储蓄所已经搬走，且楼当年的风采早已不复存在。

文/图/张进

赛金花的坎坷一生

故居地址：东城区史家胡同53号；西城区居仁里7号

赛金花（1872—1936年），初名郑彩云（一说姓赵），又名傅彩云、洪梦鸾、曹梦兰、赵灵飞，同治十一年十月九日生于安徽省徽州黟县（今属安徽省黄山市）。

赛金花12岁时母亲病故，为躲避太平军随父移居苏州投靠祖父。13岁时，由于祖父的当铺经营不善，为了增加收入，楚楚动人的赛金花到花船上做了卖艺不卖身的清倌，并改姓"富"，后讹传成"傅"。

1886年，同治七年状元洪钧回苏州守孝，结识了赛金花。洪钧被美色倾倒，1887年正月十四，48岁的洪钧迎娶14岁的赛金花，赛金花成了洪钧三姨太，改名为洪梦鸾。

1889年，洪钧出使德国、俄国、奥地利与荷兰四国，赛金花作为公使夫人陪同前往。在德国，受到皇帝威廉二世和皇后接见，并与后来成为八国联军统帅的瓦德西成了朋友。在柏林期间，赛金花为洪钧生下一女，取名德官。洪钧因为颇具外交才干，被慈禧太后誉为"最好的外交官"。

1892年11月30日，洪钧任期期满回到上海，又于12月底抵达北京，任兵部左侍郎、总理各国事务衙门行走。洪钧与赛金花最初住在前门外小草厂胡同，后在东城史家胡同买了一所大宅院（今史家胡同53号）。不久，因为沙俄侵占帕米尔事件，洪钧遭到官员们的联名弹劾，抑郁成疾，于1893年8月23日在北京病逝，终年55岁。

洪钧病危时答应给赛金花5万银圆，并把钱交给了他的族弟洪銮，托他把赛金花送回娘家安置，洪銮却将钱据为己有。1894年，赛金花护送洪钧的灵柩回苏州后到上海为妓，因为有状元夫人和公使夫人的身份而名扬上海滩，被称为"花榜状元"。赛金花在上海诞下洪钧遗腹子，一个多月后夭折。留在洪家的女儿德官19岁时病故。在上海期间，赛金花结识了李鸿章、盛宣怀、康有为、梁启超、谭嗣同等人。

1898年夏天，赛金花在上海结识的珠宝商孙作棠劝她到天津发展，到天津后她开始使用艺名"赛金花",并在江岔胡同开设了"金花班",还结识了户部尚书杨立山。翌年,在杨立山鼓动下,赛金花把金花班搬到了北京,在琉璃厂南李铁拐斜街(又称李铁锅斜街,今铁树斜街)开办鸿升店。不久,金花班搬到了陕西巷北口,设立了"赛寓",从此,北京有了"南班书寓"(上海最高档次的风月场所)。其间,赛金花同杨立山的朋友、巨商卢玉舫拜了把子,赛金花被称为"赛二爷"。

1899年冬,赛金花嫌南城脏乱,把金花班搬到了前门内高碑店胡同。不到一个月,因政府禁止在内城开设妓院,被房东催着搬家,赛金花又回到了天津。

1900年5月,因义和团在天津活动,赛金花与家人从天津逃到通州,又从通州逃到北京,先住在西城,后又在李铁拐斜街一户熟人处落脚。到京没几日,八国联军攻陷北京,赛金花巧遇联军统帅德国人瓦德西,瓦德西委托她办理军粮,赛金花提出"德国军队停止杀害北京老百姓,保护古城"的要求,瓦德西同意了这个要求。赛金花为保全北京做出了贡献。

1900年6月20日,德国公使克林德在北京街头被枪杀,克林德夫人坚持要求清政府偿命赔罪。李鸿章请赛金花从中斡旋。经赛金花游说,克林德夫人同意以建立"克林德碑坊"纪念德国公使,事件得以平息。1903年1月8日,克林德碑坊竣工。最初,碑坊位于东单北大街西总布胡同西口的克林德被杀处。1918年11月11日,第一次世界大战结束,德国战败,11月13日碑坊被北京市民拆除。1919年,在中央公园(1928年改称中山公园)重建,并改称"公理战胜牌坊",以纪念第一次世界大战的胜利。应段祺瑞之邀,赛金花出席了"公理战胜牌坊"的揭牌典礼。1952年10月,亚洲太平洋地区和平会议在北京召开。为了表示与会国家保卫世界和平的愿望,大会决定将"公理战胜牌坊"改名为"保卫和平坊"。

从天津逃到北京后,赛金花租住在陕西巷旅馆,开办了"怡香院"。1903年5月,因一个妓女吞烟死亡,赛金花以虐待罪被遣返回黟县老家,后又回到上海重操旧业。

1911年,赛金花曾嫁给沪宁铁路总稽查曹瑞忠为妾,改名曹梦兰。次年曹瑞忠病亡,赛金花再次挂牌营业。

1918年6月20日,45岁的魏斯炅与46岁的赛金花在上海结婚。两人婚后回京,在樱桃斜街定居。从良之后的赛金花在这里过着安逸平静的生活。

魏斯炅是清光绪二十年举人,曾留学日本,在东京中央大学政法专业学习,其间加入同盟会,参加辛亥革命。中华民国临时政府成立后任参议院议员、江西省民政厅长、财政司长。魏斯炅因反对袁世凯篡政被通缉,在上海避难时结识了赛金花,得到她的帮助后逃亡日本,又到新加坡。在当地爱国华侨的大力支持下,创办了"金直丰橡胶园",继续在海外组织华侨支援孙中山的民主革命。

1921年7月，魏斯炅因用冷水洗澡后生病，不久在北京住所去世。为追思亡夫，赛金花改名赵灵飞，希望灵魂随魏斯炅飞进天堂。

魏斯炅死后，赛金花搬到天桥附近的居仁里16号（1965年后为7号）院居住，在老佣人顾妈陪伴下，赛金花在居仁里度过了她人生最后的15年，靠着典当、借债和他人接济度日，甚至连一个月八毛钱的房租都付不起。张学良、徐悲鸿、齐白石、李苦禅等知名人士都接济过她们。1936年12月3日，赛金花在居仁里去世，终年64岁。

赛金花死后，齐白石、张大千、刘半农等人为其募款建葬。赛金花墓在陶然亭公园锦秋墩南坡，墓穴用大理石砌成，墓碑为花岗岩，高1.8米，碑名由齐白石题写，碑文为潘毓桂（民国时期著名汉奸）所书，篆字碑额为"姑胥赵灵飞之墓志"。墓碑曾经存放于陶然亭公园慈悲庵准提殿（石刻陈列室）内，殿中同时还陈列着记述赛金花生平的三块石刻：《彩云图》《前彩云曲》和《彩云后曲》。《彩云图》是张大千为赛金花画像，《前彩云曲》和《彩云后曲》为樊增祥（清政府官员、诗人）为赛金花作的长诗。

天桥附近原居仁里7号院

锦秋墩是陶然亭公园湖心岛上的一个土丘，上有锦秋亭，其所在的位置曾经是一座建于清康熙三十四年(1695年)的花神庙。新中国成立后，赛金花墓冢被平。2021年，赛金花墓碑和生平石刻移到他处收藏。

1892年到1893年，赛金花随洪钧住在史家胡同；1899年到1903年，在石头胡同和陕西巷设立"赛寓"；1918年到1921年与第三任丈夫在樱桃斜街闲居；1921年到1936年在居仁里隐居。赛金花先后在北京生活了20多年时间，并在北京结束了她坎坷的一生。

居仁里位于西城区天桥地区永安路北，临近北京友谊医院，呈倒"L"形，东起灵佑胡同，南至永安路，长80米，宽2米。民国时称香厂居仁里，1965年地名调整时定名居仁里。

20世纪70年代，赛金花在居仁里的住房还在，后来胡同北端建起了小学（现在是留学路114号，西城区三教寺幼儿园分园中大班部），2006年，建教学楼时她曾经的住房被拆除，只剩下一堵残墙，后来院子和残墙被夷为平地。

文 / 图 / 张进

庄士敦：碧眼帝师

故居地址：西城区油漆作胡同1号；
门头沟区妙峰山南樱桃村

末代皇帝爱新觉罗·溥仪这样描述第一次见到庄士敦的印象："庄士敦师傅并不十分可怕。他的中国话非常流利，比陈师傅的福建话和朱师傅的江西话还好懂。庄师傅那年大约四十岁出头，显得比我父亲苍老，而动作却敏捷灵巧。他的腰板很直，我甚至怀疑过他衣服里有什么铁架子撑着。虽然他没有八字胡和文明棍，他的腿也能打弯，但总给我一种硬邦邦的感觉。特别是他那双蓝眼睛和淡黄带白的头发，看着很不舒服。"

而在庄士敦看来，这位大清帝国的逊帝，看似还享受着九五至尊般的尊崇，实则是一个充满好奇心的13岁男孩——"襁褓中的天子"，被困在紫禁城这所牢笼之中。

庄士敦（1874—1938年），苏格兰人，先后毕业于爱丁堡大学、牛津大学，主修现代历史、英国文学和法理学，他是第一位能够自由出入紫禁城的"洋人"，也是溥仪青少年时期"半师半友"的知交。让洋人当皇帝的老师，初始原因是1919年徐世昌因为要出任中华民国大总统而辞去"帝师"之职，又希望新老师能够传授一些西方的制度和历史，在民国前途未卜之际为可能的复辟和君主立宪培养一个有新作风的君主人选。于是，经李鸿章的次子李经迈推荐，徐世昌代向英国使馆交涉，请来了在山东威海卫做了多年行政长官的庄士敦担任溥仪的新老师。

庄士敦初入北京城暂住于张旺胡同的旅馆，内务府为了让他方便入宫，就在故宫周边为洋师傅选房子，最终看中了油漆作胡同1号院。景山北面，中轴线以西的这一片房屋，自明朝起就归掌管宫廷事务的内宫监使用，其中的主干路"恭俭胡同"即从"宫内监"谐音而来，这里遍布各类服务宫廷的作坊，这从"油漆作胡同"这一名称就可以看出来。宅院在胡同口，一出门就是地安门大街，向南过景山而达紫禁城神武门，庄士敦每天坐汽车去紫禁城，然后乘轿到溥仪上课的毓庆宫。这座三进院的宅子虽是租用，作为中国通的庄士敦仍把家中装点得十分有中国情调，家具均为中式桌椅案榻，还有不少条幅字画。大门洞里有四个红底黑漆字的"门封"——"毓庆宫行走""赏坐二人肩舆""赐头品顶戴""赏穿戴素貂褂"，都显示了溥仪给与庄士敦的不凡待遇。

在城里安顿下来后,庄士敦又经过徐世昌总统的斡旋,在门头沟的樱桃沟获得了一套别墅。到了盛夏,庄士敦就前往这座别墅小住,游览山水,休闲散心。他还带着同样爱游山玩水的同事陈宝琛一同游西山。

休闲之余,庄士敦还拍摄了大量妙峰山人文和风光照片,部分发表于1928年9月的《艺林旬刊》。

在年少的溥仪看来,这位"洋师傅"和宫里那些古板的遗老遗少大不相同,代表着他并不熟悉的大千世界。他教溥仪英文,也让他了解西方的社会、文化,就像那些老师傅曾经担心的那样,年轻的溥仪一旦了解外来的东西,对那些老生常谈就没有兴趣了。溥仪后来甚至说:"在我眼里,庄士敦的一切都是最好的,甚至连他衣服上的樟脑也是香的。庄士敦使我相信西洋人是最聪明、最文明的人,而他正是西洋人里最有学问的人。恐怕连他自己也没有料到,他竟能在我身上产生这样大的魅力……庄士敦已是我的灵魂的一部分。"

在庄士敦的影响下,溥仪剪了辫子,戴上眼镜,买了汽车,装上电话,还为了骑自行车砍了紫禁城的门槛,甚至还因为他的撮合,促成了溥仪与胡适的会面。庄士敦极其厌恶依靠民国"清室优待条件"存活的内务府,建议他的学生离开紫禁城,摆脱陈腐的内务府,开始新的生活。因此溥仪向往一夫一妻制、遣散太监、希望逃出皇宫到海外游学等想法,也多多少少受到庄士敦的影响。

溥仪大婚以后,毓庆宫每日的功课就取消了,庄士敦此时与其说是师傅,不如果说更像是友伴,他每日进宫,大部分时间都陪伴着溥仪。到1924年年初,他竟然得到一个"旷典"——溥仪指定御花园里的养性斋作为庄士敦的居停之所,可以在此休憩、会面甚至过夜。这在紫禁城是前朝历史未有之特例。养性斋在御花园西南角,距离养心殿仅步行几分钟的距离,建筑高大宽敞,有几间客厅和一间卧室。溥仪还特别叮嘱在其中改装了西式设备,但庄士敦更喜欢原来古香古色的中式装修。庄士敦又从家中搬来许多书,每日在此看书,溥仪有时过来闲谈或一起吃午饭。偶尔,皇后婉容也会带着她的英文教师任萨姆同来,于是出现了帝后二人与两位外国人共处这种紫禁城前所未有的景象。此时恰逢泰戈尔访华,庄士敦又促成二人在养性斋会面。

根据"清室优待条件",溥仪应该离开紫禁城,前往颐和园居住。但一干王公大臣拼命阻挠移居。庄士敦一方面担心长此下去优待条件被废除,又考虑移居后排场可以减少,能帮清室节省大笔经费,摆脱经济困难而下属中饱私囊的窘境,所以主动提出去管理颐和园事务,于是又在颐和园中谐趣园的湛清轩中安置了住处。他改革弊端,开源节流,售门票,收地租,卖活鱼,甚至还建了汽水厂,仅从1924

年年初到夏末，就让颐和园基本实现了自给自足。

至此，庄士敦一人在北京已有四处住所：油漆作胡同的宅邸、南樱桃沟村的别墅、紫禁城御花园中的养性斋和颐和园中的湛清轩，真是颇为惬意。

美好的生活在1924年10月月底戛然而止。10月17日，庄士敦到樱桃沟别墅小住，21日回到颐和园住了一夜，就听到瑾太妃（光绪妃子）逝世的消息。他回到京城家中，待23日想进宫，发现内城已经被军队占领——当天凌晨冯玉祥政变成功，囚禁了曹锟。紫禁城中的师生二人在瑾太妃的丧事间隙计划着尽快逃出紫禁城。但冯玉祥的军队快了一步，11月5日即开进紫禁城，让溥仪立即出宫，带着皇后皇妃一起回到了他出生的地方——什刹海旁的醇亲王府。在几位师傅的策划和协助下，溥仪从父亲家中出逃，前往东交民巷使馆区，径直住进日本使馆，庄士敦又为陪伴溥仪暂住英使馆。

1925年，溥仪在天津的日租界安顿下来，庄士敦于1926年返回英国处理庚子赔款事宜——这是他旅华28年间第二次回国。1927年年初，他再次前往威海卫任行政长官，并于1930年将威海卫归还中国，甚至因为他的"亲中"，还被一些英国人当成卖国贼。离开威海卫回国前夕，庄士敦来到天津向溥仪辞行。溥仪陪着他在轮船上聊到要开船了才上岸，在码头上望着船影消失才离去。溥仪的赠别之礼是他手书的折扇，上面一首《行行重行行》道不尽师生二人十余年的情谊。

回到英国后，庄士敦在伦敦大学任中文教授，兼外交部顾问。此后他又两度觐见溥仪，一次是1931年"九一八事变"后，他到天津请溥仪为他的回忆录——《紫禁城的黄昏》作序，并与溥仪密谈数日，此后不久溥仪便前往东北；1935年他又到长春见溥仪，但婉拒了溥仪延请他辅佐自己的建议。

1937年，退休后的庄士敦回到故乡爱丁堡，买了一个小岛（爱伦岛）定居，宅前挂着龙旗，宅内的几间屋子命名为松竹厅、威海卫厅、皇帝厅等，厅中摆满了溥仪赏赐他的中国古玩、书画、瓷器等，每逢年节还要穿上他的一品顶戴以示效忠。

油漆作胡同1号现状

文/图/任浩

陈叔通：
从晚清翰林到爱国民主政治家

故居地址：西城区宣武门内大街头发胡同 56 号；
东城区东四南大街灯草胡同 32 号

陈叔通（1876—1966 年），爱国民主人士，中华全国工商业联合会（简称工商联）创始人。他一生探求真理，从晚清的翰林最终成长为爱国民主政治家，历任中央人民政府委员、全国人大常委会副委员长、全国政协副主席。

陈叔通祖籍杭州，自小聪明过人，家学功底深厚。在清末科举考试中，先后中举人、进士，并在 27 岁时通过朝考进入翰林院。1904 年官费赴日留学，专攻法政，寻求救国良策。毕业回国后，任职宪政调查局，参加清末的维新运动，还曾当选为清政府资政院民选议员。辛亥革命后，陈叔通被浙江省推选为第一届国会议员，然而，面对袁世凯的种种倒行逆施，他毅然参加了由梁启超、蔡锷等人发动的讨袁运动，在上海建立了反袁联络站。

从 1915 年起，陈叔通立志不再与官僚政客为伍，并把自己的寓所命名为"有所不为斋"。他多次拒绝北洋政府和国民党政府入阁的邀请，开始从事工商金融事业，先后任职商务印书馆、浙江兴业银行。抗战期间，陈叔通寓居上海，闭门谢客，拒绝担任伪职，并写诗自勉"相期珍重到晚节"。

陈叔通诗词古文造诣颇深，但他又推崇白话文，是《白话报》的创始人，编写出版了《政治学》《法学通论》。他提倡妇女解放，发起成立杭州女子学校。他甚喜梅花，认为梅花"品格最高，能耐寒，有骨气"，为此，他搜求珍藏百幅名人画梅图，并为书斋取名"百梅书屋"。

陈叔通认识到中国共产党是带领中华民族走向光明的希望所在。1949 年 1 月，陈叔通在中共地下党的安排下，经由香港到达北京，参加了新政协筹备会，任筹备会副主任。5 月，上海解放，他随解放军进入上海，宣传中共的方针政策；10 月 1 日，登上天安门城楼，出席开国大典。从历史照片上，我们可以看到毛泽东主席左手边有一位美髯长者，他就是被毛主席尊称为"叔老"的陈叔通。

曾经发誓不与官僚政客为伍的陈叔通，从此紧紧追随中国共产党，投入了晚年全部精力，以当家作主人的精神、对国家负责任的态度慷慨建言，为新中国建设做出了突出贡献。

按照党中央的指示，陈叔通与其他工商界知名人士组建了中华全国工商业联合会，并任第一、二、三届主任委员。陈叔通以自己的威望，不负中央的期望，团结起全国工商界人士，推动全国私营工商业逐步走上社会主义道路，他带头将自己参与经营了半辈子的浙江兴业银行交给国家，还将自己毕生购得的名人字画和珍贵文物全部捐献给国家。

1955年，被困美国多年的钱学森偶然在一份华文刊物上看到陈叔通的名字，立刻写信求助。陈叔通与钱学森的父亲钱均夫是故交，钱学森称其为"太老师"。信件辗转寄到陈叔通后，他即送交中央，通过外交渠道，钱学森终于返回祖国。

陈叔通一生辗转数地，在上海长宁路、浙江湖州莫干山都留有故居。1949年后，他即定居北京。北京故居有两处，一处位于宣武门内大街的头发胡同56号，另一处位于东四南大街的灯草胡同32号。

头发胡同东起宣武门内大街，西至佟麟阁路，全长400多米。陈叔通故居在胡同中部，笔直的胡同从58号开始向北凸出一段，而56号坐南朝北的院门却向南凹进去约10米，形成了一个30平方米的微型"街心广场"。从56号院门向南望去，是新华社高耸的"笔形"大楼。陈叔通居住的正房东墙毗邻街面，临街最北的一排房子是工作人员的住房，东边把角儿一间是车库。当年中央给陈叔通配备的座驾是一辆加长苏联造吉姆轿车，车库的位置易于轿车出入。

陈叔通故居的产权属于国务院机关事务管理局，现在已成大杂院，住户都是原铁道部员工。进入院门三米后，向右折转进入四合院，由于家家屋前都有加盖，现在已经看不出原貌，原先二三十米见方的天井只剩下一窄条过道。陈叔通住过的正房坐北朝南，经过翻建由硬山合瓦流水脊的屋面变成

头发胡同56号

东四南大街灯草胡同32号

了平瓦双坡屋面，窗前又向南延伸出十平方米的简易房。院子东侧是一棵枯萎的老槐树，正房后面的老槐树依然枝叶繁茂。听到有人在院中走动，东、西厢房的住户警觉地探身询问，有人即刻锁上了院子的防盗门，让我出院时颇费了一番周折。

灯草胡同位于东城区东四南大街。从东单到东四是东城区的传统繁华街区，全名原为"东单牌楼"和"东四牌楼"，源于在路口曾经立有"过街牌楼"。在东单街口立有一座牌楼，故俗称为"单牌楼"，又因为位于城区东边，就被叫作"东单牌楼"；而在东四路口的东西南北四个方向各立有一座牌楼，俗称"四牌楼"，又源于在城区东缘，于是被称为"东四牌楼"。现在没有牌楼了，地名也简化成"东单""东四"了。

东四虽然没有牌楼了，但是东西走向的老胡同还保留了不少，仍能够感觉到老北京的格局。传统的四合院虽然多数已经被拆分成大杂院，还能看得出以前的规模都比较大，旧时多为明清官僚的居所。灯草胡同位于东四南大街。据说，当年因离灯市口不远，这里售卖灯草（灯芯），因此得名。胡同东西走向，长近500米，20世纪60年代把位于胡同东头南北走向的下洼子胡同并入，于是灯草胡同就成了现在的"丁"字形。

胡同西口南墙嵌有一标牌，最后一行注明：陈叔通曾居住在32号。这里也曾经是章乃器的住所，章乃器搬走后，陈叔通搬来。院子面积与头发胡同56号的差不多，不同的是，从门边墙上安装的一二十块电表就可得知，现在院内住户更多，私搭乱建使得不大的院子仅剩一米宽的弯弯曲曲走道，刚够一个人推自行车走过。

陈叔通一生90年，历经科举考试、留学东洋、戊戌变法、辛亥革命、袁世凯执政、军阀混战、抗日战争、国民党统治、新中国成立，他自称"鄙性粗，欲言便言"，但纵观其一生极具政治头脑，得到党和人民的高度评价。

文／图／刘国庆

王国维：沉没的大师

故居地址：清华大学西院 42、43 号；
地安门内织染局胡同 10 号

清华大学的核心区域，由环绕大草坪布局的大礼堂和早期校园建筑组成。在这些西洋式样建筑之间，却矗立着一座并不显眼的中式纪念碑——王国维纪念碑，偏安于小山坡下、树荫之中，仿佛它所纪念的主人，兼融中西而遗世独立。

王国维（1877—1927 年），字静安，1877 年生于海宁，家中世代书香，亦是名门之后。在浓厚的传统文化氛围中，他年仅 15 岁便考中秀才，被称为"海宁四才子"之一。此时正值甲午战争前后，西方知识大量涌入，但王国维苦于家贫而不能留学，于 1898 年经朋友介绍至上海报馆工作，开始广泛接触西方文化和科学，并遇到了亦师亦友的国学大家罗振玉。

当时王国维一心盼望学习西方先进学说，罗振玉劝导他，西方文化根植于西方的土壤，很有可能并不适合中国本土的情况，又资助他前往日本留学。

留学半年后，王国维因病回国，随后任教于多所学校，一方面翻译、引进大量国外科学、哲学、教育学、美学、文学著作，另一方面也拾起少时所学的诸子百家学说和宋明理学，将西方文化和中国理论相互结合起来，取得了巨大的成功。1904 年，王国维完成了中国第一部中西文学比较研究论文——《红楼梦评论》，1908 年又写下《人间词话》，其中"三重境界"之说对此后的文学界和社会科学产生深远影响。

1906 年，罗振玉授任清学部参事，也举荐王国维到学部工作，编译及审定教科书。辛亥革命后，王国维又跟随罗振玉东渡日本，排遣苦闷之余开始研究经史、小学，生活多靠罗振玉接济。

四年后，王国维回到祖国，但生活依然穷困，直到 1923 年经举荐，与罗振玉等人同时被召任溥仪的"南书房行走"，这才拿到较为丰厚的月俸，搬入地安门内织染局胡同10号的两进四合院。按照当时同在宫中的庄士敦所言，溥仪选中这几位汉人学者的原因，便是"他们一直对朝廷忠心耿耿，拒绝为民国政府服务，牺牲了自己的辉煌事业"。

1925年2月，清华大学创办国学研究院，胡适请王国维任教被谢绝。胡适托溥仪下了一道诏书，王国维才答应去清华任教，并于4月携家眷搬入1924年刚刚建成的西院42号和43号两套住宅。

这两套紧邻的住宅均为半围合的院落，朱漆门窗、廊柱，灰瓦顶，正房三间，厢房内设厨房、浴室和厕所，已有抽水马桶，可说是中西合璧、初具现代功能的住宅。其中18号是家人居住之处，16号则完全是王国维的书房。书房三面墙都是高及屋顶的书架，放满线装书。书房南面靠窗放一张大书桌，一把藤椅，桌旁有两把木椅，供学生来访落座。家中简朴整洁，后院有夫人栽种的花木，满园生香。

在清华大学的这两年，是王国维生活安定、学术研究成果丰硕的时期。他将历史研究工作集中于边地少数民族金石文献考证，还将旧作结集成为《古史新证》，把传统考据方法与西方考古学结合，成为中国现代史学研究的开山之作。在短短20年间，集文学、史学、哲学研究之大成，在甲骨学、简牍学、敦煌学上均有开创，得到国际学界的赞誉。他辉煌的学术生涯似乎还有无尽的可能，然而，这一切在他刚过50岁时便戛然而止。

1927年6月2日，王国维判阅完试卷，独自走出校门，雇了辆洋车前往颐和园，先是在石舫前静坐许久，走进鱼藻轩，抽了一支烟，随后便跳入昆明湖。等园役们听见声音来救，他已因口鼻被湖底淤泥阻塞，窒息而死。儿子在他的衣袋里找到一封遗书："五十之年，只欠一死。经此世变，义无再辱。"短短数言，留给了后人无尽的猜测。

有人说，他是"殉清"而死。毕竟，他在清亡后依然留了15年

偏安于小山坡下、树荫之中的王国维纪念碑

的辫子，在1924年冯玉祥逐溥仪出宫之时就曾愤然欲投金水河，幸被家人阻拦未果。

有人说，他是因长子离世，又与儿女亲家罗振玉因此产生误会而绝交，以致悲痛之情雪上加霜，生无可恋而亡。

有人说，1927年春夏之交，北伐军已迫近北京，此前湖南清朝遗老被杀的惨剧频仍，致罗振玉、梁启超等人纷纷躲避，更有不少人来劝他剪辫子。情势之变，让他走上了绝路。就在离世的前一晚，他还对学生说过："我总不想再受辱，我受不得一点辱！"

但更让人疑惑的，是他死前行为举止的平静，看不出一丝征兆，又像是经过了深思熟虑。至于为什么要选择昆明湖作为最后的归宿？曾经的同事——庄士敦的一点回忆，也许可以作为线索。

早在担任"南书房行走"之时，王国维与罗振玉便急于拯救清廷大量珍贵的历史资料，希望找到一个安全的地方存放和编辑，专门找到受溥仪委托管理颐和园的庄士敦，一起在玉泉山物色了一处乾隆朝留下的建筑。回到颐和园后，他们在昆明湖畔坐下，畅想在玉泉山上建立一处历史和考古研究中心。然而，这个浪漫的梦想并没有实现。三年后，在清朝遗老都感到前途无望之时，王国维独自一人回到昆明湖畔，"他看到的只是中国和皇帝的未来漆黑一片"。

清华大学西院现貌

王国维在清华国学院的同事兼挚友陈寅恪为其撰写了纪念碑的碑文，其所著《王观堂先生挽词并序》则更清楚地阐释了在他心目中，海宁王静安先生做出这一选择的原因："凡一种文化值衰落之时，为此文化所化之人必感痛苦，其表现此文化之程量愈宏，则其所受之苦痛亦愈甚；迨既达极深之度，殆非出于自杀无以求一己之心安而义尽也。"

文 / 图 / 任浩

萧长华：丑行宗师，生徒千计

故居地址：西草厂街 88 号

萧长华（1878—1967 年），号和庄。祖籍江西省新建县（现指南昌市新建区）。生于东琉璃厂桐梓胡同。4 岁丧母，9 岁于百合园青云书屋读私塾，11 岁与兄长荣同入徐承瀚（名琴师徐兰沅祖父）门下为徒，排名宝铭。又师从周长山、曹文奎、裕云鹏、宋万泰、汪桂林、姜永福等，习老生、老旦和昆乱丑。

萧长华 12 岁于三庆班出台演娃娃生，后于四喜班演老生。15 岁后专工丑行，18 岁拜宋万泰为师，后入小鸿奎班。24 岁搭玉成班，得小生前辈王楞仙提携傍演《群英会》蒋干，颇受赞誉。后于同庆班受谭鑫培器重，配演《审头刺汤》汤勤、《青风亭》贺氏、《秦琼卖马》王老好等，自此声名日显。1922 年搭承华社，长期佐梅兰芳。1937 年后，辅佐徐碧云、尚小云、筱翠花、马连良、孟小冬、谭富英、金少山、奚啸伯、言慧珠、张君秋等。

萧长华嗓音清脆，唱腔极富韵味，且兼学孙（菊仙）、汪（桂芳）、谭（鑫培）各派，但绝非学唱，而是化为丑角所用。念白爽利流畅，吐字清晰，其京白、韵白、昆白、苏白都极见特色。表演重刻画人物，绝非千人一面。田汉有诗赞曰："盗柬争疑真蒋干，审头都说活汤勤。"他在京剧舞台上成功塑造了一大批深为观众喜爱的丑角艺术形象，是继清末名丑黄三雄、杨鸣玉、刘赶三之后京剧界丑行承前启后的大家。

与侯喜瑞合作《法门寺》剧中的"逛花园"一场为其独有。在日寇侵华时，演出此剧，侯老扮刘瑾，问道："我说桂儿哎！这袋子（指布袋和尚）里头装的是什么呀？"萧老扮贾桂，白曰："千岁爷，这您会不知道？这袋子里头装的是混合面儿呀！"台下掌声如雷。刘瑾又问："这胖和尚光笑眯眯的，干吗不睁眼呢？"贾桂答道："老爷子，眼下的世道这么黑暗，您只能眯缝眼儿，这就叫佛眼难开嘛！"台下观众掌声更加热烈。可把后台管事的吓坏了，追到萧老面前："老爷子您今儿这是怎么啦！要是叫弹压的听见还得了哇！也就是您的名望大，要是换个人，可真就不好说啦！可把我吓坏了！您瞧，我这两手都捏出汗来了！"萧老不以为然，只是一笑而已。

萧长华不仅是表演艺术家，而且还是一位因材施教的戏曲教育家。他腹笥渊博，

26岁即被喜连成（后更名富连成）社长叶春善聘为该社总教习，生、旦、净、丑各行均能执教。他珍惜人才，唯恐误人子弟，不仅善于培养人才，还善于发现人才，细心观察，因材施教。尤重品德教育，以身作则，既教戏亦育人，一生热心于公益事业，德高望重，受到行内外的尊敬。他带着义父卢胜奎传给他的三国戏的秘本，说整本的戏，不仅角色，连文武场面，都能细致地教给学生。可以这样说，凡是富连成出科学文戏的学生，几乎没有一个不曾受过萧老教益的。萧老于1940年告退富连成社，时年62岁。

新中国成立后，萧老被聘为戏曲改进局戏曲实验学校名誉教授。1955年任中国戏曲学校副校长，1958年任校长。一生培育上千人才，可谓桃李满天下，但从未收过一名私房徒弟。在近80年的艺术生涯中，为京剧事业鞠躬尽瘁。著有《萧长华戏曲谈丛》《萧长华演出剧本选集》及散论等，并灌有唱片和录音传世。由他担任艺术指导并参加拍摄的《群英会》《借东风》《霸王别姬》《贵妃醉酒》等影片，都成为极珍贵的艺术资料。1952年获文化部荣誉奖，1958年80寿辰获颁"舞台生活70年"荣誉奖状。曾当选为第二、三届全国人大代表，中国文联全国委员，中国戏剧家协会常务理事等职。

萧长华1967年4月26日上午9时15分，于北京建筑工人医院离开了人世，享年90岁。戏校领导无人出面，只有亲友徐兰沅、姜妙香、叶龙章、叶荫章、雪艳琴、宋继亭、马富禄、苏盛贵等少数人前来吊唁送别，匆匆火化。

萧长华的故居，位于宣南西草厂街66号（今88号），1939年乔迁至此。寓所占地约500平方米。原巷口处置有两扇洋式铁栅栏门，因被人盗走一扇，后改为木制外包铁皮门，今早已不存。原寓所的二道门，今为大门，位于庭院西北角，门楼水盘檐上为女儿墙。红漆街门楣联是"行义致多福，积善有余庆"，为浮雕隶书。步入街门迎面为一影壁，上有砖雕"平安"两字，为徐兰沅所书。此宅分前后两院落，共有房18间。前院北房三间带前廊，为其子盛萱元妇居住。北房前东西两侧置有绿色屏门，东、西房北侧的门楣上分为徐兰沅所书"和乐为春""勤俭持家"。院内青砖铺地，植有枣树一棵，枝繁叶茂，年年果实累累，为萧长华亲手所栽。树下为大鱼盆及各种花卉。南房为上四间五檩房带前廊，东侧两间为客厅，迎面悬挂"荣华堂"匾额，为状元、大学士孙家鼐于光绪三十四年（1908）所书。中堂为吴昌硕所绘大幅牡丹，两旁是吴昌硕所书石鼓文对联"囊有弓矢简猎户，盘坐鳗鲤是渔舟"，落款是"和庄词友雅鉴 时丙寅 安吉吴昌硕年八十三"。客厅南墙悬挂成亲王永瑆所书"安贫乐道"匾、时慧宝所书"惜福延年"条幅、道人陈釛峰

萧长华与梅兰芳共同表演的《审头刺汤》

所绘《龙井鱼图》、沈秀水夫人文秀所绘《抚孤松而盘山水画》等。东壁上悬时慧宝楷书"道德仁义"匾额、下挂梅兰芳所绘梅、菊图两幅，尚小云所绘《松树蜘蛛图》、姜妙香所绘《牡丹图》、王琴侬与姜妙香合绘《牡丹蝴蝶图》、王公达所绘《杞菊雄鸡图》，此六幅为镜框挂画。西壁挂有汪吉麟（蔼士）所绘大幅《梅花图》。客厅西侧为萧长华起居室，卧室横楣上方悬挂陈半丁所写草书"松风阁"。南壁挂尚小云所绘大幅《红梅图》，西壁悬孙履安所赠清末画家陈连溪所绘大幅《扬州瘦西湖全景图》。萧老晚年卧室挂有老友陈半丁所绘《梅菊同开一样春贺寿图》，西里间存放戏装道具及寿材。院内东西厢房各为两间，东厢房为平顶，西厢房为五檩硬山顶。曹世嘉曾居东屋，曹世才结婚新房即在西屋。刘世臣结婚新房为东屋，萧世佑亦曾住此，此四位均为富连成社"世"字科师兄弟。

后院即东院，可从前院东房两侧步入，北房三间五檩硬山顶，南房四面为平顶，佛堂设在此屋，正面为尚小云所绘《南极仙翁携梅花鹿与仙鹤之贺寿图》。上方悬木制匾额"求放心斋"，为清代名士祁隽藻所书，对联为"圣贤有教修身可以齐家；天地无私为善自然获福"。另有一匾为"笑言合道"，此匾跋"史称优旃善为笑言然合于大道"，萧氏后人已然回忆不起何人所书。南屋为浴室、厨房。此院有枣树三棵，亦为萧长华亲手种植。另此院门外尚有一北院，街门坐东朝西，为接待亲友所用，名丑张永禄、老生胡少安曾住过此院，后该院售出。1963年，萧氏举家迁居陶然亭以北红土店楼房。今此院为大杂院，昔日风采早已不存。

文/图/杨景铭

杨小楼：京剧武生之巅

故居地址：笤帚胡同 39 号

  杨小楼（1878—1938）为"同光十三绝"之一杨月楼之子，京剧武生杨派创始人。原籍安徽怀宁，生于北京，曾拜在"谭派"老生创始人、第一代国剧宗师谭鑫培膝下为义子，依谭氏家族排名嘉训。幼入"小荣椿"科班，从杨隆寿习武生，后拜"俞派"武生创始人俞菊笙为师。

  杨小楼天赋极好，天生一副气宇轩昂的魁梧身躯，扮相英俊潇洒。他性格沉静，善读书，并研习书法，平时眉宇间蕴含书卷英武气质，又天生一条高低宽窄兼备、脆亮高亢如裂帛的武生嗓子，更有炸音为常人所不及，更无可效法。杨小楼家学渊源，师承名家，加之天资聪慧，善采众家之长，融会贯通化为己有，更为难得的是他精通少林、通臂拳术，在舞台上唱念做打无一不精，昆乱不挡，形成了独特的风格，创一代武戏文唱之先河，创造了众多优秀的舞台形象，有"活霸王""活猴王"之美称。

  杨小楼坐科之时，经杨隆寿、姚增禄、茹莱卿等精心培育，根底极其扎实。当时看功教师为武净范福泰，基本功训练极严，小楼亦刻苦勤奋学艺，向杨隆寿学了《石秀探庄》《武文华》《蜈蚣岭》《八大锤》等剧。杨体魄高大，唱武戏没有身材适合的配角，仅演一般角色，被讥为"象牙饭桶"，在班内颇遭白眼。为提高自己的演技，杨小楼请朱玉康、丁连升说戏，并经常与迟月亭、范宝亭、阎流秋等切磋技艺。寄居谭府曾得到鲍吉祥指点，校正唱念字音，辨尖团字，又得傅荣斌操琴调嗓，技艺大进。谭氏又亲授《战宛城》，这出戏杨小楼演出是宗谭的。又请王福寿传《状元印》。当时俞菊笙的武生戏正盛极一时，凡俞演出，杨从不轻易放过，临场观摩默记在心。光绪二十二年（1896）小楼搭双奎班，杨隆寿、俞菊笙均在此班，小楼受益甚丰。俞念及杨的祖父是自己的蒙师，便另眼看待。某日俞演《挑滑车》，派杨以三元之名扮黑风利，使杨与俞亲自交手，可谓亲传亲授。光绪二十六年（1900）杨拜在俞氏门下，甚得俞之器重，又亲传《铁笼山》《艳阳楼》《金钱豹》《挑滑车》等俞门独有剧目。

  光绪二十八年（1902年）于弓弦胡同正黄旗世宅堂会，杨小楼先后演出了《骆马湖》《铁笼山》《郑州庙》三出戏，是以艺名"小杨猴子"演出的。杨小楼的猴戏《安天会》《水帘洞》得自张淇林亲授，张的《安天会》是独有的看家戏，从不轻易传人，但慈禧下旨，让张教会杨，谁敢抗旨不遵？一个是奉旨教，一个是奉旨学，于是杨深得张氏真传。1917年4月29日于第一舞台首次贴演该剧。杨的悟空，是有气派的得道仙猴，而不是毛猴，另一出猴戏《泗州城》是武旦为主的武戏。杨深知自己的身材不适合演猴戏，因此虽然学了猴戏，却很少演出。

杨小楼是后来的艺名，早期均以杨三元、杨嘉训之名见于戏单，然不为人注意。黄月山故去，俞菊笙年事已高不常出演，马德成去哈尔滨等地演出，京城武生乏人，此时杨小楼已崭露头角，又得俞氏亲传，后经武丑于惠力荐并为他组班，1901年演出于庆乐园，时年24岁。然"杨小楼"之名观众尚不熟悉，遂改"小杨猴子"艺名。头天演出勾脸戏《铁笼山》，次日短打戏《恶虎村》，第三天长靠戏《长坂坡》，演出后备受称赞。消息传至津门，会芳园（即聚兴茶园）来京邀杨到津演出，《金钱豹》深受津门观众欢迎，次年又转至大观茶园演出。1903年津门下天仙茶园又来京相邀。此次赴津以"杨小楼"之名演出了长靠戏《长坂坡》、勾脸戏《艳阳楼》和猴戏《水帘洞》，一炮而红，津门无人不知杨小楼，在戏迷中经常听到他们高喊"闪开了！"这句《艳阳楼》中高登下场时的叫板。就连饭馆跑堂的上菜，拉"胶皮"（人力车）的车夫，拉人走至闹区也高喊一声"闪开了！"足见杨小楼在津门名气之隆。

光绪三十二年十月十五日，28岁的杨小楼被升平署以"民籍教习"名义挑选进宫，每月白银二两，白米十石。作为一名演员，能拿上升平署的钱粮，是一项荣誉。

杨小楼进宫头天当差演的是《水帘洞》《长坂坡》双出。慈禧看罢颇为赏识，"这个小杨猴子真不错！"慈禧本来就喜欢看杨月楼的戏，不由得爱屋及乌，又见他克绍箕裘，因而更加赏识。

杨小楼进宫前已经在北京唱红了，进宫后又得到慈禧和皇上的恩宠，同业人也顺水推舟，齐捧杨老板。宫中有学识的官员也十分赏识杨小楼的技艺，眼见他在太后面前如此得宠，自然也得到王公贵胄的捧场。有些学士、贝勒、王爷私下与杨结交，来往中谈的自然是戏。这些人都比杨有学问，而杨小楼确实是有心人，浸润之间在发声、字韵、念白、表演乃至人物的身份气质等诸多方面获益匪浅，在武戏文唱的创举中又跨上了更高一层的境地。

1916年年底，朱幼芬组建"桐馨社"，杨小楼与梅兰芳同时应邀入盟。杨、梅在第一舞台首次合作，演出《长坂坡》，杨饰赵云，梅饰糜夫人。"掩井"一折，二人配合默契。《回荆州》杨饰赵云，梅饰孙尚香，至今没有再比那班社更好的搭档了。更为突出的是梅兰芳新排的《春秋配》中，梅饰姜秋莲，杨饰配角张衍行使戏大大增辉，这也是杨小楼有意捧梅兰芳。

1922年5月月底，应许少卿之约，崇林社赴上海演出，杨、梅除各自演出了拿手剧目外，在沪首次演出了《霸王别姬》，剧场戏票早已抢购一空，还临时增加了许多凳子，场内人们挤得满坑满谷，轰动大上海。载誉归来后，8月梅兰芳组建了"承华社"，杨小楼另组"松庆社"，当时余叔岩正隶"双庆社"，形成了杨、余、梅三足鼎立之势。三大贤曾在一次堂会上合作演出过《大五花洞》，杨扮大法官，梅饰假潘金莲，余饰张天师，杨老板在戏中一声"领法旨呀！"场内顿时炸了窝，喝彩声震动全场。1927年这三位又在金鱼胡同那家花园杨悟山举办的堂会上合演了《摘缨会》，杨饰唐蛟，梅扮许姬，余演楚庄王，各人都有精彩的表演，虽有轻重，但"三贤会"实属难得，在京剧史上传为佳话。

杨、梅合作演出《长坂坡》是他们合作演出次数最多的一出戏。此剧赵云有句白口"主公且免愁怅保重要紧"，每当杨念到此处，必获得满场彩声。一句念白能在全场观众中获得如此反响，在京剧史中实为罕见。

杨小楼也能反串演出武生外的其他行当，演来一本正经，并非故弄噱头。他能演正工老生，在《大登殿》中饰薛平贵，扮相端庄凝重声腔酷似其父，艺宗张二奎。老生行实为杨门家传，就杨小楼的行当来说是反串，但这出戏可以说是本工。另外曾反串过《法门寺》的赵廉，演出时减少了唱词，以念、做见长，也极为认真。杨小楼不仅能反串老生、花脸，还曾在义务戏《扒蜡庙》中反串过旦角张桂兰（黄天霸之妻），梅兰芳反串黄天霸，梅夫人福芝芳也在包厢看戏，杨上场，在黄天霸报过名后，杨小楼却自称："我，福芝芳！"台下大笑不止，梅夫人也笑出了声。

"七七事变"后，北平的地方维持会为迎接日本兵进城，组织堂会献媚于日寇。汉奸吉某到杨家约请，杨托病拒演，吉某威胁说："不唱就抄家！"杨听罢气愤之极，怒斥道："我不当亡国奴！"吉某见状无法回去交差，又要弄软手段，杨执意不允。于是吉某差人将刘砚芳拘押宪兵队作为人质，以示要挟。杨氏夫人及其女得知，家中乱作一团，杨夫人周氏哀求，甚至要下跪，杨小楼见状实难忍受，迫于无奈便让宗扬与侯海林陪他同往。剧场如临大敌，杨小楼毫无惧色，到后台不脱棉袍棉裤，不穿彩裤，只打了两道眉子，扎上靠便草草上场。本来演的是《战宛城》，他便借张绣之口，发泄被人夺去城池，变主为奴的愤懑之情，引发观众的热烈掌声，日寇误为精彩处，随手鼓掌，汉奸在一边知情，却又不敢向日本人说明。事后杨小楼自知尚有后患，为了避免再有人前来纠缠，便和夫人周氏一起住进了法国医院，在这里避过一时。自此杨小楼念及身体状况不佳、时局艰难，产生了退隐的念头。1937年11月月底于第一舞台演出一场义务戏，戏码是《铁笼山》，当演至姜维兵

败之时，"四十五万铁甲雄兵，只剩七人五骑，岂不……"戏中有姜维吐血的表演，可是台上的杨小楼真吐了口鲜血，从此病情更加严重。转过年来，杨小楼的病情不见好转，虽经名医延治，终未奏效，于1938年农历正月十五日逝世。

  杨小楼故居位于京城宣南延寿街南段东侧箔帚胡同20号（今39号），寓所由东、西两个院落组成。原大门外置有木制隔墙，木墙内西侧建有门房，来访者须经门房人员同意方可步入宅门。院内南、北房均带前廊，南房面阔三间半，右侧半间辟为门道。原两扇街门上有对联。走进门道内迎门墙上为一绿地大红"福"字，东山墙上原有彩绘，今已不存。南房前为一木制雕花屏门，原有四扇门今已不存，但木隔墙上精美雕花仍清晰可见。新门庭院正中原有一座木影壁，早已不存。院内东、西厢房各为两间，两厢房南山墙与木屏门相连。原西屋内北侧有门可通西院。北房前面三间后面两间，房屋高大，前面两间为平坡起脊瓦房作为客厅，东侧间为佛堂。1914年第一舞台建成后，用剩余的砖、瓦、木等建筑材料，将北房后两间改建为两层青砖小楼，楼下两间与前两屋相通，为杨小楼夫妇卧室，前后屋有雕花隔扇相隔，形成里外屋，杨宅电话即安装于此。据溥仪所著《我的前半生》一书回忆，当年养心殿东暖阁安了电话后，他想打电话玩一玩，翻开电话本，看到杨小楼家的电话号码，对话筒叫了号，接通后就学着京剧里的道白腔调问道："来者可是杨—小—楼—呵？"只听对方哈哈大笑后问："您是谁呀？"溥仪没等对方说完，就把电话给挂上了，觉得开心极了。

  后楼楼下是客厅，北屋客厅的西墙上有两个壁柜，一真一假，外侧壁柜实为暗道之门，打开柜门有道可通西院屋内，当年杨小楼即在西院练功、说戏，外人是不便进入此院的。该院只有北房，为"四破五"，中间为三间，东、西两侧各是半间，前廊较宽，廊前檐有两根圆形水泥柱。边沿有水泥栏围，下面为五层条石台阶，屋内与走廊地面花砖为建第一舞台所剩德国进口花地砖。东侧间墙下有楼梯，可通地下室。今两院已隔断，于院西墙另辟街门，临街为延寿寺街，门外为高台阶。今杨小楼故居虽然幸存，但已为居民大杂院。

文 / 杨景铭　图 / 张韵

陈宗藩、淑园和米粮库胡同

故居地址：米粮库胡同1、3、5、7号

陈宗藩（1879—1953年），原名同善，字舜仲，后改为莼衷，号淑园，祖籍南京，出生于福建省福州市。著有《燕都丛考》《亲属法通论》《古今货币通论》《春明梦余路》《淑园文存》《淑园诗存》等著作。

陈宗藩家境贫寒，自小好学，15岁时父母去世，他没有因生活变故而沮丧，反而更加刻苦读书，并取得了骄人的成绩。光绪二十八年（1902）23岁时中举，光绪三十年（1904）25岁时中进士。光绪末年（1908）公费留学日本，就读于日本法政大学，学习法政和经济。曾任清刑部主事、邮传部主事、民国国务院统计局参事、北京大学讲师、中华懋业银行副总经理。

1910年，陈宗藩毕业回国，在邮传部任职，并以官员的身份参加了末代皇帝溥仪的登基典礼。辛亥革命后回福建教学。1921年任审计院主计、国务院参事、中华懋业银行北京行经理；1930年任卫生局第二科科长；1931年任银行工会秘书；1933年至1937年任北平市参议员。

1938年至1945年，陈宗藩在位于北海团城的北京古学院从事教学与研究工作；1937年至1948年，被推举为北京诗画社社长，与傅增湘、张伯驹、陈半丁、王雪涛等每星期聚会一次，吟诗作画，畅谈古今丹青。

中华人民共和国成立后，陈宗藩任中央文史研究馆馆员，受周恩来总理的托付，研究老北京历史。

1923年，陈宗藩和夫人马毓秀在米粮库胡同东口路北购置房地十余亩（今米粮库胡同1、3、5、7号），二人共同设计，建起了一座中西合璧的花园式宅院，取名"淑园"。陈宗藩在《淑园记》中写道："淑者，善也。非徒景物清淑之谓，因将以淑其身，且以淑吾子孙。"

米粮库胡同东起地安门内大街，西至恭俭胡同。旧时胡同内有内宫监（掌管皇家工程、陵、坛、库的机构）的米盐库，"盐"被讹传为"粮"，胡同被叫成了"米粮库"。1911年，武昌起义爆发后溥仪宣布退位，米盐库的功能逐渐丧失，库房成了民居。

现在的米粮库胡同不到 300 米长。胡同的路北多为新式建筑，但路南仍有许多老院落。

陈宗藩的同乡和挚友郭则沄（民国时期京津文坛核心人物之一，曾任当时的国务院秘书长），当年住在距淑园不远的景山后大街（今景山后街）5 号，他经常带着孙子郭久其到淑园与陈宗藩品茗畅谈。据郭久其回忆，淑园为坐北朝南的两进院落，东南部由一排松树隔开，形成一长方形小园，小园南部是一座假山，中部有一个月牙池，池子内有荷花，南侧有能够喷水的一个龙头和一个虎头。池子的东南面是一架葡萄。淑园东有一个网球场，东北是一片花木，后面是花房。

不是北京人的陈宗藩却在北京生活了几乎一辈子，他对北京有着深厚的情感，并以极大的热情投入北京文化的研究中。陈宗藩以米粮库为轴心，对北京城的历史地理进行了近十年的考察和研究，撰写了《燕都丛考》。第一册《燕都丛考》初版于 1930 年，第二、三册初版于 1931 年。第一册记述北京的沿革、城池、宫阙、苑园、坛庙；第二、三册记述北京的街巷、名胜古迹、衙署、学校、医院等。《燕都丛考》参考了大量资料，仅引用书籍就达 205 种，是近代研究北京史的一部重要著作。著名语言学家张清常教授称其是"迄今所见记述民国时期北京内外城历史、街巷胡同变迁的极为详尽的书。"

淑园的北墙后面是油漆作胡同 1 号，是末代皇帝溥仪的英文教师庄士敦的住宅，周边还有许多明、清两朝的建筑。米粮库胡同曾经是著名文化人的聚居地。20 世纪 30 年代，陈垣（辅仁大学校长、历史学家、宗教史学家、教育家）、傅斯年（北京大学教授、历史学家、古典文学研究专家、教育家）曾在淑园租住；《独立评论》（胡适主编）编辑部曾设在淑园；梁思成、林徽因、徐悲鸿、徐志摩、丁文江等知名人士也曾在这里留下过身影。

1937 年 6 月，淑园卖给了奉系军阀吴俊升的管事冯某，陈宗藩迁居到地安门内大街路东的北月牙胡同。一个多月后"七七事变"爆发，冯某不敢在淑园居住，把淑园卖给了满洲医科大学的吴清源大夫，吴清源在淑园开办了"清源医院"。此后，淑园几经改造，不复旧貌。

为了避开日本人，在朋友的资助下，画家陈半丁买下了淑园东院（米粮库胡同 4 号院，今 5 号院），因院中有园五亩，被称作"五亩园"。1951 年，陈半丁将东院卖掉，先由世界医学实验托儿所使用，后由"联合医院"（也叫"五四医院"）使用，1958 年成为了一家半导体研究所，再后来成了电视机外壳厂。

1976 年，西院重新改造。

文 / 图 / 张进

王瑶卿：
承前启后的京剧名家

故居地址：培英胡同 20 号

王瑶卿（1881—1954年），原名瑞臻，字稺庭，号菊痴。晚号瑶青，斋名"古瑁轩"。祖籍江苏省清江市（今淮阴市），客籍宛平。其父为著名昆旦王绚云（名家琳，号彩林），清道光年间进京，落户韩家潭。成名后购置了东城区椿树胡同一所大宅院。

王瑶卿自幼受家庭的艺术熏陶，9岁师从田宝琳学青衣，后入四大徽班之一的"三庆班"向崇富贵学武功，再从谢双寿、张芷荃、杜蝶云学习青衣和刀马旦，并得钱金福指教把子功。有了文武昆乱的基础及习得众多剧目，年仅14岁（1894年）便借台三庆班演出了《祭塔》，反响极佳，由比崭露头角。

后与裘桂仙（裘盛戎之父）、鲍吉祥、时慧宝（时小福之四子）等人同搭陈丹桂的"小鸿奎"班，名旦"万盏灯"李紫珊亦搭此班演出。李紫珊对王瑶卿极为器重，《虹霓关》是李的拿手戏，当时传授了王瑶卿。李演此戏，王扮演丫环，两场演下来，不仅得到李的赞誉，王也因此戏而红，有了小名气。王瑶卿后来把此戏传授给梅兰芳，自己就不再唱这出了。该戏前饰东方氏后演丫环，是自梅先生开始的。

《五花洞》也是当时小鸿奎班颇负盛名的戏，当时演真潘金莲的是头路青衣，假金莲由二路扮演。可是少老板陈七十扮演的真金莲，无论唱、做，均不如演假金莲的王瑶卿，观众自然喜欢假的，认定假的是头路青衣。由此开创以假的为主后，即成定型。至今凡演此戏者，不管是双演、四演还是八演，均以假的为主。

一次，年仅15岁的王瑶卿随班到颐和园演出，慈禧临时点了《四进士》，可演杨素贞的陈德霖不在，只能让他现"钻锅"。演出后还得到慈禧的赏赐，他也因此学到了救急的本领。

"同光十三绝"中的时小福，是四大徽班之一"四喜班"的著名青衣，非常器重王瑶卿，主动为其改正唱腔、纠正身段，并把自己的绝活《汾河湾》传授于他。

王瑶卿16岁时即进入名角荟萃的"福寿班"。17岁因"倒仓"辍演。同年与杨朵仙之女结婚。次年加入其岳父所在的"四喜班"。但班中只让其演前场戏，他就找岳父诉说，不但没得到支持，反而挨了一顿说。王瑶卿一气之下抄起一根竹竿，当即折断，并说道："我不在这儿唱了！日后我若成不了名，有如此竿！"自此辞班回家，勤学苦练。虽因此翁婿失和，但却促成了他的日后成名。

王瑶卿18岁嗓音复原，二次进入"福寿班"。班中陈德霖为了提携后进，常把自己的主角戏让给他演，并甘饰配角。这在当时的前辈中，是极为罕见的。从此王瑶卿进入了名演员的行列。

1900年，八国联军侵入北京，戏班被迫解散，演员失业。瑶卿、凤卿兄弟二人只得在东城椿树胡同家中用功，有时到票房练戏，并常与名票"红豆馆主"博侗共研技艺。21岁三进"福寿班"，兼演青衣、刀马旦，并对《儿女英雄传》《雁门关》《混元盒》等本戏进行了革新尝试。同年，经陈德霖、余玉琴介绍，进宫补去世的时小福之差，当了供奉。一同进宫承差的还有花旦杨小朵、小生陆华云、老旦龚云甫、丑角慈瑞泉、武生瑞德宝等。从此常与谭鑫培、杨小楼、汪笑侬等合作演出。由于他常在宫中为慈禧演出，长了不少见识。他和谭鑫培经常合演《南天门》《牧羊圈》《金水桥》等戏，尤其是《汾河湾》颇受慈禧赏识。他将昆曲《闸道除邪》改编为京剧，得到了慈禧的特殊奖赏。

今天舞台上演出的《樊江关》，就是当年王瑶卿先生在宫中演出时改编的本子。与杨小朵演出后，又得到了慈禧的标赞和赏赐。从此，他掌握了设计新腔和改编剧本的本事，为后来突破七字句、十字句的唱法规律奠定了良好的基础。中年时为《文姬归汉》中"胡笳十八拍"谱新曲；晚年为《牛郎识女》、《白蛇传》和《柳荫记》创新腔。这些艺术创造唱出了情感、唱出了人物，极大地丰富了戏曲表现力。

王瑶卿一面在宫内承差演戏，一面在宫外搭班演出。1905年入"同庆班"与谭鑫培长期合作，常演剧目有《南天门》《汾河湾》《桑园寄子》《宝莲灯》《御碑亭》《四郎探母》《法门寺》《珠帘寨》等戏，真是珠联璧合。此时的王瑶卿已为旦角一时翘楚，誉满南北。

《玉堂春》原不是以旦角为主，而是以老生为主。因为当初程长庚演刘秉义、卢胜奎演潘必正、徐小香演王金龙。此三位都是位列"同光十三绝"的著名演员，苏三则由田宝琳扮演。故王、谭合演时，是谭鑫培挂头牌，所演刘秉义一改过去"满堂红"的惯例演法，改穿蓝袍，以突出其地位。蓝袍也就从此传承下来。

一次王、谭演出此剧，谭因病不能出演，按戏班规矩，头牌病了就应回戏。戏未回，决定让王瑶卿挂头牌演苏三，贾洪林替演刘秉义，结果反响极佳。他竟以旦角头牌唱红了这出《玉堂春》。

此后，他对全剧的唱词、唱腔、话白乃至全剧结构边演边改，最后成为一出以旦角为主的大轴戏。1909年，王瑶卿自己挑班，演出于东安市场的"丹桂园"，改变了以往生行领衔的局面。在此期间，上演了经他整理重排的《五彩舆》《庚娘》等剧，名震京城。这是他的鼎盛时期，成为京剧史上以旦角挑大梁的第一人。

1911年辛亥革命结束了宫中承差的供奉演出。王瑶卿后与二弟凤卿演出于粮食店街的"中和园"，在此期间，因嗓音渐退，多选刀马旦和花旦戏，又整理和新编了《雁门关》《金猛关》《樊江关》《得意缘》《万里缘》《马上缘》《琵琶缘》《荀灌娘》《木兰从军》《天香庆节》《江南捷》《穆柯寨》《棋盘山》《天河配》《乾坤福寿镜》《十三妹》等展现给观众。由于他善于调动多种艺术手法，塑造了许多形神兼备、栩栩如生的舞台艺术形象，充分展示了他的艺术才华和创造才能，形成了独树一帜、风格新颖的"王派"艺术。

在京剧史上，生旦并驾齐驱，是从王瑶卿始；旦行独立门户、自成一派，他是首创；旦角挂头牌他是第一位；旦角唱大轴他也是第一人。他与谭鑫培势均力敌，时人把此二位誉为"梨园汤武"。

由于过度劳累，王瑶卿的嗓子早回。尽管受到欢迎和赞赏，但终因嗓音关系，不便再继续粉墨登台，便立意潜心传艺。新中国成立后。王瑶卿怀着无比激动的心情，接任了中国戏曲学校校长。从招生、考试、授课、演出、把场到戏改、编审剧本等一系列活动，他都事必亲躬、不遗余力，培养了成百上千的艺术人才。1949年他获聘戏曲改进委员会委员、戏曲实验学校教授；1950年当选为北京市文学艺术工作者联合会理事；1951年任中国戏曲学校校长。在1952年第一届全国戏曲观摩演出大会上，王瑶卿荣获了文化部颁发的荣誉奖状，同年又当选为中国文学艺术界联合会委员。

王瑶卿1954年因患脑出血辞世，文化部为他召开了隆重的追悼会，安葬于青龙桥青山公墓。他的一生，对京剧事业，真是鞠躬尽瘁、死而后已。

王瑶卿故居在大马神庙28号（今培英胡同20号），胡同路南侧一宽大但不通行的巷内尽头处，巷口处原有一木制栅栏（今改为铁门），宅第大门朝东，是一所老式宅院，分南北两院。当年，门道内宽敞，左首处存放王

氏昆仲的两辆洋车，为外出的交通工具，右首为门房。步入北院，南面为木板墙，墙上爬满了碧绿的爬山虎，宽敞的院落内有一藤萝架，架下摆放着专养金鱼、荷花、茨菇和绿毛龟的几个大鱼缸，院内还种盆菊、干枝梅等各种花卉。每逢夏秋时节，蝈蝈、蛐蛐的鸣叫声，更给该院增加了情趣。

  高大的五间北房，中间为堂屋，条案上供有佛龛。前面放着老式的方桌和靠背椅。堂屋的东侧为木制隔扇，门的横楣上横置清末书法家魏铁珊所书的斋名"古瑉轩"，顾名思义，即珍藏古玩之屋。王瑶老爱好和珍藏古玩、玉器、烟壶和名人字画，而且鉴定能力极强，是位金石古玩鉴赏家。当年廊房头条一带的古董商，常来古瑉轩请王大爷给掌掌眼。隔扇东侧一间的北墙上，挂有名画家蒋兆和于1940年精绘的王瑶卿便装照，形象逼真传神。墙下为一大沙发。靠屋东墙下放置木制茶几和椅子。南窗下为一大写字台，王瑶卿和许多名画家，或单人画或合作画，许多珍品就是在此写字台上完成的。王瑶老还是一位享有盛名的国画家，以画梅、菊、荷花著称，亦精于画龟画虾。东侧有门通里屋，此房为其爱女铁瑛和奶妈的居室，靠北墙放置着大衣柜和木箱，窗下是炕，东侧有一小门可通院中。

  堂屋西侧两间通联，为王瑶卿夫妇的卧室，北墙下为一硬木立柜，柜前有一火炕，炕上放着炕桌，炕边放有挂字画用的画叉。东墙上经常换挂名人字画。下面桌上放有水烟袋、火纸筒等烟具。玻璃窗上方夏天是冷布、卷窗，冬天改糊高丽纸。窗下摆放桌、椅和放收音机的茶几、脸盆架与双人床。西墙下的条案上有一精致硬木架，放有旧玉、小古玩、鼻烟壶和细致精巧的蝈蝈和蛐蛐葫芦等物。条案下放着许多精致的蛐蛐罐，其中有的是从宫内得来的珍品。此屋不仅是起居室，也是会客室，是切磋技艺、传播京剧艺术的学宫。

  院内东西房各三间，其叔伯兄弟王丽卿曾在西房居住，东房为存放道具及厨房之用。街门对面的两间半西房，为存放戏衣专用屋。左侧南房五间为客厅，其中半间辟为穿堂门，通往跨院，院内有西房一间，为女佣人居住，东房两间为厨房。

  当年，跨院往里步入南院，是老生王凤卿全家居所。南房带有前廊三间为上房，是凤二爷夫妇居室，屋前抱柱上的对联为："金温玉粹砚文品，秋月春云见性情"。正屋厅内对联为"诗髓以质厚惟本，书评为瘦硬通神"，为翁方纲书写，上方横挂张伯英手书"宝素轩"斋名。北房三间为其长子琴师王少卿居住，屋门横楣上书"景星庆云"四字。然而上述这些珍贵墨宝，均毁于多年前。

  "大马神庙"曾是古瑉轩这座艺术殿堂的代称，昔日的辉煌已成历史而载入京剧史册。

文 / 杨景铭　图 / 张韵

叶恭绰：传奇不惟毛公鼎

故居地址：东城区灯草胡同 30 号

叶恭绰，这个名字对很多人来说也许有些陌生，但是提起中国台北故宫博物院的镇馆之宝"毛公鼎"，估计很多人不但久闻大名，而且很可能见过这件宝物的"真身"。要是说起这件存世青铜器中铭文最多的"无价之宝"何以能够在兵荒马乱的年代两次逃脱或被卖或被抢的命运而最终留在中国人手中，就必须要讲一讲叶恭绰的故事了。

叶恭绰（1881—1968年），字裕甫，又字誉虎，号遐庵，晚年别署矩园，室名"宣室"。广东番禺县人，祖籍浙江余姚，家中是岭南的书香门第，曾祖和祖父都是广东著名的诗人词人。叶恭绰出生在北京的米市胡同，在深厚家学的熏陶之下，自幼聪颖的叶恭绰7岁即能诗文，15岁所作的《咏蚕》诗中有言"作茧忘躯命，辛劳冀少功"，足见其一生之志。叶恭绰所走的也是当时读书人通过科举进入仕途的常规之路，但与一般传统文人不同的是，在清末风云变幻的大背景下，他的仕途烙上了近代工业化的深刻印记。他18岁应童子试时，正值实业方兴未艾之时，怀揣工业报国梦想的叶恭绰以《铁路赋》取得第一名，预示了与铁路事业的不解之缘。

1902年，叶恭绰入京师大学堂仕学馆学习，之后在湖北短暂做过教员，1906年捐通判步入仕途。叶恭绰最初任职邮传部，在所属的铁路总局从科员做起，一步步升到承政厅厅长、铁路总局提调，曾参与修建京汉铁路，还是主持建设芦汉铁路的督办。辛亥革命之后，叶恭绰一直在交通部任职，直至1920年，年仅39岁的他出任北洋政府的交通总长。翌年，叶恭绰主持将上海工业专门学校、北京铁路管理学校和北京邮电学校、唐山工业专门学校四所学校合并，定名为"交通大学"，下设京、沪、唐三校，学校更名为"交通大学北京学校"。他提出按欧美教育制度办学，设立了董事会并兼任校长。虽然追根溯源，交通大学的起源是盛宣怀当年创立于上海的"南洋公学"，但叶恭绰是真正意义上的第一任"交通大学"校长。除此之外，叶恭绰在任期间，主持统一铁路工程规范和会计制度，制定铁路交通相关条例、法规和章程，主持收回帝国主义经营的京汉、京奉等铁路主权，实施京汉、京奉、京张、津沪、沪宁五路联运，筑建北京中央总车站，筹开京沪特别快车，筹建黄河大桥，创设交通博物馆、铁路材料陈列所，是现代中国铁路事业的奠基人之一。

不仅仅是交通大佬，叶恭绰也是金融巨头。其早年参与创建交通银行，并于民国元年七月由交通部派任交通银行帮理、董事。在叶恭绰主持下，交通银行除办理铁路、邮电等业务外，还兼营一般银行业务，并逐步在香港、新加坡、仰光、西贡等地设立分行和办事处，是我国最早在海外开设分支机构的银行，其影响力一度超过当时如日中天的中国银行。1923 年 5 月，叶恭绰追随孙中山，出任广州大本营财政部部长，兼理广东财政厅厅长，次年 8 月还任中央银行董事。此外，他还积极参股或发起成立多家商业银行，相继成为新华储蓄银行、金城银行、中华汇业银行、五族商业银行、中华懋业银行、京都储蓄银行等银行机构的董事长、董事或创始人，可谓民国金融界当之无愧的重量级人物之一。

除了在政商界叱咤风云，叶恭绰凭借着深厚的家学功底，在书画、诗文、佛学和收藏等方面也有极高的造诣和成就，不过最精彩还得算他收藏和保护"毛公鼎"的故事了。

毛公鼎在清道光年间出土于陕西宝鸡岐山县董家村。宝鸡是目前已知出土周代青铜重器最多的地方。毛公鼎是周宣王即位之初所制，因作器者毛公而得名。"周宣王亟思振兴朝政，遂恳请叔父毛公（姬歆）协助治理国家政务，毛公因而铸鼎传示子孙。"

青铜器最宝贵的信息就是铭文，素有"一字万金"之说。毛公鼎高 53.8 厘米，腹深 27.2 厘米，口径 47 厘米，重 34.7 公斤，刻有铭文近 500 字，

叙事完整，记载翔实，是现存商周两代7000多件青铜器中铭文最长、最有价值的一尊，为研究西周历史提供了重要依据，被誉为"一器抵《尚书》"。毛公鼎出土后数易其手，最终为曾任两江总督的端方所藏。端方死后家道中落，其后人将其抵押在俄国人开办的华俄道盛银行，后因无钱赎回，被英国记者辛浦森出5万美金求购。消息一出，当时的爱国人士纷纷呼吁国人保护国宝，怎奈正值乱世，谁人肯拿出更多钱财保护国宝？就在这危急时刻，叶恭绰不惜毁家纾难，匿名买下毛公鼎，私藏于上海寓所内。1937年抗战全面爆发，叶恭绰避走香港，毛公鼎目标太大无法带走，转由其侄叶公超保管。叶恭绰千叮咛万嘱咐，说毛公鼎是国之重器，千万不能落入日本人手里。怎料不久之后，叶恭绰的一房姨太太因为家事纷争，出于报复，把毛公鼎的下落密告日本宪兵队，叶公超因此被捕，并在监狱中历尽折磨，而叶公超谨遵叔父教诲，誓死不承认知道毛公鼎的下落。叶恭绰闻讯后，为了救侄子一命，更为了保住毛公鼎，在民间找高手仿造了一个赝品，加以重金保释，这才蒙混过关，骗过了日本人。叶公超被释放后，于1941年夏携毛公鼎秘赴香港。不久，香港也被日军攻占，叶家托德国友人将毛公鼎辗转送回上海。后因生活困顿，将毛公鼎典押给银行，由

巨商陈永仁出资赎出，毛公鼎才不至于流浪他乡。1946年，陈永仁将毛公鼎捐献给国民政府，隔年由上海运至南京，收藏于中央博物馆。1948年，毛公鼎随大量南京故宫博物院珍贵文物迁至台北，最终成为台北故宫博物院永久展出的镇馆之宝！

叶恭绰在1950年接受毛泽东、周恩来邀请参加新中国建设并回到北京。他先后担任中央文史研究馆副馆长，中国文字改革研究委员会委员，中国美术家协会第一届理事会常务理事，中国佛教协会第一、二、三届理事，中国文字改革委员会常务委员，北京中国画院院长等职，为新中国的文字改革、普通话普及、文物保护和文化建设做出了显著贡献。

叶恭绰北京故居在东城区灯草胡同30号，隐蔽在蜿蜒曲折的灯草胡同深处。这是一个独门的小院。沿着狭窄的甬道步阶而入，一进的院子被三面房子环抱。院子虽然不大，但在现主人的精心修护下，倒也雅然成趣。不过，任谁也很难想象，一代政商显要、文化名流所居就是这样一个简朴的小院子。

文／图／纪纲

马约翰：
为祖国健康工作五十年

故居地址：清华大学照澜园 16 号；
　　　　　胜因院 31 号

在清华大学，本科生入学的下马威往往不是学业，而是男生的 3000 米跑和女生的 1500 米跑。在这所以智力和学识著称的学校，有着超乎一般大学的体育氛围，操场旁一行硕大的标语引人注目："为祖国健康工作五十年！"而这些，都与一位与众不同的清华教授有关，他，就是马约翰。

马约翰（1882—1966 年）是福建厦门人，出生在鼓浪屿的一户基督教徒家庭。他 3 岁丧母，7 岁丧父，和哥哥相依为命，在岛上跑跳玩耍，为他强健的体魄打下基础。在好心人的资助下，他 18 岁到上海上中学，22 岁进入圣约翰大学预科，直到 1911 年，已经 29 岁的马约翰才得以大学毕业。在圣约翰大学读书的 7 年期间，马约翰酷爱体育运动，是学校足球、网球、棒球、田径各项代表队的主力队员。他尤其擅长中短跑，曾获 100 码、220 码、880 码、1 英里等项目的全校冠军，并且多次在校外竞赛场上取得优胜。

1905 年，上海举行了一次规模较大的"万国运动会"，参加比赛的有中国人和各国侨民。1 英里赛跑一开始就争夺十分激烈，有 4 个日本人一字排开跑在最前面，故意挡住其他运动员。紧紧跟在他们后面的是一个中国学生，马约翰又在这个中国同学后面约 10 码的地方，其余的 50 多名选手都被远远地甩在后面。这时，场上几百名日本观众站起来鼓掌呐喊。第三圈终了时，马约翰加快速度，赶过了前面那个中国学生。离终点约 400 码时，中国观众高呼"约翰，加油！加油！"他意识到这是最后冲刺的时候了，于是向那个中国同学说了一句"跟上我"，就猛地从日本人的右侧冲过去。这时，全场观众的欢呼声已由"约翰！约翰！"改为"中国！中国！"他终以领先 50 码的距离首先到达终点。他身后那个中国同学也越过日本人，第二个到达了终点。马约翰顿时成为运动场上的明星。在 1910 年的一次全国运动会上，他又获得 880 码赛跑的冠军。

1914 年，马约翰来到北京，进入清华大学任教，起初兼任英语、化学和体育三门课，后来成为专职体育教师。

他要求清华的同学"不仅念书要好，体育也要好；功课要棒，身体也要棒。"规定体育不及格不能毕业或出国留学，因此许多同学最怕体育课。后来的著名文学家梁实秋是个体育差生，跑步、爬绳、跳远都要拼了老命才勉强及格，游泳更是游着游着就要沉底，靠一次次补考让马老师看到他的努力，才勉强及格；后来的物理学家钱伟长刚入学时身高1.49米，体重不到50公斤，马约翰把他直接分到"体弱班"，还为他制定了专门的锻炼方案。后来钱伟长通过长期锻炼，竟然成为学校的中长跑健将。

为了在体育理论方面有所提高，马约翰在1919年和1925年两次赴美国春田大学深造，1926年完成毕业论文《体育的迁移价值》，获得硕士学位，回国后被聘为教授，住进了照澜院16号。这座四合院位于当时的校门（今二校门）以南路边，院子的大门平常很少关着，旁边还有高度不及大门一半的绿色小门。北屋中央是个客厅，面积较大，马约翰曾在此召集北京大学、燕京大学、辅仁大学、师范大学和清华大学等五所在京高校的体育教师，成立"五大学体育组织"，促进体育教学。

马约翰生活勤俭，家中陈设也十分简朴。除必要的沙发、茶几、五斗橱外，家中的大件就是一架钢琴和一把小提琴。马约翰还喜欢摄影，在家中辟出一间暗室，和儿女们一起洗相、上色，拍摄最多的是清华园的各样景致，在钢琴上方挂着最大的一幅照片是荷花池景。

1952年全国高校院系调整，马约翰一家迁居胜因院31号。因为他十分爱花，家中装点着花卉、植物，清新典雅。他始终恪守严格的作息时间：早上6点就起床，在院内做自编徒手操，再练太极拳和太极剑。

这时的马老已年过七旬，但仍然十分忙碌，坚持亲自为学生上课。人们总能在校园里、操场上见到他忙碌的身影：白衬衫、黑领结、灯笼裤、半腿袜，衬着他健康、亲和的面庞，还有那句永远挂在嘴边的口头禅："要动！动！动！"

1949年后，他两次任中华全国体育总会副主席，一次任主席，当选国家体委委员和人大代表，80多岁高龄仍然出任第一届和第二届全国运动会的总裁判，被毛主席称赞为"新中国最健康的人"。

1957年，蒋南翔校长在全校体育干部会上说："你们看，马老今年已经75岁了，还是红光满面。我们每个同学要争取毕业后工作五十年。"后来，这句话在清华演变为一个口号——"为祖国健康工作五十年"，并成为每个清华学子铭记毕生的校训。

文/图/杨景铭 任浩

孔伯华：
孔子后裔，中医圣手

故居地址：土儿胡同 61 号；
　　　　　宏庙胡同 33 号

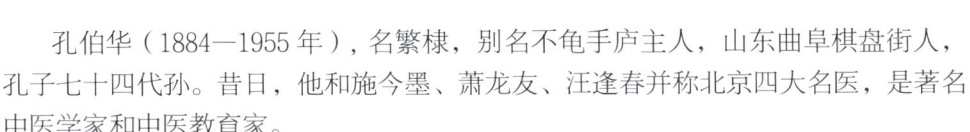

孔伯华（1884—1955年），名繁棣，别名不龟手庐主人，山东曲阜棋盘街人，孔子七十四代孙。昔日，他和施今墨、萧龙友、汪逢春并称北京四大名医，是著名中医学家和中医教育家。

孔伯华的祖父是清朝进士，精于文学，擅长医术。孔伯华6岁时受家庭熏陶，便对中医产生兴趣。因母病医药无效，14岁决心专攻医学，志在济人。16岁时，移居河北易州，从学于蔡秋堂、梁纯仁，研讨黄帝内经等医书。1908年开始在易州行医，与当地名医狄虎堂等人交善。

1910年，26岁的孔伯华应清廷太医院之聘来京，在外城官医院任医官。外城官医院和内城官医院都是为推行新政、讲究卫生所设，均有中医、西医两部，除诊治病人外，还负责卫生防疫。外城官医院的旧址现为北京宣武中医医院。1917至1918年，孔伯华与杨浩如、张菊人、陈伯雅、曹巽轩等原清廷御医一道，两次在晋绥及廊坊一带参加鼠疫、霍乱等传染病防治工作。防疫工作结束后，由孔伯华主持编写了《传染病八种证治析疑》10卷，刊行于世。后来，孔伯华辞去医官公职，在京悬壶应诊，因医术高明而誉满京城。1925年"五卅惨案"后，孔伯华为抵制日货，研制"避瘟宝丹"，深受欢迎。

国民党政府于1929年2月召开第一次卫生委员会议。当时最反对中医的余云岫等炮制了一项"废止旧医以扫除医事卫生之障碍"提案，抛出"旧医一日不除，民众思想一日不变，新医事业一日不能向上，卫生行政一日不能进展"等言论。该项提案被通过，当局随即决议"取缔中医"，立即激起了中医药界的极大公愤。全国中医及中医药团体联合起来，表示坚决抗议。各界代表聚集上海，于3月17日召开临时大会，会议通过决议，成立了全国医药团体联合会，组织"联合赴京请愿团"。孔伯华当时为华北中医代表，被推选为临时主席，率团前往南京请愿，据理力争、要求政府取消这项决议。当局鉴于形势，被迫收回成命，并同意成立国医馆，从而挽救了危在旦夕的传统医学。

经过此番激烈斗争，孔伯华深深感到，当务之急是培养中医人才，壮大中医队伍，提高中医疗效，真能把病治好，才能获得广大民众的由衷信任，中医才能立于不败之地。1930年，孔伯华与萧龙友合力创办了北平国医学院，萧龙友为董事长，孔伯华为院长，遴聘当时一流国手，分别担任各门课程的教师，如：瞿文楼担任儿科教师，姚季英担任诊断和妇科教师，周吉人担任内经和难经教师（后由张幹卿担任难经教师），李卓如担任伤寒教师，宗馨吾担任金匮教师，孟庆三担任药物教师，张菊人担任内科和温病教师（后由王子衡担任温病教师）等。因办学经费拮据，孔伯华常从门诊收入中挪补开支，体现了医者仁心的大家风范。对待学生，孔伯华则不辞辛苦，亲自与萧龙友带领学生轮流实习，有时还要管理学生的吃住。孔伯华发扬民主，鼓励学生提出不同意见，展开辩论。该院先后共培养学生700余人。1937年日军侵占北平，百般刁难，扰乱教学秩序。学院有些股东害怕退出了，有些老师也不来了，但孔伯华一直坚守至1944年，始终也没有将学院交给华北伪政府。

中华人民共和国成立后，孔伯华任中国人民政治协商会议第一届全国会议代表、第二届全国委员会委员（主席团成员）、中华人民共和国卫生部顾问、中国医学科学院学术委员会委员、中华医学会中西医学术交流委员会副主任、北京中医学会顾问等职。1952年，孔伯华上书毛泽东主席，阐述发掘祖国医学遗产必先从教育人才开始等见解，受到毛泽东的接见。周恩来曾称赞他是"有理论但不尚空谈的实干家"。孔伯华于1955年11月病逝于北京，周恩来总理担任其治丧委员会主任。

京城故居

孔伯华一生未曾在京购置过房产，一直都是租房居住，北平国医馆就是他最大的财产。人不是因为华堂美墅而显赫，而是房屋因有德者居之而留名后世。孔伯华在北京有2处故居，分别位于土儿胡同61号和宏庙胡同33号。第一处住址土儿胡同早已拆除。第二处住址宏庙胡同位于北京市西城区西单北大街西侧、辟才

清末，北京先后设立了我国近代意义上首所公立非营利性质的医疗机构——1906年设立内城官医院（东城钱粮胡同），1908年设立外城官医院（宣武门外梁家园），并由此诞生了我国近代第一个官办免费综合医院中医科——内外城官医院中医部。图为北京外城官医院原址。

胡同北侧，为东西走向，东起西斜街，西至辟才胡同五条。这条胡同明代始称红庙胡同，因胡同中有座关公庙(俗称红庙)而得名，1911年后以谐音改称宏庙胡同。孔伯华故居在胡同的南侧。故居不远处的辟才胡同西口跨车胡同13号，是国画大师齐白石的旧居，但是孔伯华故居已经难觅踪迹了。一座金柱大门型制的四合院旧门楼，是宏庙胡同仅存的原始痕迹。如今两处孔伯华故居都已经不复存在。

学术思想

孔伯华主张，中医临床不能见"病"不见"人"，即不能见"树"不见"林"，而应从"人"出发，从病人的整体出发对症施治。孔伯华特别强调"元气"在人体中所起的重要作用。他认为，《内经》所谓"邪之所凑，其气必虚"及"精神内守，病安从来"这两句话，就是指病邪之所以使人体发病，都是由于人身元气不足的缘故，若人体本身自卫的元气很充足，病邪就不足为患。

孔伯华主张熟悟经旨，不泥于古，特别指出"古今时代不同，人之体质不同，所受病邪亦有所不同。临床施治切忌主观，必须灵活"。志于医者，首先应该熟读《内经》，而后逐步细心参悟经旨。阅读诸家医论，一定要抱着实事求是的客观态度，掌握"取长舍短，去芜存华"的治学方法，力戒"食古不化"或"断章取义"。孔伯华的主要著作有《时斋医话》《诊断经验》《中风说》《湿病防治手册》《传染病八种证治析疑》10卷等。

后世追念

1985年，卫生部与北京市人民政府在全国政协礼堂联合举办孔伯华诞辰一百周年暨逝世三十周年纪念活动。活动由北京市副市长白介夫主持，全国人大常委会副委员长廖汉生、全国政协副主席杨静仁、卫生部副部长胡熙明和社会知名人士卓琳、于若木、朱仲丽、薛明、齐心、梁伯琦及首都中医界人士、孔伯华家属两百余人参加。

孔伯华中医世家医术于2007年6月30日被认定为北京市非物质文化遗产代表性项目。2017年，孔伯华先生墓迁址至孔子家族墓山东曲阜孔林，孔伯华先生之孙孔令誎、孔令谦为墓碑奠基。

文 / 柯华 张亚东 石岩

银行家周作民与𫐐公府

故居地址：西城区宣武门内西绒线胡同51号

周作民（1884—1955年），江苏淮安人，民国时期著名银行家，也是当时北平金融界的头面人物。光绪三十二年（1906年），周作民前往日本学习，受到日本三井集团和三菱集团经营模式的启发，对银行资本和产业资本的融合非常感兴趣。他羡慕日本明治维新给国家带来的富强局面，为此取号"维新"。

1917年，周作民和安徽督军倪嗣冲、安福系军阀王郅隆共同创办金城银行，总行位于天津；1935年，周作民担任金城银行的董事长兼总经理；1951年，在中国共产党的政策感召下，周作民从香港回到北京，受到周恩来总理的接见，并被特邀为中国人民政治协商会议全国委员会委员。

据资料记载，1924年，周作民以5000元大洋在北京购买了𫐐（yù）公府作为寓所。这座府邸曾是清朝努尔哈赤曾孙杜尔祜的贝勒府，位于宣武门内的西绒线胡同，从这里往北三百米是西长安街，往东一千米遥望国家大剧院、人民大会堂、天安门广场，着实是当今北京城"金不换"的核心地区。新中国成立后，周作民将此宅交给国家使用。1959年，在周总理的建议下，𫐐公府改做四川饭店，成了京城"口味最正宗"的川菜食府，并接待了无数外国首脑和外交使节。改革开放后，四川饭店从西绒线胡同的𫐐公府迁出。1989年，这里成为西城区第一批文物保护单位。

周作民的个人成就和金城银行是分不开的，银行取名"金城"就是金城汤池、永久坚固的意思，银行的主要业务偏重于工业领域，资金

主要投放于棉纺织工业、化学工业、煤矿工业和面粉工业，大力扶持民族企业，抵御外国资本攫取在华利益。周作民利用北方政治势力以及他与经济界、金融界的广泛联系，使得银行的业务得到了迅速发展。金城银行曾在当时位列全国私营银行之首，并在华北地区获得了与中国银行、交通银行、盐业银行三大银行并列的地位。

金城银行的业务重心早期都在华北地区，后来银行将总部迁往上海，成了全行资金调度的中心，银行的业务重心也逐渐南移。1923年，周作民联合盐业银行、大陆银行和中南银行，与金城银行共同成立了四行储蓄会，并在上海建立了四行仓库。作为银行的仓库，四行仓库自然坚固得很，是当时上海闸北区（现静安区）最高最大也是最坚固的建筑。1937年淞沪会战期间，四行仓库被88师作为师部。2020年热映的电影《八佰》展现的就是八百壮士据守四行仓库阻击日本侵略军的历史事件。

周作民之所以能够在金融界拥有举足轻重的地位，和他的为人处世、经营理念息息相关。在创办金城银行之前，周作民并没有多少积蓄，不足以创建银行。当时的军阀大都手握重金，于是周作民找到了安徽督军倪嗣冲，他们二人在之前的往来中素有交情，一拍即合决定共同创办银行。倪嗣冲还邀请安福系军阀王郅隆共同出资，也成了金城银行的大股东。

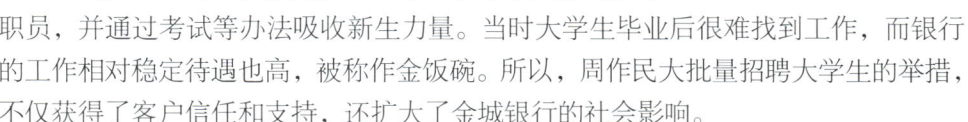

为了吸引大客户到金城银行储蓄，周作民专门聘请了家乡最好的厨师、调酒师，用纯正的淮扬菜款待大客户，在排场和社交上舍得花钱来吸引大客户，并承诺保护客户隐私。大客户会被邀请到经理室面谈，甚至到总经理室由周作民亲自接待。渐渐地，很多大客户都把资金从其他银行转到了金城银行。

在经营金城银行的过程中，周作民为了贯彻自己的经营理念，大权独揽、锐意革新。为了打破银行内部员工的行帮习气，周作民大力启用大学毕业生，亲自选拔培养新职员，并通过考试等办法吸收新生力量。当时大学生毕业后很难找到工作，而银行的工作相对稳定待遇也高，被称作金饭碗。所以，周作民大批量招聘大学生的举措，不仅获得了客户信任和支持，还扩大了金城银行的社会影响。

周作民为了金城银行的经营和发展倾尽全力，是一位顺应历史潮流、不断开拓创新的爱国银行家。

文 / 图 / 张韵

李济深：历尽坎坷成大道

故居地址：东城区西总布胡同 9 号

李济深（1885—1959年），爱国民主人士、民主革命家、政治家、军事家，中国国民党革命委员会（简称民革）主席，曾任中央人民政府副主席，后历任全国人大常委会副委员长、全国政协副主席。

李济深是与中国共产党长期合作的老朋友。1948年，他与何香凝等人一道创建了中国国民党革命委员会。中华人民共和国成立后，民革接受中国共产党的领导，成为八个参政党之一。李济深毕生致力于中华民族的振兴事业，反对蒋介石的独裁统治，同中共通力合作，共同致力于社会主义建设事业。直到去世，他还念念不忘两岸和平统一。

李济深早年就读保定陆军军官学校，毕业后留校任教。在任教五年间，"全国陆军皆后学，两粤名将尽门生"。1920年，李济深南下广州，参加了孙中山领导的军政府。作战有方的李济深旋即升任粤军第一师代理师长，1925年被授予陆军上将军衔，任第四军军长，叶挺是该军独立团团长。第四军在北伐期间能征善战，荣获"铁军"的称号。

1924年，李济深作为"中国国民党陆军军官学校"（黄埔军校）筹备委员会委员参与建校，随后担任副校长。在国民党内，李济深可谓是历经坎坷，因一直反对蒋介石的独裁统治，曾于1929年、1933年和1947年三次被蒋介石开除党籍，1947年甚至遭到"全国通缉"，只好暂避香港，并公开反蒋，成立了中国国民党革命委员会，被选为中央执行委员会主席，宋庆龄任名誉主席。

1948年，中国共产党在北京发布"五一口号"，号召"迅速召开政治协商会议，讨论成立民主联合政府"，李济深名列中共邀请参会人员名单的首位。在香港的李济深没有受美国和国民党某些人的威逼利诱——走"第三条道路"成立"第三政府"，而是积极响应中共号召，巧妙避开国民党和港英当局的阻挠和监视，乘苏联货轮辗转赴北京，代表民革参加了"新政协会议"，并当选为中央人民政府副主席，1949年10月1日，荣登天安门城楼，参加了开国大典。从历史照片中，我们可以看到李济深在政协会议和开国大典时都是位于毛泽东主席身边。此后多年，李济深担任全国政协副主席，全国人大常委会副委员长，积极投身新中国的建设事业。

定居北京后，李济深携全家20多口人居住在西总布胡同9号，但那个三进四合院根本住不下20多名家眷、工作人员和为防备国民党特务暗杀配备的一个班的警卫人员。在周恩来的主持下，四合院内建起了一座三层楼房，居室、客厅、餐厅、办公室、会议室一应俱全。

这座三层小楼一直保留到现在。站在李济深故居门前，眼前的胡同整洁、有序。故居现作为中国国际友谊促进会的办公场所，属非开放单位，大门紧闭，无法入内。从街面看去，院内棕红色的小楼保存完好，东望可见中信集团总部大楼。故居大门西墙上是东城区文化委员会于2013年所立金属标牌，上写"北京市东城区普查登记文物 李济深旧居"，而在胡同西口南墙镶嵌的标牌，并没有提到此处旧居，但提及此胡同27号原为李鸿章祠，美国汉学家费正清曾住在39号。胡同西口曾有清政府为德国驻华公使克林德毙命而立的"克林德碑"。

李济深在新中国成立后一直身居要职，但他从不滥用职权，不以权谋私。他严于律己、克己奉公、平易近人、诚挚待人，每逢"六一"儿童节，他都会邀请西总布胡同小学的学生到家做客。他以身作则，为家人和子女树立了真诚、勤俭的榜样。1959年李济深去世后，家人把故居整体退还给国家，还捐出了部分个人藏品。

文 / 图 / 刘国庆

李济深故居现为中国国际友谊促进会办公场所。

马叙伦：国庆、国歌提案人

故居地址：朝阳门内南小街大方家胡同 26 号
纪念馆地址：东城区辛安里胡同 98 号

马叙伦（1885—1970 年），教育家，曾任全国政协副主席，中国民主促进会（简称民进）主要创始人，新中国成立后被任命为中央人民政府首位教育部部长、首位教育部部长。

马叙伦青少年时期即接受进步思想，1911 年经章太炎介绍，参加了同盟会。辛亥革命后，在北京医学专科学校、北京大学任教。五四运动期间，任北京中等以上学校教职员联合会主席。1921 年，在率领万人讨薪团游行至新华门时，被反动军警重伤头部，留下了严重的后遗症。抗日战争期间，马叙伦蛰居上海，生活如自己诗作所说"索逋如梭炊断烟，娇儿犹噪过新年。怜他不知人间世，我且高歌秋水编。"贫病交加之中的马叙伦依然坚持著述研究，写下了八册《说文解字六书疏证》。

1945 年，马叙伦发起组织中国民主促进会，汇集了大批教育界的知识分子，高擎"反独裁、反内战"的大旗，积极投身爱国民主运动。1946 年，以马叙伦为首的九人代表团奔赴南京请愿，呼吁"停止内战，挽救和平"，在南京下关火车站再被国民党军警打成重伤。身处南京的周恩来第一时间向国民党当局提出强烈抗议，并前往医院慰问。周公的勉慰更加坚定了马叙伦革命到底的决心，他给家人留下遗嘱，随时准备为革命事业献身。

1949 年，马叙伦从香港转赴北京，参加了全国政协会议。他的提案，以《义勇军进行曲》为中华人民共和国国歌和 10 月 1 日为"国庆日"被采纳。10 月 1 日，马叙伦登上了天安门城楼，参加了开国大典。

中华人民共和国成立后，马叙伦先后担任中央人民政府首任教育部部长和首位教育部部长，对古文字学造诣很深的马叙伦是中国文字改革委员会成员，成为新中国教育事业的主要奠基人之一。在任期间，马叙伦领导主持了"改革学制"和"高等院校的院系调整"。由于被国民党特务打伤留下了后遗症，马叙伦无法每天到机关办公室上班，每逢要事，部领导都会前往马叙伦家中商讨。从1957年起，马叙伦的头痛加剧，神经系统功能逐渐衰退，生活不能自理，卧病在床十多年。

自新中国成立，马叙伦一直住在朝内南小街的大方家胡同26号。那是一个不很规整的四合院，呈"工"字形，红漆的大门比现在宽阔，门前有门墩，门上有扣环，院内有抄手游廊、立柱、假山、水池、仙女雕像，还有雀替的精美雕画。院内有棵百年老树，还有石榴、丁香、香椿和枣树。南院的东房是书房，西边是马叙伦的卧室，从南院通过一道小门，进入北院，这里是小辈人和服务人员居住的地方，东边是锅炉房，西边是警卫室和车库。

马叙伦身居要职，但两袖清风，清贫一生。他的生活极其简朴，旧沙发用到去世，灯泡使用小瓦数的，电话与警卫共用，虽有专车，但很少乘坐，更不允许家人使用，为避免打扰警卫人员休息，严规家人回家时间。他卧床养病期间，自己花钱雇人照料，甚至医疗器械都是自己购买。

前几年就听说，马叙伦故居要拆，与旁边的智化寺连成一片，建街心花园，但这么多年了也没有动工。现在马叙伦故居分隔成了两个院子，北院门开在大方家胡同26号，南院门开在禄米仓后巷甲1号。两个院门都很小，院内仍有人居住，但肯定不是马叙伦的后人。1970年马叙伦去世后，他的家人就搬出了这个院落。

看着眼前不复旧貌的马叙伦故居，心生感慨，幸好在地安门外大街路东辛安里胡同98号，"民进"建起了"马叙伦纪念馆"。馆舍面积不算很大，但是比较全面地展示了马叙伦的生平，正如马叙伦所言："言行要利于社会，依己之所信而行，得祸也在所不计。"

大方家胡同26号，大门比原来的小多了，也没有了门墩（左图）。南院开了个小门，门牌为禄米仓后巷甲1号（右图）。

文 / 图 / 刘国庆

一代名净郝寿臣

故居地址：东城区奋章胡同 53 号

奋章胡同位于东城区（原崇文区）草厂十条和戴家胡同之间，和常见的直来直去的胡同不同，它呈现出不规则的王字型，就是在主干道上开出东西向的支巷。奋章胡同原名"粪场胡同"，十分不雅。20 世纪 30 年代，京剧名角郝寿臣先生在此地购置一处地产，自建四合院，后致信当时的北平市长袁良，三天后胡同被批准改名，这就是使用至今的"奋章胡同"之由来。这座小院是北京常见的普通四合院式建筑，正房五间，东西厢房各三间，南房四间，互相用回廊连通，大门在北房西侧，占一间，形成门洞。另外还有西跨院和一些附属房，总面积近 500 平方米。1986 年，郝寿臣哲嗣郝德元先生遵照其遗嘱，将故居捐献给北京市政府，兴办幼儿福利事业，曾为崇文区实验幼儿园。1989 年被列为区级文物保护单位。

郝寿臣（1886—1961 年）原名万通，艺名小奎禄，河北省香河县人，著名京剧表演艺术家。清光绪十二年夏历丙戌四月初七，他出生于崇文门内东墙根儿一陋室内，自幼拜吕福善习艺，最初演铜锤花脸，后改架子花脸。郝寿臣融合各家之长，并加自己的创造，表演自成一格，世称"郝派"。他善于通过表演刻画人物，尤其以扮演曹操著名，有"活孟德"之称。1949 年后，郝寿臣为北京市戏曲学校第一任校长。

郝寿臣 6 岁和哥哥郝寿山一起读私塾，勤奋好学，后因生活贫困而辍学，走街串巷，吆喝贩卖五香豆。他带着虎音的叫卖声惊动了皮影艺人王德正，将他收为徒弟，并为他请了老师吕福善。7 岁的郝寿臣开始学戏《锁五龙》《二进宫》《捉放曹》等。郝寿臣从小就有一副很冲的嗓子，跟着师傅唱堂会，艺名"小奎禄"，很受欢迎。

后拜师李连仲，正式学习架子花脸，到东北、河北、河南等地演出。他刻苦练功，边学边演，吃苦耐劳，细心揣摩，架子花脸演唱技艺日趋成熟。郝寿臣23岁从东北回到北京，在东安市场丹桂茶园演出，不久又加入三乐社科班，充当配角。当时的北平舞台上名角如林，要想在艺术上有所成就，就要另辟蹊径。他在刻苦学习金秀山唱功的基础上，认真学习黄润甫的演唱风格，同时得到著名梆子演员的指导，又根据自身条件，开创了"架子花脸铜锤唱"的独特艺术风格。厚重是郝寿臣的整体特点，他的演唱、念白虽然嗓音有些闷哑，但咬金嚼铁，每一个字都有沉甸甸的分量。他把鼻腔音变为口鼻共鸣，灵活运用，洋溢着一种深厚的韵味，形成了独

郝寿臣（左）与弟子袁世海（右）合影

特的郝派唱念风格。郝寿臣在做功上造型漂亮、身手干净、眼神准确，像一只活生生的猛虎，跃跃欲试，闪耀着过人的艺术光辉。

郝寿臣一生塑造的众多舞台形象栩栩如生，给观众留下了深刻的印象。为了提高观众对花脸角色的兴趣，给观众以更多美的享受，郝寿臣还注意在脸谱上苦下功夫。他与梅兰芳、程砚秋、马连良、高庆奎、杨小楼等人共同合作创演新戏40余出，每年平均排演两本新戏。新创剧目人物的脸谱没有蓝本可参考，他就按照剧情和人物性格去创造新型脸谱。他改革了勾脸的工具和方式，还为众多的人物设计出符合身份和性格的服装图案。这种大胆创新的精神在净行演员中是十分难能可贵的，郝派脸谱艺术在京剧艺术的殿堂中独有其位，对京剧艺术的发展产生了深远影响。1961年夏历十月十九日，一代名净于寓所病故，享年75岁，公祭后安葬于京西福田公墓。

文／图／岑宏宇

徐凌霄：杂家报人

故居地址：西城区校场头条 19 号

徐凌霄（1886—1961 年），本名徐仁锦，字云甫，号简斋，别号凌霄汉阁主，笔名彬彬、独尘。原籍江苏宜兴。清末民初著名记者、京剧评论家。毕业于山东高等学堂和京师大学堂（现北京大学）土木工程科。曾任农林部主事、北平大学艺术学院戏剧讲师、北京大学平民学校新闻文学教授、北京盐务学校教员。徐凌霄是《京报》创始人之一、上海《时报》特约撰稿人。

徐凌霄受伯父徐致靖（清末维新派领袖）和堂兄徐仁铸、徐仁录、徐仁镜的"救国先造舆论"主张的影响，在辛亥革命爆发之际投身于新闻事业，因著文反对袁世凯、反帝反封建、反军阀混战而享有盛名。徐凌霄是掌故专家和戏剧研究专家，他曾主编《京报》《晨报》《实报》《大公报》等报的副刊，先后开设了《凌霄随笔》《凌霄汉阁谈荟》《凌霄汉阁笔记》《凌霄汉阁随笔》等专栏。著作有《皮黄文学研究》《旧都百话》《古城返照记》《凌霄一士随笔》等。

徐凌霄幼年刻苦学习英文，通过阅读英文书籍，学习掌握先进的科学思想。少年徐凌霄就开始潜心研究历史和清末民初的掌故轶事，他对清史了如指掌，对掌故轶事如数家珍；他特别关注中国近代史，从中探索中国兴盛的道路；他对家乘、戏剧、野史、小说、笔记等也有浓厚的兴趣。

徐凌霄曾两度成为天津《大公报·戏剧周刊》的主编。第一次是在 1927 年 9 月 13 日至 11 月 26 日，为《大公报》编辑了六期《戏剧周刊》，受到广泛欢迎。第二次是从 1928 年 1 月 4 日至 1930 年 12 月 31 日，共编辑出版了 152 期《戏剧周刊》，为中国戏剧史上留下了宝贵的文字和图片史料。

1931 年，金悔庐、程砚秋创办南京戏曲音乐院北平分院研究所，徐凌霄受聘担任研究工作。次年创办《剧学月刊》并任主编，同时在中华戏曲专科学校任教。

在徐凌霄担任天津《大公报·戏剧周刊》主编时，《大公报》总编张季鸾和总经理胡政之邀请他为天津《大公报·国闻周报》撰写清末民初掌故。从 1929 年 7 月 7 日至 1937 年 8 月 9 日，徐凌霄与其胞弟徐一士联手，整理了清道光至民国初期百余年的朝野掌故，在《国闻周报》上连载 8 年，累计近 150 万言，是民国年间掌故笔记压卷之作。

徐凌霄也是民国初年最杰出的报人之一，与邵飘萍、黄远生并称为"民初报坛三剑客"。1949年后，徐凌霄在北京大学从事古籍整理工作；1954年被聘为北京市文史研究馆馆员。

徐凌霄自民国初年从济南迁居北京后，先租住在前门西大街南侧的佘家胡同，1928年9月离开佘家胡同，在校场三条租下了一间8平方米的小房，在这里他完成了中国第一部京味长篇纪实小说《古城返照记》。徐凌霄取"结想凌霄汉"之意，称这间房为"凌霄汉阁"，自称凌霄汉阁主人。几年后，他购买了校场头条的几间平房（今校场头条19号院）定居下来。

徐凌霄是他发文章时常用的笔名，源于"凌霄汉阁"。他在山东高等学堂上学时，总教习对他的作文点评说："笔势灵动变化，如春云在霄，随风舒展"。当时，文人交往常用对方斋名的两个字加上姓相称，徐仁锦便被称为"徐凌霄"了。他对自己的文章署名很随意，用过的笔名有一士、一尘、烛尘、彬彬、霄、阁、老霄、老汉。后来将"一士"的笔名给了其弟、近代掌故大家徐仁钰使用。

校场头条在明朝被称为"将军教场一条胡同"，清初改称"将军校场头条"，清末又改称校场头条至今。校场头条19号有前后两个院，徐凌霄住在北院的南房，面积约20平方米，那是他的书房兼卧室，晚年还常作为餐厅，也是最终的"凌霄汉阁"。

徐凌霄的堂外甥徐姬传（戏剧家、京剧史论家、梅派艺术研究专家）在《凌霄一士的掌故学》一文中写道："他有一间书房，不喜欢别人进去。有一天他不在家，表妹开了锁，让我进去看，只见几个书架上摆满了线装书、外文书、期刊……地上堆满了报纸，足有一尺高，据说有民国初年的旧报纸。当中一张书桌，一把藤椅。表妹说，父亲在房间里写文章，有时找资料核对，很快就找到了，所以最怕别人去翻动书报。"

徐凌霄一生在"凌霄汉阁"著述万计，为京津沪的几十种报刊撰写文章，在文学、新闻、史学、戏剧等方面做出了贡献。进入20世纪50年代，他的身体逐渐虚弱，除整理一些古籍外，很少动笔。1961年1月19日，胞弟徐一士来"凌霄汉阁"探望徐凌霄，准备告辞时，卧病多日的徐凌霄用极其微弱的声音说道："你再坐一会儿吧"，便安静地离开了人间，享年75岁。

2021年6月21日，夏至。正午时分笔者探访了校场头条19号院。现在19院是普通民居，只有一个院子，院子不大，安静祥和，院内晾晒着住户们的衣被。靠南墙，搭建起三间简易房屋，一间西屋和两间北房似乎还是老房子。

文/图/张进

顾维钧：民国第一外交家

故居地址：东城区张自忠路 23 号

关于顾维钧，我们以往对他的印象，往往局限于他在巴黎和会上拒绝签署屈辱的对德合约的故事，而近年来，随着民国故事的传播，他的四段婚姻也广为人知。顾维钧在北京的故居，就和这些罗曼史颇有关联。

顾维钧（1888—1985年），字少川，1888年1月29日生于上海市嘉定区，后来迁居至上海租界内，是典型的富裕官商家庭。12岁时，中医世家张云骧看上了来看病的顾维钧，让他与自己的女儿张润娥订婚，随后更在顾家家道中落时资助他赴美就读哥伦比亚大学。20岁时顾维钧回国完婚，携新娘赴美。

1912年，中华民国刚刚成立，获得哥伦比亚大学法学博士学位的顾维钧回到中国，在北京出任临时大总统袁世凯的英文秘书兼国务总理唐绍仪秘书，与唐绍仪的女儿唐宝玥一见钟情。即便唐绍仪愤怒地让女儿与顾维钧断绝关系，唐小姐依然以出家相要挟，无奈的唐绍仪施压张家，迫使张润娥离婚。

奈何唐小姐红颜薄命，与顾维钧结婚后没几年，就死于1918年流感大流行，留下一双儿女。背负丧妻之痛，顾维钧在巴黎和会上就山东归属问题据理力争，为维护中华民族的权益做出了贡献，也得到了印尼华侨糖业大王黄仲涵的千金黄蕙兰的青睐。黄蕙兰精通多国语言，擅长交际，两人于1920年成婚，婚后黄蕙兰协助顾维钧发展外交事业，娘家的雄厚财力也帮助他们在社交场合游刃有余。

位于北京张自忠路23号的这座宅邸，就是1922年黄蕙兰资助丈夫购买的。从宅邸的渊源，便可知黄蕙兰这个新婚礼物的分量有多重。

张自忠路当时的名称是"铁狮子胡同"，因胡同中有一对元代铸造的铁狮子。明末，崇祯帝宠幸田贵妃，其父田宏遇获封左都督，显赫一时，在此置业，门口便放着这对精美的铁狮子。明末清初诗人吴梅村曾作《田家铁狮歌》，称赞田家的狮子："田家铁狮屹相向，舐舕蹲夷信殊状。良工朱火初写成，四顾咨嗟觉神王。"

为了巩固田贵妃的地位，田宏遇打算从江南物色美人献给皇上，因此将名妓陈圆圆掳到京城收为义女，但未得崇祯欢心，于是转为田家歌伎。恰逢吴三桂到田府，惊为天人，田宏遇便将圆圆赠予吴将军。由此引出李自成农民军攻占北京，吴三桂"冲冠一怒为红颜"这段家喻户晓的故事，田府也可说是这一历史转折的策源地。

改朝换代后，先有吴三桂买下府邸赠予陈圆圆，后有降清明将"靖逆侯"张勇以此作为府邸，名为"天春园"。道光末年，竹溪以万金买下天春园，修葺之后改名"增旧园"。民国初年，院落被逐步分割出售，后被天主教神学院购得。

顾维钧和黄蕙兰花25万元买下园子的西部，随后大兴土木，重新装修，使之成为当时北京城设施最为现代、最为齐备的住宅。宅子由东西三个院落组成，作为北洋政府的外交总长，顾维钧在这里接待社会名流，车水马龙，络绎不绝，风头一时无两。

1924年10月，冯玉祥发动政变，邀请孙中山来京共商国是。顾维钧因曹锟下台，作为直系亲信深感危机，便弃职而去，逃亡天津。当时担任执政的段祺瑞向顾维钧"商借"其府邸。顾维钧答复，孙中山是"创建民国元勋，功垂寰宇"，能将自己的房屋作为孙先生行馆是"无上之光荣"，遂将西边的房屋借给孙先生居住。

此时孙中山已在肝癌晚期，到京后入协和医院治疗，在用尽各种医疗手段后，于1925年2月18日回行辕安养，直至3月12日，走完了他革命生涯的最后一程。孙先生逝世三天后，移灵至香山碧云寺，顾维钧则将西院的房屋捐出，以纪念先生。孙中山治丧委员会在宅门外悬挂"孙中山先生逝世纪念室"的牌匾，并刻石及悬挂孙先生遗像。此后这里便以"孙中山行馆"为名。

离开北京后的顾维钧寓居上海，又游历各国，几度沉浮，担任过外交总长、财政总长乃至国务总理，后因北伐胜利而旅居加拿大，又在"九一八事变"后重返外交界，多年驻法、英等国担任大使。1945年出席旧金山会议，参加《联合国宪章》起草工作并第一个代表中国在《联合国宪章》上签字，后任国民党政府驻联合国代表。其间黄蕙兰是他经济上的重要支柱，二人也因财富、地位和观念的不同屡有嫌隙、渐行渐远，顾维钧与下属杨光泩的妻子严幼韵的暧昧关系也成了公开的秘密。

1956年，时任中国台湾当局驻美"大使"的顾维钧向蒋介石递交辞呈，结束了漫长的外交生涯，但很快又出任海牙国际法院法官。也正是在这一年，他与分居多年的黄蕙兰离婚，迎娶严幼韵，从此享无微不至的照顾。

1967年，顾维钧从海牙国际法院退休，定居纽约，陆续完成了总计11000页的回忆录。1985年，97岁高龄的顾维钧在曼哈顿寓所入浴时因心脏衰竭病逝，半个多世纪的外交风云归于尘烟，他与四位夫人的悲喜纠葛也都往事随风。

文 / 图 / 任浩

新中国地质事业奠基人李四光

故居地址：海淀区民族大学南路 11 号

　　李四光（1889—1971 年），原名李仲揆。据李四光回忆，这个名字是他在武昌报考湖广总督张之洞兴建的新式学堂时自己改的。在填写报名表时，他在姓名栏里误填了年龄"十四"，出身贫寒之家的李四光舍不得再买一份报名表，于是急中生智将"十四"加了几笔，写成了李四光。这个"光被四表"的名字伴其一生，传遍中华大地。

　　李四光曾两次出国留学。第一次是 1904 年，官费留学日本。在日本，他开始接受民主革命思想，成为第一批同盟会会员。为此，孙中山特意为这位年龄最小的同盟会会员题词"努力向学，蔚为国用"。第二次留学是 1913 年，时年，已经任职湖北省军政府的李四光，因不满袁世凯的行径，愤然辞职，远赴英国伯明翰大学学习地质专业。获硕士学位后，即受蔡元培之邀，出任北京大学地质系主任、教授。成立中国地质学会，任职地质研究所，组建武汉大学，在重庆大学开设国内高等学府第一个石油专业。虽然他再也没有涉足官场，但回顾他的一生，没有辜负孙中山的期待。

　　1948 年，李四光又一次远赴英国，参加第 18 届国际地质大会。其间受中共邀请，李四光巧妙躲过了国民党特务的阻拦，辗转五个月，终于回到了祖国，并带回一台自费购买的伽马仪，为日后找寻铀矿发挥了极大作用。《人民日报》特别报道了他归国并自费买来先进探矿仪器的消息。

　　归国后，李四光先后任中国科学院副院长、中国科技协会主席、首任地质部部长、国务院科教组组长（科技部部长）及世界科学工作者协会执行委员会副主席，全国政协副主席，并于 1958 年经何长工、张劲夫介绍加入中国共产党。

　　虽然公务缠身，李四光依然把自己从事的专业研究放在首要位置，他的办公室墙上挂着一块黑板，用来布置工作、讲授地质理论。他的家里，甚至卧室都摆满了各种矿石，他整天拿着放大镜研究矿石，到了废寝忘食的地步，以至夫人许淑彬做好饭总要催促几次，他才去吃。李四光忘我工作的同时，也不忘用音乐调节生活。他擅长拉小提琴，1920年就谱写出小提琴曲《行路难》。他的夫人是大家闺秀，会英语、法语，擅长弹钢琴，其父曾任晚清驻英国外交官。以家庭论，他们的婚姻并不门当户对，但音乐使他们擦出了爱情的火花，精神上的门当户对促成他们喜结连理，相爱一生。李四光结婚时，蔡元培作为证婚人参加了婚礼。为了支持李四光的研究，许淑彬安心相夫教子，默默为这个家庭奉献一切。

李四光创立了地质力学学派，建立了构造体系概念，提出了新华夏构造体系三个沉降带有广阔的找油远景的研判，并对我国第四纪冰川研究做出重大贡献，开创了活动构造研究与地应力观测相结合的预报、预测地震新途径，还把地质力学运用于能源和固体矿产资源开发等领域。他不顾体弱多病，亲自到野外勘测，组织队伍开展石油普查，相继发现了大庆油田、胜利油田和大港油田，一举摘掉了我国贫油的帽子，冲破了西方世界对我国的石油封锁。地质工作者根据李四光的理论原理，在我国找到了铀矿，为我国核工业发展奠定了基础。

自1950年回国后，李四光即定居在北京，先是住在东城区东单北大街的遂安伯胡同。胡同的老人们回忆起：当年，经常看见一位衣着普通的长者在胡同散步、思考问题，但不知道他是谁。几年后，李四光一家又先后在复兴门内和香山附近居住。1960年，李四光身体越来越差。1962年，为了便于工作，他又搬到了地质研究所旁边的一座小楼，这里既是住所，又是办公室，还兼做开会、待客之用。这座两层小楼院墙环绕，院门朝南，楼门朝西，院内有假山、喷泉、果树。院门前有一棵身姿雄伟的古树，当年，李四光思考问题时，习惯于边思考、边散步，经常由此向北转到南北向的一条小路（现民族大学西路），再向东走到中关村南大街路口，然后沿原路返回。这条路线后来被称为"李四光小道"。

李四光一生贡献巨大，荣誉等身，但他从未居功自傲，始终过着俭朴的生活，衣服都是补了又补，家里的沙发是他归国后在旧货市场买的便宜货。李四光在这宁静的环境里探究边缘学科问题，解决了许多前人未攻克的难题，直至去世。

1989年，在李四光诞辰百年之际，他的故居开辟为李四光纪念馆。当年的偏僻小路现在已经拓宽成一条双向行车的宽阔柏油马路。为了保护古树，道路在此分道，把古树留在路中间，用围栏围起，见证着此地的风物变迁。

李四光去世后，在武汉大学、吉林大学、中华世纪坛及他工作过的地质研究所主楼前都设有他的雕像。在北京西四路口的国家地质博物馆门前，他的雕像周围点缀着他终生研究的各色矿石。

文／图／刘国庆

"教授的教授"陈寅恪

故居地址：清华大学新林院 2 号、53 号；西城区姚家胡同 3 号

陈寅恪（1890—1969 年），字鹤寿，江西省义宁（今修水县）人，生于湖南长沙。他是中国现代历史学家、古典文学研究家、语言学家和诗人，他学识过人，被清华大学聘请为导师，人称"教授的教授"。他的学术研究范围广泛，涉及中古史、宗教史、蒙古史、敦煌学等众多学科，为国家培养了许多优秀人才，其中不乏如季羡林、蒋天枢等大师级人物。

陈寅恪先生在北京有两处故居，一处在清华大学校园内的新林院，另一处在西城区的姚家胡同。1934 年，陈寅恪的父亲陈三立来到北京。当时陈寅恪在清华大学教书，特意租赁了姚家胡同 3 号院为父亲养老居住。这两处住所相距 12 公里，往返两处需要不少时间。陈寅恪及家人平日住在清华大学校园内，周末及假期会去姚家胡同与父亲团聚。

姚家胡同位于西四以西，毗邻历代帝王庙的东墙，胡同南北走向，全长 184 米，均宽 4 米，北起西四北头条，南至阜成门内大街。从西四北头条往北至西四北八条，整齐排列了八条东西走向的胡同，这是修建元大都时按照严格规定修建而成的，有

700 多年的历史。这片区域北至平安里西大街，西起赵登禹路，东至西四北大街，姚家胡同南北走向算是特例。陈寅恪先生和家人居住的 3 号院位于姚家胡同的西侧，院门朝东，门口有个斜坡，方便推车进入院内。经过岁月的变迁，这里已经找不到陈寅恪先生居住过的痕迹，有

位在这条胡同里生活了 50 多年的邻居也不曾知道 3 号院曾经住过陈氏一家。

陈寅恪的渊博学识和书香世家的熏陶密不可分，父亲陈三立先生是著名诗人，也是晚清维新派的代表人物之一。在父亲的影响下，陈寅恪广泛阅读经、史、哲学典籍，从小就能背诵《十三经》，12 岁便跟随哥哥陈衡恪出国留学，受到系统的方法论训练，又有深厚的驾驭语言文字的功底，使得他在后续的学术研究中游刃自如。

在中国现代文学馆的"中国现当代文学展"里，有一张"中国作家留学欧美一览表"，在众多的知名学者中，陈寅恪先生是较早留学海外的大学者。光绪二十八年（1902 年），陈寅恪东渡日本留学三年，然后回国就读上海复旦公学，1910 年又自费前往德国柏林大学、瑞士苏黎世大学、法国巴黎高等政治学校就读。在此期间，陈寅恪先生结识了欧洲著名的东方学家伯希和，此翁在法兰西学院教授敦煌学，并拥有大量敦煌莫高窟的经卷，让陈寅恪先生第一次有机会大量接触到以敦煌文献为主的各种材料，拓宽了学术眼界。陈寅恪先生虽然没有倾力于研究敦煌学，但是在敦煌学资料的抢救、整理，敦煌学的确立及发展等各方面都做出了突出的贡献。1930 年，陈寅恪先生在其所撰《陈垣敦煌劫余录序》中最早提出了"敦煌学"的概念，指出"敦煌学者，今日世界学术之新潮流也"，并把敦煌文献的研究纳入世界学术领域中，得到各国学术界的认可，使敦煌学成为显学。

第一次世界大战的爆发，使得陈寅恪不得不结束了欧洲的留学生涯，但战争一结束便再次出国，前往美国的哈佛大学留学。因为博学多才和成绩突出，陈寅恪与汤用彤、吴宓一起被誉为"哈佛三杰"。陈寅恪和吴宓从哈佛同窗开始，到清华共事、联大流亡、燕京授业，直至陈寅恪先生逝世，二人的深厚情谊长达 50 年之久。吴宓对陈寅恪的学识钦佩不已，并大力推荐了既无学位又无专著的陈寅恪担任清华大学导师。陈寅恪在课堂上"只讲未曾有人讲过的"，因此他的课总是听众云集，甚至许多名教授都来听他的课。

抗日战争期间，陈寅恪携家眷辗转各地、生活动荡，但依旧坚持完成学术著作，晚年即便双目失明、双腿瘫痪也没能阻止他进行创作。陈寅恪的夫人唐筼不仅是位贤妻良母，而且还是陈寅恪先生的知音和助手。他们同甘共苦，经历了 41 年的风风雨雨，一同走完了人生之路。

陈寅恪先生的一生经历了中国近现代的重要时期，从晚清时期、民国时期、抗战时期、内战时期到中华人民共和国成立，他用一生的精力进行学术研究、创作和教学，取得了不少开创性的成果，做出了重要的学术贡献，是当之无愧的学者大家。

文／图／张韵

余叔岩：梨园巨匠，天不假年

故居地址：椿树上头条 29 号

余叔岩（1890—1943年），原名第祺，字叔远，行三。祖籍湖北省罗田县，生于京城宣武门南。祖父余三胜曾掌春台班，与程长庚、张二奎被誉为老生"三鼎甲"；其父余紫云为《同光十三绝》画像人物之一，画像所绘为其出演《彩楼配》之王宝钏形象，当时与"同光名伶十三绝"中另一位名旦时小福齐名。余门堂号"胜春"，一门三代梨园巨匠菊坛少见。

余叔岩幼从长兄伯钦习老生，后从吴联奎、姚增禄学艺。14岁以"小小余三胜"艺名登台天津下天仙戏院，享誉津门，有"小神童"美称，后因变声回京休养。曾向钱金福、王长林等学刀枪把子和武功，从姚增禄学《石秀探庄》等，打下了坚实的基础。同时向陈彦衡、红豆馆主溥侗、王君直等学谭派唱腔。遇谭鑫培有演出，必认真观摩、默记在心。凡与谭氏合作过的演员、琴师、检场人等，余叔岩均虚心请教。1912年，得"老夫子"陈德霖赏识，被招为陈门之婿。

1914年拜谭鑫培为师，时年24岁，自此技艺大进。1918年后，启用"叔岩"艺名，演于京、津、沪、汉等地，享誉大江南北，与杨小楼、梅兰芳并誉"三大贤"，分别成为当时京剧界老生、武生、旦角的领军人物。

余叔岩于1924年自组胜云社挑班演出，1925年又与杨小楼共组双胜社合作演出，此时正是他的鼎盛时期，与高庆奎、马连良被誉为"老生三大贤"。他精研音律，讲究发声，在继承谭派艺术的基础上，结合自身条件加以创新发展，化古朴为细腻，寓儒雅于苍劲，于英武中见书卷气，以醇厚的韵味和典雅的风格为艺术特色，世称"余派"，所扮演的各种人物，都呈现极佳的艺术魅力。余氏能戏300余出，于高亭、百代、长城、国乐等唱片公司共灌制18张半唱片外，尚有早年以"小小余三胜"艺名灌制的《碰碑》《空城计》《打渔杀家》等四张唱片传世，都是极其珍贵的京剧有声资料。著有《近代剧韵》《老八板》《论步法五节定论》等文。

1928年后，因健康关系不再演出营业戏。

余叔岩课徒授艺极严谨，一句唱腔、一个身段，不厌其烦地反复传授，一丝不苟从不迁就，故学艺者中有知其难而自行申辍者，其入室弟子甚少，以杨宝忠、王少楼、李少春、孟小冬等为贤。

余叔岩中年后，喜于夜晚吊嗓。这是余府客厅是最热闹的时刻，每当此时，诸多崇拜余艺者聚集门外偷听，其中不乏梨园人士。有的用烟酒茶钱买通门房进入门道内，甚至有的逾墙爬上屋顶来过瘾、偷艺，天长日久见者不怪。余叔岩无奈地说："早晚我这墙头给他们扒倒了完事！"

余叔岩亦爱好养鸽养鸟，屋格下常悬挂各种鸟笼，而且喜欢收藏鸟食罐，各式各样琳琅满目，货色出众均为精品。亦喜养蛐蛐，并雇有蛐蛐把式专门调理，蛐蛐罐多刻有"赵子玉"字样，多为珍品。

余叔岩祖传秘本均在其手，加之历年收集之剧本，共有两大箱之多，余氏视如宝贝珍藏，不示外人。

余叔岩因患膀胱癌，于1943年病故，享年53岁。余氏逝世后，其夫人认为这些剧本是夫君心爱之物，理应殉葬，便于灵前全部焚化，亲友与同人惋惜不已。

余叔岩故居位于宣武门南椿树上头条口内路北第一门，为成名后迁居至此，原门牌15号(后改为29号)。此宅房屋高大，磨砖对缝，建筑格局颇为讲究，原为金店刘记之房产，南北长约36米，东西宽约29米，分东、中、西三路。大门居东路，为如意式双扇黑漆大门，门外曾挂"罗田余寓"牌。门外为数层白条石台阶，大门道左侧为门房，门道内置放长条黑漆木凳。此东路为两间房宽度，院内中、后部各建两间排房，后排房西半间辟为门道，通往后花园。西路与东路宽度相同，有房三排均为面阔两间，早已拆除。

宅院中路是主院，为宽敞的四合院格局。南房倒座面阔五间，五檩带前廊，两侧间为存放戏装、道具和杂物用屋，中间三间为客厅，置有硬木雕花家具，太师椅镶大理石，红木多宝槅上摆放古玩瓷器，桌上桌下放有名贵蛐蛐罐等物。墙壁上挂有梅兰芳、尚小云、张大千、齐白石等诸多名人字画，亦有余氏自己的书画作品，使客厅充满高雅氛围。余氏常于此待客、研习技艺，或吊嗓、课徒，房前走廊东侧可通大门道。院内东、西厢房各为三间五檩房，为其女所居和厨房用屋。两厢房南山墙间，原建有精致障墙，分隔为里外院，中间为三檩双柱垂花门，门前摆放各种盆栽花卉，门内院中为一木影壁。北房为面阔五间七檩房且带前廊后厦。其中西侧两间为余氏夫妇卧室，屋内置有床、柜、桌、椅等硬木家具和生活用具。东侧一间为书房名"范秀轩"，门楣上方悬挂其师谭鑫培便装照，两侧分挂余氏本人便照和《定军山》剧照。

屋内北墙下的连三柜上放有收音机、留声机和一摞京剧唱片。墙角置有硬木立柜，窗前写字台上有文房四宝、老式台灯及手抄剧本等物。座椅为一老式沙发。每当晚饭后，余氏必于此练习书法，他的手抄本都是工整的小楷字。此必修课完毕后，便于里边屏风后的床榻上稍事休息。中间两间为练功、传艺之处，室内墙上镶有高大镜子，以便对镜练功。屋角放有刀枪把子和马鞭。当年曾于此授艺于李少春、孟小冬、陈少霖、谭富英等。

北房走廊东侧可通往后花园。院内为大青方砖铺地，亦常于院中课徒传艺，余叔岩不少便照和剧装照，或单人或与他人合照，均于北房前院内拍摄。

余叔岩故居曾为椿树街道办事处办公地，为区级文物保护单位。1999年因建住宅小区，这所少有的精美四合院被拆除，实在可惜。

文 / 杨景铭

侯喜瑞：菊坛称大师，桃李遍华夏

故居地址：西马尾帽胡同 6 号；拐棒胡同 18 号；手帕胡同 89 号

    侯喜瑞（1892—1983 年），字霭如，回族，祖籍河北省衡水县，生于京城。12 岁经勾顺亮介绍，入富连成科班学艺，初从勾顺亮学秦腔老生，并从萧长华习小花脸，后从韩乐卿学架子花脸，很快便崭露头角。在当年的戏单上，早已印有"侯喜瑞"之名。在富连成社的净行演员中，侯喜瑞是公认的头牌。当他 16 岁出科时，恰逢"倒仓"，便留在科班内执教，一直教了 7 年之久。

    出科后，经萧长华的提携与举荐，他拜入名净黄润甫门下深造。一日萧老特意带他到"中和园"观看黄润甫与德珺如合演的《取洛阳》，当时他心中不解其意，心想此戏自己常演，而且深受观众称赞，也曾多次看过别人的演出，怎么今天还要去看此戏？哪知从"黄三"扮演的马武出场开始，便深深地吸引住了他，全神贯注地简直入了神，萧老在一旁观察他的神情，面带笑容地暗暗点头。看罢之后使他大开眼界，从未见过如此高妙的表演，自己绝对无法相比，这才明白萧老的用心良苦。散戏后萧老又带他到后台拜望黄三先生，待相见后竟使他目瞪口呆，刚才台上那威武的马武，其扮演者竟是一位身矮体肥的老者，是大于自己 40 多岁的长辈，不由佩服得五体投地。此次观摩绝非一般，可以说是侯喜瑞学艺关键的里程碑，对他后来享誉菊坛起了决定性的作用。自此，他深深地迷上了黄派艺术，私淑黄先生的表演技艺。每遇黄润甫演出，总是想方设法观看，默记在心，回来后反复模仿黄老的一招一式，力求相似。后来幸有机会侍奉黄老演出，因黄晚年视力减弱，也常让喜瑞代笔勾脸，侯也从中获益不浅。但黄三先生是从不收徒的，侯喜瑞的心情，萧长华先生一清二楚，便设法从中周旋。有一次萧老特意请黄老来看侯喜瑞出演《东昌府》的郝世洪，黄边

看边点头，喜形于色越看越高兴，萧老也看透了黄的心思，连忙问道："您看他学得像不像？"黄笑道："像！真像！"萧老趁热打铁又道"好！我看您挺喜欢他，就开山门收下这个徒弟吧！"黄三先生虽有此意，当时未表态，为的是再进一步考察。后萧老带着喜瑞连续六次到嵩祝寺黄府拜访，黄老终于为之感动，破例收下了这个徒弟。

侯喜瑞如鱼得水，自此稍有空暇必不离黄师左右，不仅学了唱念、表情、台步、身段、脸谱及服饰等，还学了用长神、长气、长腰、缩小肚子和臀部肌肉来增高、增大形体的诀窍，不仅台上学了相当数量的黄派代表剧目，达到酷似乃师的艺术境界，就连日常私下言谈语吐、生活习惯、为人处事等都竭力仿效，可见他对恩师崇拜到何等地步。由于他为人诚实稳重，又极有事业心，尤其对黄派艺术的执着追求，深使黄师感动，师徒相处极为融洽。黄师不但将技艺倾囊相授，就连自己的杰作《连环套》的秘本总讲，也赠给了爱徒。当时感动得侯喜瑞热泪横流，身不由己地趴在地上给师父磕了三个响头。侯喜瑞在严承师教的基础上，又根据自身的条件扬长避短，在保留了黄派艺术风格的前提下进一步发展，形成了新的艺术风格，即为世人所称的"侯派"，与身材魁梧的金少山、郝寿臣三足鼎立，有"南金北郝老侯爷"之誉。在回族的京剧演员中，又与马连良、雪艳琴并称"回族三杰"，享有"活曹操""活张飞""活窦尔敦"之美誉。

侯喜瑞一生演过200余出戏，不论大小角色，均都认真表演，从不懈怠。杰作《战宛城》有口皆碑，对所演奸雄刻画得极为深刻，而英雄豪杰则演得极有气魄，所饰张飞、马武、刘瑾、窦尔敦等角色驰名剧坛。侯老留下的音像影视资料不多，早年灌制的唱片有《长坂坡》曹操一张，一面为念白，一面为唱腔；《九龙杯》黄三泰为半张一面，《红拂传》虬髯客为半张一面，此两戏唱片别无他人，虽都仅为半面，却极为珍贵。另有《盗御马》窦尔敦、《阳平关》曹操均为半张一面。录音有与雷喜福等的《打严嵩》《群英会》亦为珍品。电影仅有1956年程砚秋的彩色影片《荒山泪》，特邀侯爷扮演杨德胜，这是侯喜瑞留下的唯一影像。侯爷一生仅著有《学戏和演戏》一书，为北京市戏曲编导委员会编辑，北京出版社1961年出版，由张胤德整理，梅兰芳为此书写了序言。该书是珍贵的表演艺术经验谈。

侯老演了一辈子戏，也教了一辈子戏，桃李遍华夏。其弟子有关鸿斌、马崇仁、袁国林、许德福、李荣威、马名群、张关正、齐啸云、李连元、刘大昌、李吉庆、张金波、尚长荣等。侯老课徒是据其所长、因人而异，如马崇仁适演马武、马谡等，就授其《取洛阳》《失街亭》《斩马谡》等戏。尚长荣的《取洛阳》等，是侯老在西安传授的。受益最多的是袁国林，也许是爷俩有缘分，得知国林也是苦孩子出身，

延庆街48号现貌

对他更加另眼看待。侯老每有演出，必带国林同去。1961年国林曾一度住在侯家达三个月之久，侯师倾囊相授，国林随师二十九年，得师亲传之戏有《战宛城》《取洛阳》《连环套》《法门寺》《长坂坡》《阳平关》《双李逵》《丁甲山》《清风寨》等，就连《打渔杀家》《朱痕记》《凤还巢》《胭脂虎》等配角戏，也认真传授。1983年春节刚过，侯老预感不好，弥留之际，千叮咛万嘱咐："千万不要给领导添麻烦，丧事要从简，不要开追悼会，要节省开支，今后家中生活，要靠劳动自养"。1983年正月初十，一代名净、侯派花脸创始人侯喜瑞于寓所无疾而终，享年91岁。侯老仙逝后，在自宅内停灵三天，来自本市、外地乃至香港的亲友、弟子、学生及有关单位的领导数百余人前来吊唁。2月24日上午，侯老遗体送到附近的西花市清真寺内，由寺内最有身份的年长阿訇为侯老遗体净身，按回族殡葬习俗入殓，后由灵车送往回民墓地，安息在京西卧龙岗。

侯喜瑞早年曾居崇外的西马尾帽胡同6号，2001年扩建马路时此巷被拆除，后迁至离此不远的拐棒胡同18号（今延庆街48号）。此寓东侧小巷通房后延庆街，房前宽阔可停车辆，今已建起民房，只外露街门。此宅倒座南房面阔三间半，东侧半间辟为门道。门外原有石狮门墩一对，今已不存，下有两层青石条台阶。步入门道迎面为一面大石鼓，上有石莲花座，最上方是一米多高的上水石，引人注目，惜今亦不存。院内青砖铺地，东西厢房均为平顶房，东屋两小间为厨房、饭厅。西屋进深不大，仅8平方米，为存放戏装、道具用屋。北房为面阔三间半瓦房，一明两暗。东屋一间半，约16平方米，中间外屋13平方米。西屋12平方米。各房门外均为两层青石条台阶。西厢房后为一约半间房宽的小院，于小院南端西侧建一小房，为存放杂物之屋。此处今为民房，院内搭建小房，早已面目皆非。

侯喜瑞中年后，购置了崇外大街东侧、花市大街南侧的手帕胡同14号（后改为56号，又改为89号）寓所，为三进院落，前院宽敞，能搭台唱人少之戏，马连良等早年曾于此演出。此院环境清静便于说戏会客，房后有一后院，仅有几间小南房，存放戏装及道具。此宅于2001年被拆除。

文/图/杨景铭

顾颉刚：蒋家胡同的"国双"遗存

故居地址：蒋家胡同四合院；东城区建国门街道干面胡同61号；
三里河南沙沟楼房

顾颉刚（1893—1980年），名诵坤，字铭坚，号颉刚。江苏吴县（今苏州）唯亭人。顾颉刚是著名历史学家、民俗学家，古史辨学派创始人，我国现代历史地理学和民俗学的开拓者、奠基人，中央研究院院士（民国时期的最高学术称号）。顾颉刚曾任厦门大学、中山大学、燕京大学、北京大学、云南大学、兰州大学等高校教授，是中国社科院历史所学术委员、中国文联全国委员、中国民间文艺研究会副主席、民主促进会中央委员、全国政协委员、全国人大代表。

1980年12月25日，顾颉刚因脑出血在北京逝世，享年87岁。

吴县唯亭顾氏的始祖是南朝陈征西侯顾允南的第五十九世孙顾昇。明成化年间（1465—1487年），顾昇从吴县光福镇香雪村珍珠坞迁入吴县城内的唯亭。顾昇的第四世孙顾兰台，是唯亭顾氏的第一个秀才。从顾兰台起，唯亭顾氏形成了读书的家风，康熙帝下江南时称赞顾家是"江南第一读书人家"。

顾颉刚是顾昇的第十六世孙，1893年5月8日，出生在今苏州市临顿路悬桥巷顾家花园。因为父亲在外谋生，顾颉刚的祖父母成了他的启蒙教师。顾颉刚两岁时开始认字，4岁时到私塾学习。1906年，顾颉刚考入长元吴公立高等小学堂（今苏州市草桥实验小学校），两年后考入苏州公立第一中学堂（今江苏省苏州第一中学）。

1912年秋，顾颉刚中学毕业后到上海神州大学（1912年由内阁学务大臣唐景崇和著名教育家唐文治、严复创办）学习，开始爱好文学；次年3月，从上海考入北京大学预科，开始痴迷京剧；1915年因病休学回家，在家完成了二十册的《清代著述考》；1916年入北大文科中国哲学门学习。

1918年，受到刘半农等人发起的征集歌谣运动的影响，顾颉刚用了两年时间，收集民间歌谣、谜语、谚语、唱本、风俗、宗教等资料，将它们与经学、史学一起研究，打破了"雅俗鸿沟"，被称为"歌谣专家"。同年11月19日，新潮社（五四运动时期北大学生社团）成立，顾颉刚是首批社员，并用笔名顾诚吾在《新潮》杂志发表诗文。

1920年，顾颉刚北大毕业后留校工作，任图书馆编目员，开始点校《古今伪书考》，并在《北京晨报》发表收集的歌谣。1921年，任北大国学门助教和《国学季刊》编委，编点《辨伪丛刊》。

1922年，顾颉刚为商务印书馆编纂中学历史教科书，并研究《诗经》《尚书》《论语》中的古史资料，他认为古史的记载多由神话转化而来，提出"层累地造成的中国古史"的学说。

1923年年底，顾颉刚离开商务印书馆，回北大担任《歌谣》周刊编辑，专心从事民俗和民间文艺的研究；1924年，顾颉刚的《吴歌甲集》在《歌谣》周刊连载，同年末发表的《孟姜女故事的转变》一文，惊动了学术界；1925年5月，"五卅惨案"后，顾颉刚为《京报》主编《救国特刊》；1926年4月《古史辨》第一册出版，受到各界关注，顾颉刚成为当时史学界的核心人物；1933年，顾颉刚在北京大学和燕京大学开设"中国古代地理沿革史"课程。

1934年年初，顾颉刚与谭其骧（历史学家、历史地理学家）等人筹备成立禹贡学会，创办《禹贡》半月刊，致力于中国历史地理、边疆史和民族史的研究，创立了中国的历史地理学。1936年5月，禹贡学会在北平成立，顾颉刚任理事长。

1935年年初，顾颉刚担任北平研究院史学研究会历史组主任，主编《史学集刊》；7月，调查河北省古迹，编纂《北平志》。1936年秋，任燕京大学历史系主任，主编《大众知识》，其间，积极参与燕京大学中国教职员工抗日会的活动，编印抗日大鼓词，成立通俗读物编刊社，以民间文艺形式宣传抗日。

1935年，顾颉刚侧重边疆地理的研究，于1936年创立边疆研究会。1937年"七七事变"后，赴西北工作。9月，任甘肃"老百姓社"社长，编印《老百姓》旬刊。1938年10月，任云南大学文史教授，在《益世报》主办《边疆》周刊。1939秋，任齐鲁大学国学研究所主任，同年，明确提出中国只存在一个"中华民族"的观点，开启了"输血论"的先河。

1940年3月，创办《责善》半月刊；4月，被聘为教育部史地教育委员会委员。1941年春，赴重庆主编《文史杂志》；5月，任边疆语文编译委员会副主任委员；

8月后，任中国史地图表编纂社社长、中国史学会常务理事、复旦大学教授。

1944年秋，顾颉刚开始考察四川大足与合川地区，与娄子匡（民俗学家、民间文艺学家、俗文学家）共同主编《风物志集刊》；1945年任交通书局总编；1946年主编《文讯》，完成了《晋文公》等著作。1947年，担任大中国图书局总编辑，创办《民众周刊》，完成了《当代中国史学》等著作。1948年7月，任兰州大学历史系主任、教授，兼复旦大学教授。1949年秋，任江苏省诚明文学院（1926年创办，1952年并入复旦大学）中文系主任、教授，兼震旦大学（中国近代一所私立大学，1903年创办，1952年撤销）教授。

中华人民共和国成立后，顾颉刚任上海市文管会委员、上海图书馆筹备委员、中国史学会上海分会常务理事、中国科学院历史研究所第一所研究员、中国民间文艺研究会常务理事、全国政协文史资料委员会副主任。1954年担任《资治通鉴》总校。1955年，开始标点《史记》。1957年起，先后发表了《息壤考》《禹贡注释》《〈尚书·大诰〉今译》等文章。1963年，出版《史林杂识初编》。1965年冬，因病在北京香山疗养院疗养。期间，何启君（史学家）将顾颉刚的史学讲义整理成《中国史学入门》。

1966年至1970年年初，顾颉刚劳动改造。

1971年，担任"二十四史"和《清史稿》的总校工作；1979年，发表《柳毅传说与遗迹》《嫦娥故事的演变》《〈庄子〉和〈楚辞〉中昆仑和蓬莱两个神话系统的融合》《"周公制礼"的传说和〈周官〉一书的出现》《〈尚书·甘誓〉校释译论》等论文。

顾颉刚藏书颇丰，共计46000余册，其中线装书约6000部，平装书约2600种，大多为古史考辨、历史地理、文字金石之书、地方志等书籍。抗战胜利后，他将藏书中的860种赠送给上海合众图书馆，其余全部捐献给了中国社会科学院文献信息中心。

顾颉刚的主要著作有《古史辨》《汉代学术史略》《中国疆域沿革史》《中国影戏略史及其现状》《崔东壁遗书·序言》《古籍考辨丛刊（第一集）》《史林杂识（初编）》《秦汉的方士与儒生》《尚书通检》《中国上古史研究讲义》《顾颉刚古史论文集》《顾颉刚读书笔记》《中国现代学术经典·顾颉刚卷》《浪口村随笔》《中国当代史学》《我与〈古史辨〉》《西北考查日记》《〈尚书〉校释译论》《顾颉刚全集》《国史讲话》《顾颉刚日记》《国史讲话全本》。

顾颉刚作为享誉中外的史学家，将其在史学上的见解运用到民间文学和民俗学，为它们注入了新鲜血液，提供了新的研究方法。他在孟姜女故事和歌谣学、民俗学等方面的研究，赢得了很高的声誉。

从1929年至1935年秋，顾颉刚一直住在蒋家胡同3号院。1937年7月，他离京到外地工作。1954年由上海回到北京中国社会科学院，在东城区建国门街道干面胡同61号四合院（中国社科院宿舍）第二进院正房居住。1978年，顾颉刚搬到钓鱼台附近的三里河南沙沟新建的一座楼房中，直至1980年12月病故。

1952年，北京大学迁到距海淀镇东北三里外的成府村西的燕京大学。"成府村"曾叫"陈府村"，明代时因有成亲王墓地被称为"成府"，形成村落后改称"成府村"。村中大小胡同二十余条，形成一个小镇。雍正八年（1730年）在此组建了圆明园护军，不少商人在这里开起店铺，小镇渐渐繁华起来。

2001年前，北京大学博雅塔东的校门外是成府村的蒋家胡同，胡同北侧中间有三座四合院，门牌自东向西依次为3号、5号和7号（旧门牌分别为2号、3号和4号），被当地人称为"安家花园"，又称"蒋家胡同四合院"。

清同治年间，西直门天利木厂老板安联魁因承接圆明园中路九州清晏工程发了财。光绪年间，安联魁将承包修建颐和园佛香阁工程的部分建材运出，在城府村建起了四合院、下房和车马库，从此形成了东西走向的胡同。民国年间，安联魁的儿

子安绪久、孙子安建昌、安建邦将宅院卖给了清华大学蒋姓教授，安家宅院所在胡同开始被称为"蒋家胡同"。

20世纪20年代末，燕京大学从城区迁到燕园（现在的北京大学），租下蒋家胡同和书铺胡同的多座四合院作为教工宿舍。1934年，顾颉刚与谭其骧共同出资筹备组织禹贡学会，编辑出版《禹贡》半月刊，它被学术界誉为"中国历史地理学的发端"。蒋家胡同3号院的东厢房是学会的办公地点和杂志的编辑处。

当年，蒋家胡同3号院共有20余间房屋，前院南房由他人居住，顾颉刚住在内院。内院西厢房为卧室，正房为书房，西耳房由绘图员吴志顺居住，东厢房由《禹贡》杂志使用，东厢房后面的夹道内有《禹贡》和通俗读物编刊社的库房。1935年秋，顾颉刚搬入城内居住，3号院交给顾颉刚亲族叔顾廷龙（古籍版本学家、目录学家、书法家）代为照看，顾廷龙一家居住在西厢房。1952年后，安家花园逐渐成了北大教职工的集体宿舍，变成了大杂院。

蒋家胡同3号院坐北朝南，广亮大门，门前有上马石，进门迎面是一座长4米，宽2.8米的雕花青砖影壁，歇山式顶的32根方形石椽上雕有"卍"字花纹，十分精致。向西是四扇木刻垂花门屏风门，一进院落是垂花门，有正房五间，东西配房各三间，四角有抄手廊相通。院后有一小花园，园内有花木、假山，假山后建有单檐六角方亭。

2001年1月，北京大学开始征用成府村土地，拟建科技园。在北大中文系办公室原主任张兴根先生、北大历史地理学教授侯仁之先生的共同建议下，蒋家胡同3号院整体原址保护修缮，并将蒋家胡同5号院复建于3号院北面，使得整个庭院更加完整美观。

2014年8月，蒋家胡同四合院被公布为"海淀区区级文物保护单位"。

为促进中国法治事业发展，2016年秋，北京国双科技有限公司捐资支持北京大学法学院建设，蒋家胡同四合院被命名为"国双庭院"。"国双"语出《史记·淮阴侯列传》："诸将易得耳，至如信者，国士无双。"

现在，蒋家胡同四合院为北京大学法治发展研究院所在地。

文／图／张进

汤用彤：承前启后的北大校长

故居地址：锻库胡同3号；小石作胡同2号；
东厂胡同1号；北京大学燕南园58号

    汤用彤（1893—1964年），光绪十九年阴历六月二十一日出生于甘肃省渭源县，字锡予，原籍湖北省黄州府黄梅县孔垅镇汤大墩。汤门乃书香世家，名士辈出，家学渊源深厚。《汤氏宗谱》载其为商汤后裔。父亲汤霖（1850—1914年），字雨三，号崇道，晚年号颐园老人；母亲梁氏（1850—1938年）亦出自同乡大族。汤用彤一兄四姐，排行最幼。

    汤用彤幼年随父汤霖回老家黄梅守孝。汤霖素喜汉易、兼通佛学，亦深具文学修养。汤用彤耳濡目染，幼承庭训，早览乙部，早年间便对于历史和佛学产生了浓厚的兴趣。1908年，16岁的汤用彤随父来到北京，就读于顺天高等学堂。1911年考入清华学堂中等科，于1913—1917年就读高等科。1916年汤与黄冈人张敬平结婚。清华在唐国安和周诒春相继掌校期间（1912—1913年；1913—1918年），将耶鲁大学严谨求实、认真负责、处事条理、绝不懈怠等精神带入清华，汤深受其益。除国文和英文外，汤还修习法语、德语、拉丁文、化学、物理、数学、高等几何、心理学、历史、体育、音乐、国际法等，打下了扎实的西学基础。1916—1917年汤担任《清华周刊》总编辑，后以学生身份执教清华，因工作出色于1917年6月荣获金奖。该奖章后由其子汤一介先生捐献给北京大学校史馆永久珍藏。

    1918年8月，汤用彤乘坐"南京号"客轮从上海取道横滨、檀香山前往美国。9月抵达旧金山后，赴明尼苏达州首府圣保罗城汉姆林大学就读哲学系，系统学习了西方哲学史和心理学、生理学理论。1919年，汤与留学生发表声援"五四"爱国

【注释】本文中关于汤氏宗族的相关信息多数援引自赵建永先生所撰《汤用彤先生编年事辑》一书。赵先生历十八年，从浩如烟海的各类史料中钩沉索隐、详考甄选而成书，为本文作者解决了大量搜寻、辨析、考据史料的难题。书中所注黄梅梁氏族人梁萧先生对于其成书提供了不少史料并负责全书的校验工作，在此一并致谢。

运动宣言，现藏于中国国家博物馆。1919年6月入读哈佛暑期学校，9月入学哈佛大学文理学院哲学系。在哈佛学习期间，汤的研究重点逐渐从西方哲学史转向以印度语言学为核心的印度哲学与佛教。当时在哈佛留学生中，陈寅恪、汤用彤和吴宓并称"哈佛三杰"，三人分别主攻比较语言学、哲学和文学，皆成绩优异、学识超群。"哈佛三杰"的提法最早出自何人已无从考证，若论及学识则确属实至名归。汤在哈佛师从白璧德、兰曼、佩瑞诸名师，所受科学训练奠定了他治学的基础和方向。

汤于1922年返回上海。9月，汤抵达南京，应东南大学副校长刘伯明之邀出任哲学系教授、系主任。1922年至1925年期间，汤的各项学术活动主要围绕落实学衡派的理念展开。1925年8月，在张伯苓的感召下，汤赴南开大学哲学系担任教授、系主任。初入南开时，南开正处于发展转型的关键时期，教育界在探讨西方教育思想中国化的问题，这促使汤通过研究佛教的中国化变迁，探索和总结外来文化本土化发展的一般规律。汤的研究和探索为奠定南开模式做出了积极的贡献。

1931年蒋梦麟正式担任北大校长，聘请胡适任文学院院长。1931年夏，胡适以研究教授名义请汤到北大哲学系任教。在北大任教期间，除讲授中国佛教史、印度哲学史、魏晋玄学等课程外，汤主要致力中国佛教史讲义的修改和补充。自1933年始，汤花费近4年著成《汉魏两晋南北朝佛教史》，手稿本共5册。该书于1938年6月由商务印书馆在长沙印行。抗战期间，汤任西南联大哲学心理教育系主席（后改称系主任），兼任北大文科所所长，后又任西南联大文学院院长。期间多次以信函方式谏言北大的办学方针和具体措施，希望北大能保持蔡元培先生倡导的"学术自由、兼容并包"之学风，以提高教学和研究水平。1947年，汤用彤休假，赴美国加州大学伯克利分校讲授《中国汉隋思想史》及中国佛教史一年，次年婉拒哥伦比亚大学讲学之邀，决定回国。

1949年5月9日，周恩来在北大孑民堂与汤及诸教授座谈。5月13日，时任北平军管会主任兼北平市长叶剑英任命汤为北京大学校务委员会主席兼文学院院长。因当时北大不设校长，故校委会为全校最高权力机关，主持全校事务。在北大校史上，汤排在胡适之后、马寅初之前的校长行列，成为北大第二十二任校长。而且，汤既是"老北大"的末任校长，也是"新北大"的开山校长。1951年6月1日马寅初就职北京大学校长，至当年9月为北大领导的过渡期。9月3日毛泽东主席亲笔签发"府字第3984号"令，任命汤为北大副校长。1953年秋，全国高校实行院系调整。北大自沙滩搬至西郊的燕园，汤一家人也迁入了燕南园58号。

汤治校特点之一就是以人格魅力团结人才。院系调整后，全国的哲学专家一度齐聚北大，作为校领导，他极力做好团结工作。对此，张岱年回忆说："汤先生以博大的胸怀、诚挚的态度，使哲学界同仁都感到温暖。汤先生的高尚情操，令人至今感念不忘。"10月汤兼任中国科学院历史考古委员会委员。1954年11月13日汤患脑出血，长期卧床。1956年，哲学社会科学学部成立，汤任学部委员，并任《哲学研究》《历史研究》杂志编委。同时任第一届全国政协委员，第三届常委，第一、二、三届全国人大代表。1963年5月1日晚，汤先生夫妇上天安门城楼参加劳动节观赏焰火等联欢活动，由周恩来总理导见毛泽东主席。毛主席询问其身体状况，嘱咐他量力而行写短文，说自己阅读过先生"所撰全部文章"，并与汤全家人握手。汤用彤先生于1964年5月1日在北京逝世，享年71岁。追悼会由陈毅元帅主持，葬于北京市八宝山革命公墓一墓区"月字组"。

学术成就与人物评价

1911年6月，汤氏兄弟与其父门生二十余人于北京万牲园（今北京动物园）为汤霖庆贺61岁寿辰。门人吴本钧绘长卷《颐园老人生日讌游图》纪此盛况。汤霖为此图题写500余字跋文，凝铸汤氏家训门风的精神内核。其中"事不避难，义不逃责，素位而行，随适而安"集中体现了汤氏一门迎难而上、勇于担当而又不求名位的家风，这种思想深刻影响了汤用彤的一生。

汤用彤通晓梵语、巴利语等多种外国语，熟悉中国哲学、印度哲学、西方哲学，毕生致力于中国佛教史、魏晋玄学和印度哲学的研究。所著《汉魏两晋南北朝佛教史》《隋唐佛教史稿》，用科学方法系统地阐述了佛教从印度传入到唐朝时期的历史发展过程及其特点、佛学思想与中国传统思想的相互关系；详细地考察了中国佛教各个学派、宗派的兴起和衰落过程及其原委。他对中国佛教史料中关于佛教传入汉族地区的时间、重大的佛教历史事件、佛经的传译、重要的论著、著名僧人的生平、宗派与学派的关系、佛教与政治的关系等等都作了谨严的考证和解释。汤所著《汉魏两晋南北朝佛教史》开辟了中国佛教史研究的新纪元，受到学术界的广泛称赞。

汤用彤精研魏晋玄学、印度哲学和道教思想史，1957年6月由人民出版社结集出版，题名《魏晋玄学论稿》。这些论文对魏晋玄学思想渊源、学术方法、哲学特质、发展阶段以及历史影响等各个难点进行了专题研究，形成了全面系统的学理体系，尤其是对早期玄学的形成，用力最多。除此之外，汤先生致力最多的另一研究领域是印度哲学史。印度哲学与中国哲学、西方哲学并称为世界三大哲学系统，在世界哲学史上占有重要地位。《印度哲学史略》一书集中反映了他在印度哲学研究上的成就。我们常用"学贯中西"来称道一些著名学者的博学多识，但对于汤先生来说，"学贯中西"就显得不够用了。因为汤先生是中国十分罕见的学贯中、西、印的大师，他在中、西、印文化与哲学思想研究上，都有独到的造诣和重大的贡献。汤先生并不是将中、西、印哲学与文化孤立起来进行研究，而是着眼于三者的相互关系。他广征精考事实，系统地研究了中印文化交流和融汇的历史，总结历史发展规律，依据历史的经验和规律，对出现在国人面前的中西文化冲突与调和的状况及趋势进行了全面考察，提出了许多真知灼见。

季羡林先生曾说："在地球上凸出一些高山，仅仅一次出现；但它们将永恒存在，而且是不可超越的。在人类文学史和学术史上，不论中外，有时候会出现一些伟大诗人和学者，他们也仅仅一次出现；但他们也将永恒存在，而且不可超越。"

现在和将来的学者如果从事中国哲学史、中国思想文化史和中国佛教史的研究，必读汤用彤先生的《汉魏两晋南北朝佛教史》《隋唐佛教史稿》《魏晋玄学论稿》《印度哲学史略》等著作，因为它们是空前的学术高峰。

今锻库胡同4号院

汤用彤先生在北京的故居

结合汤先生不同时期在京学习、工作的经历，可将他在京期间居住的各处旧居统计如下表。

起止时间	在京居住地点	现今位置	备注
1908—1911年 1931—1940年年初	锻库胡同3号	门牌改为4号，故宅仍在，院落已不复旧貌	推测青年时代随父进京后居住于此；从南开回京后初居于此
1911—1918年	清华园学生宿舍	无法考证	推测汤于青年时期在清华求学、工作期间居住于此
1940年年初—1946年	小石作胡同2号	改建为高楼，现位于军事管制区内	兄用彬将父宅卖掉后买入
1946—1950年年初	东厂胡同1号	现存	时为中央研究院历史语言研究所驻北平办事处所在地，应傅斯年之邀搬入
1952—1964年	燕南园58号	现存	全国高校院系调整后迁入，汤去世后汤一介、乐黛云夫妇曾居住于此

虽然表中各部分时间段的具体起止年月不太确切了，但基本可以据此了解汤在京居住的大致情况。

1. 锻库胡同4号

锻库胡同在东城区南池子大街南头路东120号和122号之间，西起南池子大街，东抵南河沿大街，南止北湾子胡同，北与普渡寺前巷相通，总体呈东西走向，往东往北又往南，中间还有支路。锻库胡同3号院为汤霖所购，推测汤用彤青年时代随父进京后居住于此，海外留学回国后从南开回京后也初居于此。据言泊远先生描述，"院门里有座大影壁，影壁左边从一个月亮门可以进入南院。南院有房三间，钱穆曾在那里住过。从南院有道门，直通正院。正院有北房七间，东西厢房各三间。北房后，有座二层小楼，小楼后面是后院，院里有些平房。"笔者走访了锻库胡同4号院，院内颇多临时性的建筑，院落的旧有格局依稀尚存，但因为时间久远又缺乏保护，已变为大杂院。

2. 小石作胡同2号

自1940年年初至1946年，汤居住于小石作胡同2号。该居所系其兄汤用彬将锻库胡同父宅卖掉后购入。该胡同南起景山前街，北至陟山门街，东临大高玄殿，西近北海，与故宫相望。小石作胡同2号院子坐南朝北，院里很宽敞，进了院门是一个过道，再向里是一个小天井。天井右边有一小跨院，院子里有四五间房子。院子的右边是南房，南方旁有一道墙，墙上开有一道门直通正院。正院是四合院，里面有北房五间，东房三间，西房三间。正院还带有一个小跨院，跨院里是厨房等处。

该院落现已被改建为高楼并且位于军事管制区内。虽然如此，但笔者利用陈溥所绘制的小石作胡同的位置图几个关键的边界线，依稀可以找到该处居所当初的大概位置。左上图是笔者从景山前街向北拍摄的照片，其中橙色方框内的建筑分界线即为大高玄殿西侧围墙与小石作胡同旧居（现已划入军事管制区域）的分界线。

3. 东厂胡同1号

东厂胡同东起王府井大街，西至东黄城根南街，因明代在此设特务机构"东厂"而得名。东厂胡同东口路北为清末重臣荣禄的府第。民国初，袁世凯以10万银圆买下荣府的东半部，赠送给黎元洪。1927年，"日本东方文化事业总委员会"买下黎宅，在园中建有"北平人文科学研究所"和"近代科学图书馆"，这三者都是日本用部分庚子赔款开办的。1946年，中央研究院历史语

大高玄殿与小石作胡同的分界线。

东厂胡同1号院，现为中国社会科学院工业经济研究所和财经战略研究所。

燕南园57号和58号

言研究所接收上述机构，成立北平图书史料管理处。傅斯年请北大文科研究所部分人员在此处办公和住宿。

1946年11月4日，汤应傅斯年所邀，由小石作胡同2号搬入东厂胡同1号。当时的东厂胡同1号为中央研究院历史语言研究所驻北平办事处所在地，是一处中式花园式院落。汤一介先生晚年回忆："东厂胡同大院中有一块大草地，还有假山、小土山、亭台楼阁，可以说应有尽有……我家住的是大院最后一排房，房子在一个台子上面，除厨房和厕所外有五间房，而我住在台子下面与之并列的一间。"如今的东厂胡同1号院为中国社会科学院工业经济研究所和财经战略研究所办公场所，仅存的一处古建筑被包围在现代化的大楼中间，据说是作为当年黎元洪居所的一部分被保留下来的，而当年的中式庭院早已不复旧貌。

4. 燕南园58号

1952年秋季全国高校院系改革后，汤迁入燕南园58号居住。燕南园社区整体呈正方形，位于北大第二体育馆之南、百年讲堂之西，向南毗邻新的学生宿舍楼区，向西则是新建成的北京大学综合科研楼和未来技术学院。燕南园58号位于燕南园建筑群的最东南把角处（左图中左侧小橙色框标定的位置），西侧紧邻57号（左图中右侧大橙色框标定的位置）。当年汤居住于58号；冯友兰居住于57号，并将之命名为"三松堂"。两位大师比邻而居，其乐融融。

文 / 图 / 刘寅

袁氏三礼，一门才俊

故居地址：原宣武区南横东街 155 号

袁复礼、袁同礼和袁敦礼三兄弟，被我国文化教育界称为"袁氏三礼"，祖籍直隶省安肃县（今河北省保定市徐水区安肃镇）孤庄营村。明成祖朱棣发动"靖难之变"期间（1399—1402 年），他们的高祖由山东莱州迁居孤庄营村。清末，他们的曾祖父袁绳武（1819—1880 年，曾任山西高平知县、福建邵武知府）举家迁居北京，在京城宣武区（2010 年 6 月并入西城区）南横街和丞相胡同（1965 年后改称"菜市口胡同"，现为菜市口大街的一部分）相交的拐角处购置房产百余间。后来位于丞相胡同的房产卖给了李石曾（教育家、文物学家）。袁氏三兄弟出生后，只剩下南横街 155 号（旧门牌 20 号）的四十余间房。

三兄弟的祖父袁廷彦曾任清光绪朝刑部郎中和法部会计司掌印郎中，博通经史、擅长书法。袁廷彦去世后，夫人彭氏与长子袁笃修、次子袁承恕住在祖宅前院，三子袁承厚住在祖宅后院。袁复礼、袁同礼是袁笃修之子，袁敦礼是袁承恕之子，三兄弟都出生在南横街祖宅。他们的祖母彭氏，出身苏州名门世家，读过私塾，曾在天津师范学校和奉天师范学校教书。

袁复礼（1893—1987 年），字希渊，地质学家、地质教育家、中国地貌学及第四纪地质学的奠基人，中国考古事业先驱者之一。曾任中国地质学会理事、名誉理事，担任过中国地质学会第四纪冰川及第四纪地质专业委员会名誉委员、中国第四纪研究会理事、李四光研究会名誉理事长、燃料工业部顾问、河北省政府工业厅顾问。袁复礼是河北省第一届各界人民代表会议筹备委员会委员、河北省第一届政协委员，河北省第一、二、三届人大代表，第三届全国人大代表。

中华人民共和国成立后，袁复礼在国内首次开设了"地貌和第四纪地质学"课程，编著了中国第一本《中国第四纪地质学》教材，首先提出了中国第四纪地质的特点和分区。

1912 年冬，袁复礼毕业于天津私立南开学校（今天津市南开中学），1913 年开始在清华大学高等科学习，1915 年 8 月以优异成绩毕业，是清华大学第六批使用庚子赔款留美的学生之一。他先后在美国伯朗大学和哥伦比亚大学学习教育学、生物学、植物学、世界历史、考古学、地质学及测量学。1918年获得哥伦比亚大学学士学位，1920年获得硕士学位，之后继续在美国研究学习。1921年10月因母病提前回国，并把地貌学引入中国。

1921年10月，袁复礼任北京农商部地质调查所技师，其间，参加了河南仰韶文化的考古发掘工作。1921年年底至1922年年初，参加中国地质学会的筹建工作，是该学会的创始人之一，并任《中国地质学会志》编辑。1923年5月至1924年8月，在甘肃进行地质调查时，首次确定我国具有早石炭世晚期地层，并采集到袁氏珊瑚等许多新种属化石，对我国石炭纪地层的划分和古地理研究做出了重要贡献。

1922年9月，袁复礼在北京大学兼职讲授地质学；1927年，被聘为清华大学教授，1932年参与创办了清华大学地质系，担任教授和系主任。抗日战争爆发后，北京大学、清华大学、南开大学南迁昆明，组成了西南联合大学，袁复礼任西南联大地质地理气象系教授，在极端困难的条件下，培养出一批优秀的地质学人才。在昆明开展的反饥饿反内战的学生运动中，袁复礼坚持站在进步学生一边，因此遭到了特务的迫害。1946年，清华大学迁回北京，袁复礼继续担任地质系教授和系主任。

1927年至1932年，袁复礼参加了中国和瑞典组成的"中国西北科学考察团"，担任了三年的中方代理团长。1928年，袁复礼在新疆吉木萨尔县三台大龙口首次发现了水龙兽、二齿兽和袁氏阔口龙等三叠纪爬行动物化石，受到国际学术界高度称赞，并因此获得了瑞典皇家科学院颁发的"北极星奖章"，提高了中国科学家在国际学术界的地位。

1949年后，袁复礼任北京地质学院（今中国地质大学）教授。他从事地质教育60年，培养出许多优秀地质学家。同时，他在冀东完成了迁安、卢龙、滦县地形图的测绘；还先后参加了迁安铁矿评价及圈定矿体工作、长江水利综合考察和三峡水利枢纽选址工作、黄河中上游水利资源考察和三门峡与刘家峡水电站选址工作。袁复礼还曾为北京地铁规划出谋划策。

1950年8月，抗美援朝战争爆发前，袁复礼将1946年收集的1:10万的朝鲜中部地形图交给有关部门使用；1951年，将收藏的斯文赫定修订的全套1:20万西藏地形图送给进藏的工作队使用；1959年，解决了修建南京长江大桥时遇到的选址难题。

改革开放后，袁复礼虽然已是85岁高龄的老人，仍然培养研究生，还参加了《现代科学技术词典》《韦氏大辞典》和《英汉辞海》的编译工作；审校了《英汉常用地质词汇》《英汉地质词典》等工具书；重新整理发表了《三十年代中瑞合作的西北科学考查团》一文。

1987年5月22日，袁复礼在北京逝世，享年94岁。

袁同礼（1895—1965年），字守和，著名的图书馆学家、目录学家和图书馆事业活动家，中国现代图书馆事业的先驱。

1913年，袁同礼考入北京大学预科英文甲班，1916年毕业后，进入清华大学图书馆参考部工作。1918年12月21日，北京图书馆协会成立，袁同礼当选为会长；1919年，少年中国学会在北京成立，袁同礼为第一届会员。1920年8月，袁同礼赴美国进修，1922年在哥伦比亚大学历史系毕业后，入图书馆专科学校（哥伦比亚大学图书馆学院前身）学习，1923年毕业。在美期间，袁同礼利用假期，到美国国会图书馆总编目部工作，并对欧美图书馆及博物院作了考察。1923年回国后，袁同礼任广东岭南大学图书馆馆长，后被聘为北京大学目录学教授兼图书馆主任；1925年6月，中华图书馆协会成立，袁同礼为负责人；1925年，任故宫博物院理事兼图书部主任；1929年开始在国立北平图书馆（现中国国家图书馆）工作，先后任副馆长、馆长；1937年"七七事变"后，任西南联大图书馆馆长，抗战胜利后返回北平。

抗日战争期间，为了避免北平图书馆收集保管的善本书籍落入日本人手里，在袁同礼和胡适的共同努力下，将300箱中的102箱寄往美国，1965年运回台湾，使它们得以保存。

1948年，美国国会图书馆邀请袁同礼赴美访问研究，相继在国会图书馆东方部和斯坦福大学研究所从事中国文化典籍的整理与研究工作。1949至1957年任斯坦福大学研究院编纂主任；1957年至1965年回到美国国会图书馆工作，担任书目提要编著人和中国文献顾问。

1964年4月，袁同礼着手编著反映中国流散海外艺术品分布情况的《海外中国艺术珍品目录》。为此，他前往欧洲进行调研。1964年7月初，因胰腺癌从德国返回美国。1965年2月6日，袁同礼在美国华盛顿医院逝世，享年70岁，安葬于美国华盛顿石湾公墓。

高楼前曾经是袁氏三礼故居

袁同礼著有《永乐大典考》《宋代私家藏书概略》《明代私家藏书概略》《清代私家藏书概略》《中国音乐书举要》《西文汉学书目》《中国经济社会发展史目录》《国会图书馆藏中国善本书目》《西文汉学书目》《中国留美同学博士论文目录》《现代中国数学研究目录》《中国留欧大陆各国博士论文目录》《新疆研究丛刊》《中国美术学目录》等著作。

袁敦礼（1895—1968年），字志仁，著名体育教育家，是中国现代体育教育的主要创始人，为中国近代体育事业的创建和发展做出了卓越贡献，在师范教育、体育教育、体育理论、公共卫生教育和电化教育等方面卓有建树。其与吴蕴瑞（著名体育家、中国运动生物力学研究的先驱）合著《体育原理》，译著有《奥林匹克》。

袁敦礼曾任全国政协委员、中华全国体育总会副主席、中华全国体育协进会理事、中华体育学会常务理事、教育部国民体育委员会常务委员、甘肃省人大代表、九三学社常务委员等职。参与起草《国民体育实施方案》，参与修订《国民体育法》；曾多次参与筹办华北运动会和全国运动会，是中国参加远东运动会、奥运会的组织者之一。1968年8月，袁敦礼过世，终年74岁。

《体育原理》一书代表了袁敦礼的学术思想，他认为体育和教育是不可分割的，体育对于人的培养有着其独特的功能。他指出"不懂体育很难成为一个优秀的教育家，不懂教育也很难成为一个优秀的体育家"。

1995年11月10日，在纪念袁敦礼、董守义（著名体育教育家、体育活动家，中国篮球协会首任主席）诞辰一百周年学术讨论会上，中华全国体育总会主席李梦华在发言中称赞"袁敦礼是一个世纪以来在中国体坛上杰出的体育教育家和体育活动家。为甩掉'东亚病夫'的帽子，毅然选择发展中国体育之路，并为之贡献了自己毕生精力。"

1917年，袁敦礼毕业于北京高等师范学校（今北京师范大学）英语科，留校任体育教师兼翻译，擅长中跑和篮球。1919年被聘为体育专修科主任。1923年赴美国留学，获芝加哥大学生理学学士、哥伦比亚大学师范学院体育系教育学硕士，还获得了霍普金斯大学公共卫生学证书，被聘为美国体育学会特别通讯员。1927年，袁敦礼回国，先后被聘为北平师范大学教务长、体育系主任，浙江大学体育系教授、主任。1936年，以中国体育考察团正指导身份赴欧洲各国考察。抗战期间，任西北联合大学和西北师范学院体育系主任。1945年赴美讲学，被聘为美国国务院客座教授。1946年后，任北平师范大学校长。中华人民共和国成立后，历任兰州体院院长、甘肃师范大学副校长。他在北京师范大学创建了我国第一个电化教育馆，是中国电化教育的开拓者和推进者。

1948年，袁敦礼拒绝国民党让他撤到台湾的要求，听从周恩来的召唤，以一片爱国之心迎接中华人民共和国的诞生。

南横街位于北京原宣武区，东起北纬路，西至菜市口大街，经历了辽、金、元、明、清等朝代，是京城最古老的街区之一。1965年与城隍庙街合并。1999年，菜市口大街建成后，将南横街从中间断开，分别称为南横东街和南横西街。南横东街的路北构成了"大吉片儿"地区的南缘。

"大吉片儿"位于原宣武区的中心，也是宣南文化的核心区域。它东起粉房琉璃街，西到菜市口大街，南起南横东街，北至骡马市大街，有胡同街巷30多条，院落300余处。"大吉片儿"历史渊源久远，会馆、民居、店铺、遗址、名人故居不胜枚举，袁氏三礼故居就在其中。

原南横东街155号的袁氏三礼故居是三进四合院，各院之间有鹅卵石砌边的砖道相连，院内种有枣树、海棠树、槐树、菊花、荷花、玉簪花、竹，建有假山。20世纪30年代，袁复礼和袁敦礼先后沿街修建了一排房，形成了四进院。

1949年后，故居的一部分由袁敦礼的妹妹袁箴礼居住，另一部分出租。60年代后期，袁家被误认为是袁世凯的后代，被抄家。抄家后，房管所安置了20余户入住，院中的花树被砍，假山被毁，院里搭起了厨房和小屋，成了大杂院。

袁氏三礼故居原址处建的街心公园

2005年年初，部分房屋归还了袁氏后人。他们联名向北京市政府有关部门建议，希望将故居建成"三袁"纪念展室，介绍中国近代科学与文化的发展，但是这一愿望未能实现。故居在2007年宣武区"大吉片儿"改造中被拆除。

现在，原南横东街155号院的位置是菜市口大街6号院和街心公园。

文 / 图 / 张进

陆志韦：燕京大学守护人

故居地址：燕东园 37 号、27 号

陆志韦（1894—1970 年），浙江省吴兴县人。当代知名学者、心理学家、语言学家和诗人，在燕京大学执教和主持校务达 25 年之久。1953 年调任中国科学院语言研究所研究员，1957 年任学部委员。

陆先生幼年早慧，5 岁入私塾，有神童之誉。1913 年毕业于东吴大学，获文学士学位。1915 年得教会助学金赴美国攻读宗教心理学，后转芝加哥大学研究心理学。1920 年以论文《遗忘的条件》获哲学博士学位后回国，在东南大学任教，并于同年应司徒雷登聘请，出任燕京大学心理系主任，几年辛勤运作使燕大心理系初具规模；1933 年再赴美国芝加哥大学学习深造；1934 年起历任燕京大学代理校长、校务委员会主席、校长。陆先生同时还为现代心理学在中国的普及和发展努力耕耘，1934 年组织北平五大学心理学同人举行每月一次联谊会。1935 年发起组织中国心理学会，主编出版《中国心理学报》。20 世纪 20 年代初他在美国关于记忆条件的研究，至今仍常被美国心理学教材所引用。查普林等人所著《心理学的体系和理论》一书中，陆志韦是唯一被提到的中国当代心理学家。

陆志韦关于心理学研究的显要成就在 20 世纪 30 年代初就已享盛名。当时心理学界有"南潘（潘菽）北陆"之谓，陆志韦被公认为中国实验心理学学科奠基人之一。

陆志韦还是一位诗人。朱自清在《中国新文学大系·诗集导言》中说陆志韦是"第一个有意实验种种体制，想创新格律的人"，评价其诗有"清淡风味"。陆志韦紧随"五四"脚步所创诗集《渡河》和 1935 年英文论著《中国诗五讲》是埋没已久的明珠，现在已为学界重视和肯定。

1941 年冬，太平洋战争爆发，燕大被日军占领并解散，陆先生等师生 30 余人被日军逮捕并判刑。陆志韦在狱中因执言抗辩，被日军打落牙齿，几乎死去仍坚持斗争，直至 1942 年被取保假释就医。此时陆志韦已被赶出燕园，暂匿海淀成府村槐树街 4 号院，居所周围时有警探出没，时而进门窥视。陆志韦身体稍有康复又被召回日本军部，以违抗军令罪名被判刑二年，缓刑软禁在家。1943 年后监视逐渐松弛，亲友时相往还。陆志韦热心帮助进步学生进入解放区，很多人行前一晚就是睡在他的家中。中共地下党同志也因海淀交通方便，常把准备运往解放区的医药器材寄放在陆家东厢房内，待机运走。

陆志韦是一位令人敬佩的爱国进步人士。燕大"孤岛"期间，在庆祝吴雷用先生寿辰大会上，他献诗一首"荆棘途中老，凤凰池上人。皇天保定汝，会看九州新！"并把此诗印在糖果袋上，发给每一个同学，不啻一篇抗日必胜宣言。燕大学生冯树功在白石桥附近被日本军车轧死，陆先生召集燕大师生员工举行大规模追悼会，在日军睽睽监视之下亲致悼词，愤怒谴责日军残暴行为，与会者无不落泪。1945年秋，国民政府授予陆志韦胜利勋章，陆志韦则写文章回敬，劝蒋"放下屠刀"。1946年夏，燕京大学校长司徒雷登出任美国驻华大使，陆先生曾予劝阻，但司徒雷登称不久就会回来，又将校务工作托付给陆先生。1948年8月国民党发出"八一九"黑名单后，陆志韦先将军警拒之门外，并保护列入名单中的学生撤离之后，才允许军警徒手入校，不在名单上的学生一个也不许抓走，此举给进步学生很大鼓舞，并得到当时解放区报纸的赞扬。1948年秋天，燕大校内有关于学校是否撤离北平的谈论，而先生坚持主张留下来。1949年9月，陆校长参加中国人民政治协商会议第一届全体会议。1951年2月燕大改为公立。毛泽东主席任命先生出任校长。

1953年高等院校院系调整后，陆志韦离开燕园，1970年11月因病去世。

陆志韦来燕大后住在燕东园37号楼。这是一栋独立式两层住宅楼，呈T字形。小楼屋顶为人字形斜坡顶，房子周边青砖墙上有钢筋混凝土过梁，一层客厅门外是一个大空廊阳台。一层有书房、起居室、厨房、餐厅、小储藏室、佣人住小杂物间，还有供暖的锅炉间。二层则是几间卧室。小楼窗户大小约为90厘米×150厘米，是西式的弧形砖砌拱券样式。房子面积近400平方米。小楼前后左右都有门通于室外，后院花墙门呈正八边形，与另一种式样的月洞门相映成趣。

1945年抗战胜利后，在陆志韦主持下，燕大很快完成招生和复校，于10月1日开学。此时陆志韦搬到燕东园27号花园别墅洋房居住。这是一栋两层砖木结合小楼，位于燕东园东南部，从地面到屋顶檐口有8米左右，整体面积也比较大，每层200平方米左右。据专家介绍，27号小楼属于南洋风格，窗户多，采光面积大。欧洲文艺复兴后，东西文化在南洋交汇，特别是英国人发挥了很大作用，一种新的建筑风格得以形成，又于20世纪传到中国。27号楼造型独特，注重实用，不讲对称，朝南窗户大，朝东、西窗户小。小楼南面呈长方形，第一层东部为一个阳台，砖砌1米左右，阳台有两层花岗条石台阶，阳台顶部由六根青砖柱支撑，檐口嵌有花岗石小饰件，类似于欧洲古典建筑檐口下的装饰，相当别致。第一层西部有三扇大窗；

燕东园一角，现为北京大学幼儿园。

第二层朝南有七扇窗户，以东面两扇最大，呈正方形，两米见方。小楼东部呈曲尺形，有两层阳台。小楼西部正中为门，大门两侧各有三扇窗户，楼上有四扇窗户。窗户无论长方形、正方形，上半部皆为木制方格，下半部为大玻璃窗，窗户顶端为扁平拱券状，系南洋风格，窗台为花岗岩条石，相当坚固美观。小楼西北部还凸出一个小侧楼与整栋别墅连接。据陆先生二儿媳韩维纯女士回忆，当时二层有四间卧室，校长夫妇居其一间，另三间为子女居住，还有一间浴室。一层东面阳台右侧西屋是书房，北面有客厅、饭厅、厨房、小储藏室，楼梯下面是厕所。

小楼院内有两株大毛杨树，要两人合抱，估计有百年历史，还有元宝枫树、柏树、白皮松、槐树、梓树，环境清静幽雅。

1958年，北京大学幼儿园迁移到燕东园，27号洋楼被幼儿园征用，后楼内特别是二层进行了大规模改造，昔日旧貌所剩无几。

文 / 图 / 杨景铭

中共北京市委早期领导人马骏

故居地址：东城区东堂子胡同 5 号

马骏（1895—1928年），中共早期活动家和领导人之一，革命英烈，牺牲前任北京市委书记兼组织部部长。

马骏祖籍黑龙江省宁安县（现为宁安市），他的父亲马喜贵是个成功的回族商人，也是位慈善家，更是马骏的革命启蒙者，他经常带回家一些宣传革命的小册子，使马骏从青少年起即产生了爱国救国思想，在寻求救国真理的道路上砥砺前行。

1915年，马骏以优异成绩考入天津南开学校，1919年年底升入大学部，成为南开大学第一届学生。在那个风云变幻的年代，马骏的组织领导才能和火热的爱国精神、坚贞的革命意志得以充分展现。品学兼优的马骏始终站在革命斗争前列，成为当之无愧的学生领袖。

在五四运动期间，马骏频繁往来于津京沪。作为历次示威游行活动的总指挥，马骏带领学生到北洋政府门前请愿、在天安门前示威。在上海大游行中，他更是带领游行队伍浩浩荡荡通过了英法租界，打破了帝国主义在我国国土上的租界禁律，大长了中国人民的志气。

每当举行示威游行或群众大会，马骏都要发表演讲，声如洪钟，群情激昂；他的演讲语言简明有力，极富号召力，激励着革命群众的斗志。中共党史出版社出版的《马骏》一书介绍：天安门广场的人民英雄纪念碑上有一幅反映五四运动的大型浮雕，场景是在天安门前请愿示威的青年学生，其中振臂高呼者的原型就是马骏。

在天津南开学校，马骏和周恩来、邓颖超等人发起成立了"觉悟社"，这是中国最早的马克思主义团体之一，也是共产主义小组的萌芽，成为推进天津各界爱国运动的中坚力量。马骏于1920年加入中国社会主义青年团，随后加入中国共产党，是第一批入党的回族党员。

在斗争中，马骏多次被反动军警逮捕，面对反动派，马骏坚贞不屈，在全国人民的声援下，他终被释放。马骏既是革命斗士，又是革命理论家。他经常揭露帝国主义进行宗教文化侵略的图谋，提醒信教群众不要受到欺骗，要把民族解放同整个无产阶级革命事业紧密结合在一起。

1925年，受中国共产党的派遣，正在东北地区开展建立党组织工作的马骏赴苏联莫斯科中山大学学习。中山大学全名为中国劳动者孙逸仙共产主义大学，1925年由共产国际和苏联共产党（布尔什维克）为纪念孙中山在莫斯科创办，专门培养中国革命人才，以帮助和支援中国革命。同期学生有邓小平、蒋经国等国共两党的著名人物，学生背景复杂，派别众多。马骏被选为"学生公社"书记。在那里，马骏系统学习了马列主义基本理论和国际共产主义运动史。

1927年，李大钊被旧军阀当局杀害，北京的党组织遭到严重破坏。受党中央派遣，马骏临危受命，中断了在中山大学的学习，化装成商人，秘密回国。在上海，他给远在家乡的亲人寄去两个围嘴，以报平安。在武汉向党中央报到后，马骏辗转来到北京。作为北京市委书记兼组织部长，马骏担负起恢复、重建中共北京市党组织的艰巨使命。

据马骏的孙女马丽颖回忆，马骏以商人身份来到北京，开始在北京饭店住下。为了方便工作，马骏脱下长袍，换上百姓服装，租住到东堂子胡同5号。据马骏的秘书崔宗培（曾任新中国水利部总工程师）回忆，那是一座前后两进的四合院，前院住着日本共产党员铃江言一夫妇，马骏和秘书住在后院两间北屋。东堂子胡同5号现在基本保持原样，为普通民居，门口没有任何标识。

经过马骏的不懈努力，北京的党组织很快得以恢复。1927年12月，由于叛徒出卖，马骏不幸被捕。奉系军阀张作霖一开始许以高官厚禄，希望这位东北老乡归顺，但被马骏严词拒绝，从容不迫地写下了"已故共产党员马骏之墓"的碑文，表达了共产党员视死如归的气概。

1928年2月15日，北京漫天大雪，

东堂子胡同5号

马骏被剥去上衣，双手被绑，双脚加镣押往刑场。从京师第一监狱（功德林）到天桥刑场，一路上，马骏在囚车上不停地高呼革命口号，路人无不动容。马骏牺牲后，他的遗体由夫人杨秀蓉在南下坡清真寺回民群众的协助下安葬在回民墓地。杨秀蓉在墓地栽了五棵松树和一棵苹果树，为便于日后寻找，埋下了刻有"马君骏之墓"的青石碑。

中华人民共和国成立后，周恩来亲自指示，由北京市政府在原址建起了马骏墓，并于马骏牺牲23周年之际举行了公祭大会。后来在重建日坛公园时，周恩来又特别批示，将马骏墓迁入公园内。1988年，在马骏牺牲60周年时，北京市政府重修了马骏墓。

马骏墓位于日坛公园西北角，苍松翠柏环绕，黑色半圆形屏风前的红色石基上是一尊马骏半身铜像，屏风后长眠着马骏烈士。马骏墓用汉白玉砌筑，台基四周环以白石护栏，墓碑由邓颖超题写"回族烈士马骏之墓"。马骏墓北面是"马骏纪念馆"，在200平方米的展厅里，以文字、图片和实物详细介绍了马骏烈士的生平，实物由马骏家属提供，都是马骏曾经使用过的原物。为缅怀马骏烈士，中共党史出版社出版了《马骏》一书，图文并茂，详细介绍了他的革命事迹。2021年，作为建党100周年的献礼片，《青年之骏》上映，影片再现了马骏烈士为国捐躯的壮烈一生。

马骏墓全景

马骏纪念馆

文/图/刘国庆

何思源：为北平和平解放而奔走

故居地址：东城区锡拉胡同 19 号

　　何思源（1896—1982 年），1946 年 11 月任北平市市长，1948 年 6 月被免职。何思源任北平市长时居住在中南海内，被撤职后，先是暂住锡拉胡同 9 号的北平市府招待所，后搬到锡拉胡同 19 号院。锡拉胡同是一条东西走向的胡同，位于繁华闹市王府井大街路西，止于黄城根南街。锡拉胡同东口现在只剩下 9 号院、17 号院和 19 号院，周围都是高楼大厦。9 号和 17 号院现为大杂院。19 号院则是东城区卫生健康委员会第一幼儿园，大门两侧有五块标牌，西侧是：北京市东城区卫生健康委员会第一幼儿园；育人环境样板园；北京市东城区普查登记文物；锡拉胡同 19 号四合院。东侧是：东城区锡拉胡同托儿所；锡拉胡同 No.19 号。

　　何思源的一生可谓跌宕起伏：参加过北伐，打过仗；当过大官，官至山东省主席、北平市市长；在欧洲留过学，娶了一位法国妻子；精通英语、德语、法语、俄语，译著甚丰。

　　何思源祖籍山东，出身官宦门第、书香人家，祖父辈家道中落，但是，家穷门第在。靠亲友、老师的接济，何思源完成初等学业，又于 19 岁考入京师大学堂（北京大学的前身）。学生时代的何思源受到爱国民主思想的影响，参加过五四运动，天安门广场的游行队伍和火烧赵家楼的人群中都有他的身影。1919 年，何思源考取官费赴美国留学，之后又到柏林、巴黎，靠在饭馆洗碗、农场做季节工，半工半读维持学业。1926 年学成归国，并带回一位美丽的法国妻子何宜文。

　　1927 年，何思源加入国民党，翌年被任命为国民革命军总司令部政治训练部副主任，随北伐军一路进军到山东老家。在此，他先是担任教育厅长，后升任山东省政府主席。在教育厅长任上，他汇聚了不少人才，组建了山东国立大学、医学专科学校、农业职业学校和多所省立高中，各县均设初中，各行政村设小学。因此，他被誉为教育家。

抗战期间，本应随政府机构撤到大后方的何思源把妻儿送到天津意大利租界避难，自己留在山东坚持敌后抗战，转战鲁北平原。气急败坏的日军以杀死他的妻儿威胁他投降，何思源没有妥协，他调动国际舆论，迫使日军释放了他的妻儿。1944年，何思源被任命为山东省政府主席，两年后，又调任北平市市长。

担任北平市长不到两年，何思源就被突然免职。原因很简单：此时的北平一片"反饥饿、反内战"的呼声，面对北平学生的爱国行动，何思源绝对不愿站在爱国学生的对立面，绝不能让学生流血。作为具有爱国思想的国民党政府官员，何思源不满蒋介石的独裁统治。在人民解放军包围北平、兵临城下之时，何思源有多种选择：可以到南京谋个职位，可以去台湾，也可以去法国，法国领事馆已经为他全家办好了出国手续。但何思源选择留下来，冒死发起和平解放北平运动，为北平和平解放奔走。他说："我犯过不少错误，不能再错下去了。"

为杀一儆百，蒋介石命令军统局派特务暗杀何思源。国民党特务事先派人确定了何思源家人睡觉的房间，偷偷从位于锡拉胡同北面的韶九胡同翻墙上房，在他家屋顶安放了定时炸弹。1949年1月17日凌晨，两枚定时炸弹先后爆炸，全家人都被炸伤，最小的女儿何鲁美被炸殉难。炸弹没有吓退何思源，18日一早，作为和谈首席代表，他即带伤与其他代表一起出西直门，代表北平市民参加了和平解放北平的谈判。

何思源是一位学通中西、知识渊博、思想敏锐的学者。中华人民共和国成立后，他进入华北大学学习，自觉改造世界观。除了担任过全国政协委员、国民党革命委员会中央委员，何思源再没有从政。虽然在官场几十年，何思源却始终没有丢掉一介书生的本色，他重返学术生活，先后出任人民出版社、世界知识出版社编辑，全国政协会刊编辑主任。他把家安在永安西里一套两居室的单位宿舍，与女儿何鲁丽一家相距不远，开始了宁静而平淡的晚年生活：著述、翻译。

1966年，何思源中风后失去了工作能力，但仍抱病审定、校改、翻译重要资料，直至去世。

文 / 图 / 刘国庆

夏仁德：
开国大典人潮中的美国教授

故居地址：北京大学燕南园 60 号；
　　　　　朗润园 177 号

　　夏仁德（Randolph C. Sailer，1898—1981 年），美国心理学家，燕京大学教授，中国人民的忠实朋友，美中人民友好协会主要负责人，他一直用行动支持中国人民的革命事业。

　　1898 年 8 月 24 日，夏仁德出生在美国费城。1919 年，夏仁德毕业于普林斯顿大学；1922 年获哥伦比亚大学硕士学位。1923 年 8 月，夏仁德获哥伦比亚大学博士学位后来到中国，应聘在燕京大学心理学系任教。他开设的心理卫生课深受学生好评，在讲授《工业社会心理学》课程时，夏仁德还把禁书《共产党宣言》列为必读书目。

　　燕京大学是 1919 年由美国和英国四家基督教教会联合在北平开办的大学，也是近代中国规模最大、教学质量最好、环境最优美的大学之一，当时与北大、清华、辅仁大学齐名。首任校长司徒雷登为燕京大学的建校和发展亲力亲为，聘请了多名外籍教师，如斯诺、林迈可、班威廉、夏仁德、赖朴吾。在燕园，夏仁德结识了在燕大宗教学系教书的路易斯·埃伯特，他们于 1925 年 10 月结婚。

　　在燕京大学执教 20 多年，夏仁德从不用演讲表白，从未写文章自夸，他只是用行动来支持中国人民，积极参与抗日救亡活动，保护中共党员和爱国学生。夏仁德目睹了中国人民饱受欺凌的苦难生活，因此经常用自己的薪金资助家庭贫寒的学生。而他自己生活节俭，身穿蓝布大褂，骑一辆旧自行车。为帮助困难学生在校内勤工俭学，燕京大学成立了"学生生活辅导委员会"，夏仁德任主席。

　　夏仁德为青年学生的爱国献身精神所感动，进而同情、支持学生的爱国行动。在"一二·九运动"中，他上街给游行示威的学生送去食品，并竭尽全力保护进步学生。当年，夏仁德居住在朗润园 177 号，那里位于燕大院墙边，他利用这个便利条件，多次成功掩护受通缉的学生翻墙逃离校园投奔解放区。他还据理力争，为蒋南翔、黄华等奔赴解放区的学生取得法定的燕大毕业证书。经他掩护过的学生许多都成为新中国建设的栋梁之才。

1937年"七七事变"后，北平高校纷纷南迁，而燕京大学以独特的"孤岛"方式坚持下来。

1941年12月7日，日军偷袭珍珠港，太平洋战争爆发。次日清晨，在太平洋西岸的中国北平，一队日本宪兵乘卡车从西苑直奔燕京大学，封锁了学校，大肆搜捕抗日师生。燕京大学沦陷之时，夏仁德被逮捕，关押在山东专门囚禁外国人的集中营，1943年9月，作为美日交换战俘，返回了美国。

1946年春，夏仁德辗转返回燕大，任燕大教育系主任。继而他夫人及儿子们也回到燕园，一家人住到了燕南园60号。夏仁德继续以行动支持学生的进步活动。市民经常可以看到学生游行队伍中有一个蓝眼睛、高鼻子、头发花白的外国人，他就是夏仁德。

1949年，北平和平解放，夏仁德与燕大学生和北平市民共同上街欢迎解放军入城。10月1日，夏仁德在天安门广场参加了中华人民共和国开国大典。之后，夏仁德一家离开了中国。在中美没有恢复外交关系的年代，他在美国组建了美中人民友好协会，继续从事美中人民友好工作。

20世纪50年代，美国正是麦卡锡主义盛行的时代。夏仁德和前燕京大学美籍教授博晨光联名向《纽约时报》写公开信，抗议美国政府帮助国民党轰炸上海。以伍修权为首的中国代表团赴联合国安理会控诉美国侵占我国领土台湾，夏仁德和斯诺不但到会旁听，而且毫不顾忌地走上前去同我国代表团成员热情握手。在中美对抗的年代，夏仁德翘首以盼，用实际行动推动中美建交。

在美国的夏仁德一直向往再来中国，但中美长期没有建交，他的炽热愿望久久没有实现。而中国人民并没有忘记夏仁德，1973年，他和夫人即受到中国人民对外友好协会的正式邀请访华，并给予很高的礼遇。"五一"节那天，周恩来特在中山公园音乐堂会客厅接见了他们全家，称赞他们从抗日救亡运动到解放战争期间给予中国学生运动的帮助，是中国人民的真诚朋友。周恩来的赞誉使夏仁德十分感动。在京期间，夏仁德回到了燕园，在未名湖畔住了几天，在燕南园60号见到了许多老朋友。随后，夫妇俩又到外地参观访问，目睹了新中国翻天覆地的变化。

返回美国后，夏仁德继续关注着中国的"四化"建设，关心中国青年的思想教育情况。即使晚年住进了养老院，在病重之际，夏仁德依然清晰记得他的中国朋友，他开列了一张长长的名单，口述了一封给燕京校友的信，在信的末尾，他说："我深深地景仰中国人民为了建立一个更好的世界所进行的斗争和你们在其中的贡献。"

1981年夏仁德辞世后，燕大校友把他的名字刻在未名湖畔临湖轩旁的立石上，并建起了夏仁德墓园，以示缅怀和景仰；1981 年 9 月 6 日，燕京大学北京校友会召开"夏仁德先生纪念会"；1985 年，燕大校友编辑出版了《夏仁德在中国》一书，表达对这位美国朋友的深切敬意和永久纪念。

夏仁德在燕大先后居住在朗润园 177 号和燕南园 60 号。朗润园是可以触摸到历史的地方，如今是北京市重点风景保护区和国家级文物保护单位。

朗润园原为清末皇帝溥仪的叔叔载涛私宅，位于燕大北部，院墙北面即是圆明园。燕大建校后将此园租下，作为教师住宅区。夏仁德的家就在 177 号，那是一个树木掩映的幽静小院，在那里，他不知掩护了多少受敌人迫害追捕的中共党员和进步学生。他把自己家后门的钥匙交给中共地下组织的成员，便于他们开会、接头、藏身、存放违禁品，他的家一直是中共地下组织的秘密据点和召开秘密会议的安全场所。

1937 年年初，斯诺从陕北苏区采访归来，在一个春光明媚的下午，他在夏仁德的客厅里，热情地向燕大 20 多个进步同学介绍了此行见闻，让大家看他刚刚写成的《红星照耀中国》（《西行漫记》）初稿和 200 多张在陕北苏区拍摄的照片，还放映了自己在那里拍摄的电影，吸引了众多进步青年奔赴革命根据地。

1952 年，北大从内城搬入"燕园"，而此时朗润园租约到期，于是北大将该园买下。1957 至 1960 年，在园内东、北岸建起了教职工住宅和一座招待所。后来，园内陆续出现了大量的简陋棚户和违章建起的"公共厕所"，与古园林风貌极不协调，并带来严重的安全隐患，成为校园中"脏乱差"死角。

2006 年，北京大学进行了历史上最大一次环境整治，清理了朗润园区域内的平房，包括朗润园 177 号，拆除了全部私搭乱建房，修缮了受损的古建筑，整治了水系。朗润园得到了全面的修缮和扩建，还原了古园的历史风貌，优美的生态环境也使得北大成为集人文景观和如画风景于一身的大学校园。

燕南园位于原燕京大学校园的南部，是燕园中的"园中之园"，占地面积 2 万平方米，1952 年随燕大并入北京大学。

燕南园是修建燕大时专门为教授学者们打造的住宅区，主要作为燕大外籍教师的住宅，所以，建筑风格为美国城郊别墅的模式，独栋洋楼，一栋一院，室内铺设木地板，楼梯设在屋内，屋里有供冬天采暖的壁炉，上下两层楼各有独立的卫生间。室外草木葱茏，环境清幽，十分宜居。燕南园从 50 号一直到 66 号，全都是用灰砖砌就，且是中西合璧的二层小楼。每栋小楼的边上还都附有一个小花园，供主人种花消遣。

燕南园 60 号是夏仁德的故居，位于燕南园住宅区的中心地带，整座小楼保存完好，院子里繁花似锦、绿植密布。如今北京大学工学院在此办公。

文 / 图 / 刘国庆

杨武之：
华罗庚与杨振宁的引路人

故居地址：清华大学西院 11 号

杨武之（1896—1973 年），本名克纯，号武之，籍贯安徽凤阳，数学家，数学教育家，1896 年 4 月 14 日生于安徽合肥。杨武之一生从事数学教学，特别是在清华大学和西南联合大学执教并主持系务时期，培养和造就了两代数学人才，对中国现代数学发展贡献很大。

1914 年，杨武之在安徽省立第二中学毕业。这是一所很好的学校，为杨武之打下了良好的文化基础。是年秋，考入北京高等师范学校预科，为期一年，后入数理部本科，按规定修业 3 年，于 1918 年毕业。这一学历，在当时的师范教育中属于最高的层次。毕业后，杨武之决心回到母校——安徽省立二中担任教员兼舍监（训育主任）。年少气盛的杨武之，在学校里施行严格的纪律，对一批纨绔子弟严加管束。学校规定，夜晚 10 时关闭校门，使一批在外寻欢作乐而迟归的学生不得其门而入。由此，一些不思上进的学生对舍监杨武之大为不满，以致寻衅闹事，准备动武报复。闹事之后，因学生家长袒护闹事学生，杨武之遂愤而辞职，转往安庆中学教书。这一事件对他刺激颇深，因此萌生"科学救国"思想，希望以振兴中华科学，发扬中华文明来改变中国现实。在安庆教书期间，他积极准备参加留学考试。早年，杨武之由父母作主，幼时即与同乡罗竹全之女罗孟华订亲，并于 1919 年完婚。罗孟华的文化不高，一直操持家务。他们夫妇之间感情甚笃，终身不渝。1922 年，长子杨振宁出生，杨武之的备考也到了紧张阶段。

1923 年春，杨武之顺利地通过安徽省的公费出国留学考试，随即离别妻子和未满周岁的儿子，只身赴美国留学。他先到美国西部的斯坦福大学读了三个学季的大学课程，取得学士学位，然后于 1924 年秋天转往芝加哥大学继续学业。杨武之师从名家迪克森，研究代数学和数论，1926 年以《双成性型的不变量》一文获得硕士学位。两年之后，杨武之完成《华林问题的各种推广》论文，成为以数论研究获得博士学位的中国第一人。

1928年秋，杨武之学成归国，先在厦门大学任教一年，次年被清华大学聘为数学系教授。此后，杨武之一直在清华大学（包括抗战时期的西南联合大学）任教。1948年年底，杨武之搭机从北平返回南京，转赴昆明接家眷到上海，迎接解放。1950年清华大学没有续聘杨武之，遂留在上海，任同济大学数学系教授。1952年开始在复旦大学任教，后因患病，休养在家。

　　1957年，杨武之的长子杨振宁获诺贝尔物理学奖，使杨武之十分兴奋。他曾于1957、1960和1964年三度去日内瓦小住，父子团聚，还会见了在海外的故友和学生，如陈省身等。这几次聚会，使杨振宁对故土多了一些了解，于1971年夏决定回大陆探亲，杨振宁遂成为最早访问中华人民共和国的海外知名学者之一。

　　中国的数论研究源远流长。孙子定理、中国剩余定理、秦九韶的不定方程理论，都是享誉世界的名篇，但到明清之际，数论研究已远远落后于欧洲。到20世纪20年代，能研究现代数论而发表创造性论文的中国人，当以杨武之为第一人。他的博士论文"棱锥数的华林问题"，首先被美国数学会会议推介（1928年4月6日），同年美国数学会通报第34卷第412页也曾对此作了报道，以后全文发表于1931年的《清华理科报告》。1928年，清华留美预备学校改制为清华大学。郑之蕃、熊庆来先期来清华大学任教。1928和1929年，孙光远与杨武之亦先后到校。这4位教授，加上唐培经、周鸿经两位教员，阵容一时极盛。1930年，陈省身跟随孙光远学几何。次年，华罗庚又来校跟杨武之研习数论。随后的学生又有许宝騄、柯召等人到来。1930年代的上半期，清华大学已成为国内最强的数学中心。

　　杨武之在清华大学讲授过很多代数课程，特别是1930年代开设的群论课，影响了大批的后学者。

　　抗战爆发后，清华大学与北京大学、南开大学南迁合并为西南联合大学。杨武之担任数学系主任，以及清华大学数学研究生部主任。战时的生活十分艰苦，但是西南联合大学数学系的学术生活并不贫乏，研究水平节节上升，这和杨武之的组织与领导是分不开的。

　　华罗庚自学成才，踏进清华园的传奇故事已是尽人皆知，但是清华园内的数学圈发现华罗庚的细节，如今已很难查考。应该说，唐培经、杨武之、熊庆来等先生都为华罗庚进入清华大学付出诸多心力，而系主任熊庆来的支持，则是关键的一环。

　　华罗庚来到清华大学以后，选择数论为研究方向，而且集中研究华林问题，显然是受到杨武之的直接影响。华罗庚在1980年写给香港《广角镜》周刊的一封信说："引我走上数论道路的是杨武之教授。"

　　华罗庚于1936年赴英国，追随哈代学习解析数论，成绩卓著。杨武之为自己的学生超过自己而兴奋不已。1938年华罗庚回国后到西南联合大学任教，当时担任系主任的杨武之不顾学校里的各种反对意见，向校方提出破格提升华罗庚直升正教授。起初，校方以华罗庚未在英国拿到博士学位而拒绝，后经杨武之力争，得到同意。华罗庚在给《广角镜》的信中也写道："从英国回国，未经讲师、副教授，直接提我为正教授的又是杨武之教授。"

在西南联合大学时期，杨武之和华罗庚曾同住于昆明西北郊的大塘子村。两家过往很密。

当年，华罗庚曾有一信给杨武之，内称："古人云：生我者父母，知我者鲍叔。我之鲍叔即杨师也。"

杨武之所师法的迪克森学派，在20世纪初的美国影响很大。后来由于英国、苏联等国的解析数论的兴起而渐渐式微。所以，杨武之的数论研究虽曾起过启蒙和推动的作用，可惜由于迪克森学派的衰落而未能发挥重大影响。中国数论学派在华罗庚的领导下，获得了重大的发展。饮水思源，人们自当缅怀杨武之在早期所发挥的先驱作用。

杨武之是将当世代数、数论和西方现代数学方法引入中国的先驱者之一，也是一位为我国数学教育作出重要贡献的数学家。他是一位教学极为认真的教授，也是一位教子极严的父亲。日常生活中，他循循善诱，将数学知识传授给儿女们。杨振宁在学校里，遇有不懂的问题、碰上难以处理的事，总是经常跑到数学系办公室向父亲请教。杨振宁后来说："父亲对我们的影响很大。从我自己来讲，我小时候受到他的影响而早年对数学发生浓厚的兴趣，这对我后来搞物理学工作有决定性的影响。"

杨武之晚年身体很差，很少出门。他喜爱传统文化，尤精围棋。1973年5月12日，杨武之在上海逝世。

杨武之先生故居位于清华西院11号。

文/图/杨景铭

路易·艾黎和他的"培黎"遗泽

故居地址：东城区台基厂1号全国友协院内

　　路易·艾黎（Rewi Alley，1897—1987年），新西兰国际主义活动家，在中国生活、工作了60年。中华人民共和国成立后，为便于他开展工作，周恩来总理邀请远在甘肃的路易·艾黎到北京定居。到北京后，他先后暂住多处，最后定居在东城区台基厂大街1号，这里是中国人民对外友好协会的办公地。那个年代，这所大院里有一个单独的院落，还住着其他几位外国友人：靠大门北楼是美国记者安娜·路易斯·斯特朗，对面南楼是日本友人西园寺公一。路易·艾黎在这个大院住了30年。

　　台基厂大街南北走向，北起东长安街，南至前门东大街。明朝初年，这里是加工紫禁城宫殿台阶和基石的地方。《辛丑条约》签订后，这条街和东交民巷成为外国使馆区，台基厂1号曾是意大利使馆。那些年，周边的居民经常会看到一位穿着普通、会主动与遇到的中国人用中文打招呼的外国人在这一带散步。

　　1927年，路易·艾黎搭乘运送中国劳工回国的轮船来到中国，本来只是打算到这个陌生而神秘的国度看一看，不曾想在中国找到了自己认为值得为之献身的事业。他与中国人民风雨同舟、患难与共，始终如一地为中国人民的解放和建设事业奋斗了60年，做了大量的工作，堪称无私无畏、襟怀坦荡的伟大的国际主义战士。

　　初到中国，路易·艾黎在上海公共租界工部局消防处当消防警察、工业督察长。他坦承，那是一段痛苦的经历，他感受到了中国的贫穷落后，目睹了中国人的苦难生活。在这里，他尽一己之力帮助修民生渠，为洪水灾区送去救灾物资。在上海，他结识了宋庆龄，与中国共产党建立了联系。他不顾危险，在家中掩护红军和中共地下党员。他积极参加国际性马克思主义小组的学习，在自家顶楼设立了共产国际中国组的秘密电台。

　　1938年，路易·艾黎与斯诺夫妇成立了中国工业合作协会（简称工合），发起"工合"运动。1940年，他到陕西宝鸡凤县创建了培黎（为黎明而培训）工艺学校，1944年，该校迁至甘肃山丹县。学校实行半工半读，秉承"手脑并用，创造分析"的办学宗旨和理论联系实际的教学方针。学校设立 20 个实习生产组，学生都是来自城乡劳动人民家庭的贫寒子弟，多数为失业工人和难民，其中有不少人是孤儿。在这里，有 30 名外国友人，手把手教授学生多种生产技能。在"努力干，一起干"的口号激励下，每个人干劲十足，所有人掌握了至少一门生产技艺，通过生产自救，解决了自身日常生活之需，更主要的是支援抗战。这是一支独特的经济力量，他们能够生产 500 多种产品，包括军服、军毯、手榴弹等军需产品。他们到延安、到晋西北、到皖南，协助八路军和新四军开办兵工企业。他们在整个非敌占区建起了 2000 多个规模不一的合作社或作坊，生产民用消费品和军需品，不仅支持、援助了中共的游击战，也为新中国培养了一批能吃苦、讲实干的技术人才，成为新中国建设的国家栋梁。

在那艰苦的十几年间，路易·艾黎通过不同渠道筹集到 500 多万美元的资金，但他一直与那些穷孩子一起穿草鞋、睡土炕，同生活、同劳动，践行自己"工作就是生活，生活就是工作"的信条。他事事亲力亲为，从不搞特殊化。1949 年，在解放大军进军大西北时，他调拨自有卡车运送解放军部队。中华人民共和国成立后，他又把这所学校完整交给当地政府，即为现在兰州城市学院的前身。

路易·艾黎在中国工作生活了 60 年，把爱献给了他的理想和追求。他终身未婚，虽然一直单身生活，却从未感到孤单，居所常常友朋满座。他收养了很多孤儿，他们都先后参加了革命。他从不摆老资格，一直谦虚低调。

1949 年后，路易·艾黎开始从事国际和平事业，致力于促进国际和平与友谊。同时，他将在中国的所见、所闻、所感记录下来，出版了几十部作品，向全世界介绍新中国。他还翻译了许多中国的古诗词，将这些文化瑰宝传至世界各地。改革开放给了他新的动力，他恢复了中国工业合作协会，重建了山丹培黎学校，在他的支持下，工合的老同志在北京创建了民办的北京培黎职业学校，现在发展成北京培黎职业学院，并入围北京市高校人气、口碑热评榜。

在中国与新西兰建交之前，路易·艾黎就在中新人文交往中发挥了无人可比的作用，他为中国和新西兰 1972 年建交发挥了独特作用。北京市政府和甘肃省政府先后授予他"荣誉市民"和"荣誉公民"称号。在他生活、工作过的上海、宝鸡凤县和山丹等地，当地政府修建了故居纪念馆或纪念园，成为全国红色旅游经典景区。路易·艾黎去世后，遵照他的遗嘱，他的骨灰由义子段士谋洒在了他视为"第二故乡"的山丹，永远与山丹在一起。

文 / 图 / 刘国庆

诤士章乃器

故居地址：东城区东四南大街灯草胡同 32 号

章乃器（1897—1977年），爱国民主人士，一生经历晚清、北洋、民国和新中国建设，是位叱咤风云的人物，因而头衔和称呼甚多：是"七君子"之一、全国各界救国会领袖之一、中国民主建国会（简称民建）创始人之一、全国工商联创始人之一。他还是银行家、实业家、经济学家、金融学家、政治家、社会活动家、文物收藏家。中华人民共和国成立后，章乃器被任命为首任粮食部部长。除了担任全国工商联副主任委员和民建副主任委员，他还是全国政协委员。章乃器祖籍浙江青田，是个淳朴的山乡孩子。辛亥革命爆发后，年仅14岁的章乃器即赶赴南京，投身革命军，在飞行营当学兵，成为中国最早的空军学员。后进入银行业工作，从练习生做起，一步步做到营业部主任、襄理，曾领导上海银行业工会工作，还是中国银行学会常委。1932年，章乃器创办了中国第一家信用调查机构。

1936年，章乃器与宋庆龄、何香凝、沈钧儒等人成立了全国救国联合会，不久，即与其他六名领导人遭国民党当局逮捕，押往苏州监狱。此事成为轰动一时的"七君子事件"。在国际国内舆论的压力下，被关押8个月后，国民党当局释放了"七君子"。

抗日战争期间，章乃器放弃了银行的高薪职位，一心抗日救亡，组织工厂内迁。在重庆，他提出"中国要富强，只有走工业化的道路"，创办了上川实业公司，生产酒精、手摇发电机；上川企业公司，经营土特产和进出口业务。1945年，与胡厥文、黄炎培等爱国民主人士发起成立了中国民主建国会，出任副主任委员。1948年，应中共邀请，章乃器放弃了在香港的房地产公司，由香港秘密乘船辗转奔赴北京，参加了中国人民政治协商会议第一届全体会议。

中华人民共和国成立之初，章乃器的才能得到充分发挥，先后被委任为政务院政务委员、国家编制委员会主任委员、中央财政委员会委员、全国政协常委兼财政组组长、中国人民银行顾问。这期间，他积极协助制定、宣传党的各项经济方针政策，为稳定人民币币制、活跃金融出谋划策，他还研读了马恩列斯的著作。1952年，章乃器出任粮食部部长。在任上，他为新中国主持制定了国家粮食统购统销政策，首创粮票制度，推动粮食的科学加工和储运，确立了经济核算制。他是个工作狂，每天工作10小时以上，周末也很少休息。

1957年，章乃器搬离位于灯草胡同的那个四合院了。相比较其他同级别的干部，原先他在灯草胡同32号的住处也不是很大，只是个一进的四合院。搬到了呼家楼一处民宅后，居室还不到12平方米。在这里，他的社会活动几乎断绝。章乃器没有计较个人恩怨，依然每天例行健身，读书记笔记，在逆境中，他依旧保持乐观的心态，他觉得，能安心地过活就是很大的所得，每天自己动手买菜、做饭。他一直奉行"不接客、不送客、不拜客、不请客、不送礼"和"人不可以娇惯自己，更不可以娇惯下一代"的原则。说到北京的四合院，我们都知道，规整的北京四合院一般都是正门坐北朝南，门牌号都是单数，而坐南朝北的门都是后门，门牌号是双数。章乃器在灯草胡同的住宅是在32号，可见这并不是个大宅院。这个四合院现在还在，不过已经成为名副其实的大杂院了，从门旁墙上安装的那二十几块电表就可以看出这个一进的四合院现在有多拥挤，院内盖满了大大小小的房子，弯弯曲曲的走道仅够一个人推着自行车通过。好在胡同口南墙上镶嵌的标识牌还介绍，32号曾经居住过"救国会七君子"之一的章乃器。这个院子后来曾搬进工商联主任委员陈叔通。

1980年，章乃器得到彻底平反，他的骨灰两年后被移放到八宝山革命公墓一室。1997年，在人民大会堂举行了"纪念章乃器先生诞辰100周年座谈会"，称赞他是一位英勇的爱国民主战士，肯定了他的爱国民主精神和与中国共产党亲密合作的光荣历史，以及他为争取新民主主义革命的胜利和在社会主义革命与建设事业中所做出的贡献。2017年，在章乃器120周年诞辰之际，"爱国情怀——章乃器捐献文物展"在国家博物馆开幕，展出了这位负责任、有情怀的收藏家无偿捐赠国家的珍贵文物。

文 / 图 / 刘国庆

翦伯赞：马克思主义史学家

故居地址：燕东园28号

走在清华南路上，两旁的高大杨树遮蔽了刺眼的阳光，来来往往的车辆和络绎不绝的学童为这里带来许多喧闹。这条路位于两座世界名校——北京大学和清华大学之间，路东是清华大学，路西中段坐落着北京大学附属小学。

走入这座拥有百年历史的学堂——北京大学附属小学，首先映入眼帘的是古树，清风送来学子们朗朗的读书声，身旁的树叶沙沙作响，一派祥和景象。

在学校的中部，有座朴素的小楼，楼前铜像的铭文，记载着小楼主人的事迹。这座安静的小楼正是翦伯赞先生故居。这里也是燕东园旧址，曾经是北大教授们的居所。虽然翦伯赞故居变成了办公场所，但是楼内仍悬挂多幅历史照片，记录了翦伯赞先生与周恩来总理会面、学术探讨、师生交流等场景，逝去的时光在这里似乎并未走远。

这片区域因在燕园之东，故称燕东园。燕东园内尚存的老式建筑不多，多是青砖灰瓦木质窗户的西式洋房。翦伯赞先生故居的后面是一片花园，名为百草园（名字来源于鲁迅先生的散文）。这座小楼曾经的主人翦伯赞先生，被称为是我国的史学泰斗，与郭沫若、范文澜、吕振羽、侯外庐并称为马克思主义新史学"五老"。

翦伯赞（1898—1968年），著名历史学家、社会活动家、著名马克思主义史学家，中国马克思主义历史科学的重要奠基人之一，杰出的教育家。中华人民共和国成立后，他作为北京大学历史系教授住进了这座静谧的小楼。这座小楼为欧式建筑，和燕东园其他小楼结构相似，与陈守一先生和何其芳先生故居相邻。小楼有两层，共七个房间，一层有前后两个门，后门通向花园。从小楼二层可以俯瞰花园。翦伯赞先生在这里居住了十几年。他的太太戴淑婉全心全意主持家务，将这座小楼打理得井井有条。

翦伯赞先生出生在湖南桃源枫树岗翦旗营，他的父亲为晚清秀才。受到家庭的影响，在1903年开始接受私塾启蒙，自幼接受良好教育。升入初中后，他的父亲发现他对历史有着极大的兴趣，便开始让他阅读历史类书籍。1912年翦伯赞升入本科，1916年步入北京政法专门学校，后转入武昌商业专门学校。1924年赴美国加利福尼亚大学留学，由于反感种族歧视，未几毅然回国。

　　1925年回国后，翦伯赞投笔从戎。1926年，翦伯赞南下广东参加国民革命军。大革命失败后，翦伯赞在历史学家吕振羽等人影响下，开始用马克思主义观点潜心研究中国社会和历史问题。先后发表了《中国农村社会之本质及其历史的发展阶段之划分》《前封建时期之中国农村社会》等论文，与吕振羽合著了《最近之世界资本主义经济》一书，揭露日本帝国主义的反动本质和侵略我国的滔天罪行。

　　1927年，翦伯赞参加了邓演达领导的国民革命军总政治部工作，担任该部特派员。他受政治部委派，经大同到山西太原和绥远归绥（今内蒙古呼和浩特市），动员山西督军阎锡山和绥远都统商震起义，响应北伐。由于蒋介石、汪精卫相继背叛革命，阎锡山电令商震逮捕翦伯赞，晋军名将商震是位有正义感的将领，随即通知翦伯赞，让他迅速离开绥远。翦伯赞遂经大同逃往上海，幸免于难。

　　从20世纪30年代初开始，翦伯赞在上海开始从事中国古代史的研究，并参加了中国社会性质的论战，他开始运用马克思主义的理论，提出中国农村社会的本质是封建的生产方式，中国是半殖民地半封建社会，必须在无产阶级领导下进行新民主主义革命。

　　1937年5月，翦伯赞在南京秘密加入中国共产党。他在积极参与抗日工作的同时，还从事理论宣传工作。

　　1940年，抗日名将冯玉祥被削去兵权，想利用这段赋闲时间来学习中国历史，经王昆仑推荐、周恩来同意，翦伯赞任冯玉祥的历史教师。期间，他还参与了重庆谈判。抗日战争结束后，翦伯赞赴上海担任大夏大学教授、大孚出版公司总编辑等。

　　新中国成立后，他来到北京大学历史系任教，先后担任历史系主任、北京大学副校长。翦伯赞先生是我国马列主义新史学五名家之一。他主编了《中国史纲要》《中国古代史教学参考资料》《中国近代史资料丛刊》等，著作有《中国历史哲学教程》《对处理若干历史问题的初步意见》《目前史学研究中存在的几个问题》《中国史论集》《中国史纲》《历史问题论丛》《先秦史》《秦汉史》等，合著有《中国历史概要》。1968年翦伯赞辞世。

文/刘孟茜　图/黄迪

楚图南：民间外交家

故居地址：东城区东四四条 5 号

　　楚图南（1899—1994 年），云南文山人，是我国较早接受和传播马克思主义的知识分子。1919 年，楚图南考入北京高等师范学校。在北京，他遇到了改变一生命运的老师——李大钊。受到李大钊的教诲，青年楚图南逐渐接受了马克思主义思想。在李大钊的指导下，他创办了一份小报《劳动文化》，宣传革命思想和理论。

　　1926 年，楚图南加入中国共产党，随后受党指派赴山东、上海、云南等地任教，以教授身份从事革命工作。1946 年，李公朴、闻一多遇刺身亡，其时，楚图南也在国民党特务的暗杀名单中，但被他机智地躲过了。1947 年，楚图南秘密抵达香港，翌年转赴北京，于 1949 年 10 月 1 日登上天安门城楼，参加了开国大典。年末前往重庆负责大西南的文教工作。

　　1953 年，楚图南奉调返回北京，担任中央人民政府扫除文盲工作委员会主任委员。1954 年担任中国人民对外文化协会会长。改革开放后，楚图南先后担任全国人大常委、全国政协常委、民盟中央委员会名誉主席、全国人大副委员长。

　　新中国成立后，我国的外交工作由政府间外交、政党间外交和民间外交三部分组成。楚图南自 1954 年担任中国人民对外文化协会会长至 1972 年，长达 18 年之久，在此期间发挥了重要作用。当时，与我国建交的多数是社会主义阵营国家，而这个协会负责与世界各国进行民间文化交流，旨在增进我国人民与世界各国人民在文化艺术领域的相互了解与交流合作，以文化交流为突破口，进而开展同各国人民的往来，与政府官方往来同等重要。

楚图南在这个岗位上做出了突出的贡献，他的足迹遍及五大洲几十个国家。他率领文化代表团、各类文化演出团、著名文化人士到访北欧、南美等多个未建交国家，所到之处，通过文艺演出等形式，与各国民间人士广泛接触、交流，增进了与各国人民的友谊，使不了解中国的人士逐渐了解我们，使对中国有偏见的人渐渐消除误解，不愧是杰出的"民间交流使者"。该协会后更名为"中国人民对外友好协会"，简称"全国友协"，位于台基厂1号大院。

楚图南从1956年至1994年去世，老少三代在东四四条5号居住近40年。此院与旁边的1号院、3号院原为清末皇室、礼部侍郎绵宜故居，后来1号院、3号院都成了大杂院。

楚图南一家刚搬进5号院时，他们只住在三进院落和第二进的北房和东厢房。楚图南在这里会见过众多中外宾客。1959年秋，日本女作家野上弥生子应邀到访我国，她提出要住民宿。于是，楚图南在后院为其安排住房，并由楚夫人、曾留学日本的彭淑端负责接待。野上弥回国后写书盛赞受到接待热情，此行留下了别样感受，还画出院落草图，特别提到院中两颗盛开的西府海棠树。

20世纪80年代，随着楚图南职位的升迁，院内其余住户陆续搬出，这个标准的三进四合院才完整地成为他们一家的居所。据楚图南的儿子楚泽涵回忆："大门口种着老槐树、老榆树，一进大门的过道中有一对红漆木凳，过道两侧的山墙各镶有十二块精致的砖雕，内容是二十四孝；迎面是影壁，西侧是月亮门，由此入院。二进院入门处是垂花门厅，二进院有百余平方米，两侧是抄手回廊，绘有彩绘。"此院1986年被东城区定为文物保护单位，现保存完好，属非开放单位，谢绝参观。

楚图南虽身居高位，但终身修德守身。他的儿子楚泽涵总结道，父亲"前半生投身民族解放和社会进步，后半生交朋友、讲文化。"楚图南一生著述甚多，书法也是独树一帜，他精通英语、德语、俄语，翻译过多部外国文艺作品。他的名句"居身青云上，植根泥土中。纵有凌云志，不忘菜根香"就是自己的写照。

楚图南1988年主动辞去所有领导职务，响应了废除领导干部终身制的号召。1994年，这位世纪老人走完了"风雨兼程的一生，治学严谨的一生，奋斗不息的一生，淡泊名利的一生"，他的遗嘱是"丧事从简，不举行追悼会，不向遗体告别，不送花圈，遗体捐作科学研究，不保留骨灰。"

文／图／刘国庆

闻一多：精忠的赤血点染了我的家传

故居地址：清华大学西院 46 号；新林院 72 号

闻一多（1899—1946 年），本名闻家骅，字友三，后改名一多，1899 年 11 月 24 日生于湖北浠水县巴河镇。闻一多 1910 年入武昌两湖师范学堂附属小学，1912 年就读武昌民国公学，不久转实修学校，1912 年考入北京清华留美预备学校。1913 年因英文跟不上，留级与潘光旦、罗隆基、吴泽霖同级。闻一多喜欢读中国古代诗集、史书、笔记等，1916 年开始在《清华周刊》上发表系列读书笔记，总称《二月庐漫记》。1919 年五四运动时积极参加学生运动，曾代表学校赴上海出席全国学联会议。他爱好戏剧和美术，1919 年与梁思成、蒲薛风、梁实秋、黄自等成立清华美术社。1921 年任《清华周刊》集稿部主任，11 月与好友梁实秋、顾毓琇等人发起成立清华文学社，闻一多和他们成为多年好友。

1922 年 7 月，闻一多赴美国芝加哥美术学院学习西洋美术。1922 年年底出版与梁实秋合著的《〈冬夜〉〈草儿〉评论》，代表了闻一多早期对新诗的看法。1923 年出版第一部诗集《红烛》，把反帝爱国的主题和唯美主义的形式结合在一起。

1923 年，闻一多随好友梁实秋，转学到科罗拉多大学艺术系。1925 年就读纽约艺术学院。

1925 年 5 月闻一多回国，在徐志摩的推荐下，出任北京艺术专门学校教授兼教务长，不久辞职。

闻一多回国后，创作了多首爱国诗歌，其中以《七子之歌》最为著名。1926 年至上海，任国立政治大学教授兼训导长。1927 年"四一二政变"后，政治大学被查封。1927 年闻一多在武汉参加国民革命军，应政治部主任邓演达之邀，任政治部宣传艺术股股长兼英文秘书，不久去职。大革命失败后，与胡适、徐志摩、梁实秋等在上海创办新月书店。国立第四中山大学在南京成立（1928 年更名为中央大学，1949 年更名为南京大学），他任副教授兼外文系主任。

1928 年闻一多出版第二部诗集《死水》，在颓废中表现出深沉的爱国主义情怀。此后致力于古典文学的研究，对《周易》《诗经》《庄子》《楚辞》四大古籍的整理研究后汇集成为《古典新义》，该著作被郭沫若称为"前无古人，后无来者"。1928年9月，武汉大学成立，闻一多任教授兼文学院院长，从此致力于《楚辞》等中国古代文学研究，并提议将学校新址罗家山改名为珞珈山，并沿用至今。

1930年秋，闻一多受聘于国立青岛大学（即现在山东大学），任文学院院长兼国文系主任，好友梁实秋任外文系主任兼图书馆馆长。1932年，南京国民党政府和山东地方势力争权夺利斗争延伸到青岛大学内部，派系纷争，风潮迭起，闻一多受到不少攻击与诽谤，被迫辞职。在南京中央大学和青岛大学，闻一多收了两位高足，人称"二家"，即著名古文字学家、考古学家、诗人陈梦家和著名诗人臧克家。

1932年闻一多离开青岛，回到母校清华大学任中文系教授。这是他自1922年从清华毕业整10年后返回清华任教。

当时清华的中文系主任为朱自清，闻一多在这里开始与朱先生论学共事，并且成为挚友。除任清华教授外，闻一多还在燕京大学、北京大学、艺专等校兼课，学术上也从唐诗研究上溯到对先秦两汉诗歌的研究，重点开拓了《诗经》与《楚辞》的研究领域。

1937年抗日战争爆发后，闻一多携家回到武汉。当时北大、清华、南开三校奉命组成长沙临时大学，他应梅贻琦之请放弃休假前往任教。1938年2月三校再迁昆明，组建西南联大。从长沙赴昆明有三条路线，一是南下香港，转越南到昆明；二是走广西桂林，转越南到昆明；三是经贵州直赴昆明。闻一多与袁复礼、李继侗等教师参加了学生湘黔滇旅行团，选择第三条路线，历时两个月，步行三千里抵达昆明，沿途考察民情，绘速写，存36幅。到昆明后赴蒙自县（现为蒙自市），任西南联合大学文学院教授，不久迁回昆明。1940年闻一多接替因病请辞的朱自清，任清华大学中文系主任。1941年清华文科研究所成立，他出任该所中国文学部主任。

1943年以后，闻一多积极投身于反对国民党独裁统治、争取人民民主斗争的洪流中，并且从自己二三十年的切身体验，以及对国共两党言行的对比，深刻认识到只有共产党能够救中国。他加入中国民主同盟，曾先后担任民盟云南省支部宣传部部长，《民主周刊》社长、青年委员会主任。1945年10月民盟第一次全国代表大会上他被选为民盟中央执行委员。

闻一多在步行赴昆明的途中蓄起长须，并与友人相约抗战不胜利不剃须。1945年1月，全家迁昆明西仓坡联大教职员宿舍。当年8月，日本投降，他闻讯后立即剃去蓄了八年的长髯。

抗日战争中后期，闻一多拍案而起，积极投入反对专制独裁、争取民主的斗争中。抗战胜利后，蒋介石发动全面内战，再次陷广大人民于水深火热之中。他夜以继日地奔走呼号，不遗余力反对内战，争取和平。他与张奚若、周炳琳、朱自清等联名致电蒋介石、毛泽东，要求立即召开政治协商会议，共商成立联合政府；与潘光旦、费孝通、吴晗等联名发表《致马歇尔将军书》，提出取消独裁，实行民主等主张。1946年夏，西南联大结束，师生分批离滇，闻一多一家因人口多，机票难买，不得不分批走。6月20日，他送走了次子立雕与三子立鹏，自己与夫人率其余子女随时准备择机飞往北平。1946年7月11日李公朴被刺，15日上午治丧委员会在云南大学至公堂举行李公朴先生殉难经过报告会，他在会上发表了著名的"最后一次的演讲"。当天下午，在举行记者招待会后回家途中，闻一多在西仓坡联大宿舍门前被国民党特务杀害，终年47岁。7月21日，朱自清在成都西南联大校友会召开的闻一多先生追悼会上愤慨地说："闻一多先生在昆明惨遭暗杀，激起全国的悲愤。这是民主主义运动的大损失，又是中国学术的大损失。"闻一多是诗人、学者和斗士，这是他人生的三个方面，也是他人生的三个阶段。早年，他热心于新诗创作和理论研究，中年专心于中国古代文学研究，后期致力于反对独裁、争取民主，最终献出了生命。

闻一多与清华结缘很深，早年在清华读书10年（1912—1922年），后期在清华（包括西南联大）教书14年（1932—1946年）。为纪念闻一多，清华大学在荷花池畔的山岗上修建了"闻亭"，山下立有闻一多塑像，成为清华一景。

当年，闻一多和同时到校的顾毓琇住在清华西门外达园，1933年迁居新建的新西院46号，为四合院中式建筑。1934年搬到新建的条件更好的住宅区新林院72号，是新林院最大的三套住宅之一，大小房间十四间，设施也非常好，是闻一多一生最满意的住宅。1946年清华大学复校，但他行前在昆明被刺，最终未得返回清华园。

文 / 杨景铭

新林院一角

夏衍：新中国电影文学的奠基者

故居地址：朝阳门内南竹杆胡同 113 号；
朝内北小街 46 号；西城区大六部口街 14 号

夏衍（1900—1995 年），1927 年加入中国共产党，著名文学、电影、戏剧作家，中国左翼电影运动的开拓者、组织者和领导者。原名沈乃熙，夏衍是他的笔名，而人们更愿意尊称他"夏公"。

夏衍青年时期即接触革命思想，对《新青年》等进步刊物爱不释手，并在杭州创办进步刊物《浙江新潮》，参加学生运动。1929 年，夏衍在上海与鲁迅筹建中国左翼作家联盟，又发起组织中国左翼戏剧家联盟，领导上海的进步文化活动。1933 年，夏衍等人成立了党的电影小组，使上海的电影制作业焕然一新，在一段时间掌握着电影业的话语主导权，那个时期拍摄的几部电影直到中华人民共和国成立后还长演不衰。抗战期间，夏衍在重庆任中共南方局文化组副组长，并在桂林、香港等地从事统战工作。抗战胜利后，夏衍奉命赴新加坡向陈嘉庚传达中共的军政方针。

中华人民共和国成立后，夏衍任上海市委常委、宣传部部长。1954 年调任文化部副部长，在北京居住长达四十余年。

夏衍在京故居主要有三处，院子越换越大，人气也越换越旺。

第一处故居在朝阳门内南竹杆胡同 113 号，那是位于胡同西口的一个一进三开的小四合院，紧邻金星钢笔厂，与礼士胡同相对，大门开在南面东侧，虽离大街不远，但关起门来，倒也闹中取静。此院原为他一家居住。"文革"期间，夏衍被关押。1977年，从秦城监狱返家的夏衍发现院内挤进了七户，成了大杂院。令他庆幸的是，家人没有因他受到牵连，儿子娶妻生子，就连消失了多年的老黄猫也突然出现在他脚下。没有地方做饭，就在屋外房檐下凑合；没有地方洗澡，儿子用自行车推着行动不便的夏衍，到附近的澡堂洗澡。在那个拥挤的小院，夏衍只占有北房，除去安顿一家三代人的起居生活，他只有一间七八平方米的房间，既要办公，还要接待客人。室内一张床，一个长方形小茶几，既当办公桌又当饭桌，太不方便了，让其他七户搬迁也很难，于是，夏衍决定搬出此院，另觅新居。这座院落现已拆除，建起了办公楼和居民楼。

夏衍不愿意住楼房，于是搬到了离此处不远的朝内北小街46号院。那也是一座平房小院，紧邻大街，他们一家在那个小院住了七年。此处现在也被拆除，盖起了连片的居民楼。

1986年，夏衍一家又搬到了西城区大六部口街14号。这是一座比较规整的四合院，南北向，位于北京音乐厅西，环境很不错，交通便利。夏衍在这里居住了九年，安享晚年。据王蒙回忆，那是一座宽大敞亮的四合院，院里有一紫一白两棵丁香树。夏衍的居室陈设简朴，比先前的住处只是多了两个小书架。这座当年"屋顶长枯草，灰墙爬绿藤，地面有青苔，院里养肥猫"的故居现在保存完好，房子全部翻新，车库顶安装了卫星天线，围墙还拉上了铁丝网。

夏衍在北京的三处故居，只有大六部口街的这处保留下了，但是门口没有任何标识介绍此处的历史，而在浙江杭州和上海，那里的夏衍故居保存完好，属于文物保护单位，成为爱国主义教育基地。

夏衍是个文人，但是有从政经验，同时还有着新闻记者的敏感。他在为子女而作《我的家史》中评价自己："我的一生是与祖国命运、人民利益紧密联系在一起的。年轻时，我即把国家昌盛、人民幸福当作理想来追求。回首走过的路，无怨无悔。"夏衍是个谦谦君子，又有朗朗风骨，人

朝阳门内南竹竿胡同113号现已拆除，建起了办公楼和居民楼。

西城区大六部口街14号院正门。

们尊称为"夏公"。夏衍在我国电影史上有着举足轻重的地位，他创作的文艺作品横跨文字表达、舞台演出、广播传送、银幕放映等不同领域，堪称"跨界大师"。夏衍以其冷静观察和深刻剖析，将作品的政治性与艺术性完美地结合在一起，形成其独特的艺术风格。他长期从事话剧、电影剧本创作和电影理论研究，其作品反映了各个时期的社会生活，其理论研究深刻、透彻，成就甚高。

20世纪60年代，经夏衍改编的《烈火中永生》《革命家庭》《祝福》《林家铺子》等电影，影响了中国几代人，以优秀电影引领时代风气，堪称中国电影史上的经典，为中国电影事业做出了重要贡献。1994年10月，国务院授予夏衍"国家有杰出贡献的电影艺术家"称号；10月28日上午，在人民大会堂举行"纪念夏衍同志从事革命文艺工作65周年报告会"；同日下午，"夏衍电影回顾展"开幕。10月30日，有关单位在北京医院为夏衍庆祝了95岁生日。

1995年2月6日，在弥留之际，当工作人员忙着说去叫医生时，夏衍却纠正道："不是叫，是请。"这句话成为他留世的最后一句话。在此之前，夏衍已经嘱咐家人：身后不搞活动，骨灰撒钱塘江。遵照他的遗嘱，家人和"忘年之交"谢晋将他的骨灰撒在了钱塘江。

历经磨难而不悔，戏里戏外皆传奇。夏衍于1994年把自己的几千册藏书和一生购得的文物珍品悉数捐赠给了国家，并为国人留下了700多万字的文学作品。

文/图/刘国庆

从西北侧看西城区大六部口街14号故居

向达：大英博物馆里的抄书人

故居地址：北京大学燕南园 50 号

向达（1900—1966 年），湖南溆浦人，字觉明，笔名方回、佛陀耶舍，土家族。历史学家，考古学家，目录版本学家，翻译家，中西交通史和敦煌学专家。

向达 1924 年毕业于南京高等师范学校，入上海商务印书馆编译所任编辑；1930 年任北平图书馆编纂委员会委员，着重于敦煌俗文学写卷和中西文化交流等领域的研究，完成力著《唐代长安与西域文明》，翌年刊出于《中西交通史》。1935 年，向达因在"本馆服务五年成绩卓著，并对于经典素有研究"而被派往英国"影印及研究英伦博物馆所藏敦煌写经"。向达到英国后，先在牛津大学图书馆整理中文图书。次年秋，此项工作结束，他便到大英博物馆，开始了敦煌经卷的阅读和研究。

在别人的国土上研究自己祖先留下的遗产，个中滋味向达体会最深。以前只是翻译斯坦因的书和文章，现在得以目睹被劫掠的原物，他感慨万端。某些外国学者研究被劫的中国文物，在世界上掀起一股"学术新潮流"，形成研究敦煌资料的"敦煌学"，字里行间还对中国学者百般嘲讽。而今，他不远万里前来阅卷，总算可以亲眼见到这些宝藏了。

向达在 1936 年 2 月从伦敦寄给国内的信中写道："弟来英目的在看大英博物馆之敦煌卷子，管理人员为翟里斯，前后见到两次，俱甚冷淡，且对人表示拒绝。弟助其工作，有一次曾以可否允人对于敦煌卷子作一通盘研究相询，彼亦表示拒绝。此种情形，大有陷弟于进退两难之势。然现已至此，不能不尽力想办法，庶不致如入宝山，空手而返。现在拟托其他英国人代为转圜，将来研究或有万一之望也。"

事实上，向达的遭遇，两年前的浦江清就已经遇到了。1933年年底，北平图书馆委托清华大学的浦江清教授与大英博物馆东方部商量，拍摄敦煌文献中佛经以外的写本，然而遭到拒绝。浦江清退而求其次，请求入库选取部分抄录，同样被拒绝，而只能依据目录厅中不反映内容而只有编号的卡片，作限时限量的借阅。

要从成千上万件古本中找到自己想要的内容，连提示也没有，可谓大海捞针。浦江清实在没有办法，于是提出义务为大英博物馆馆藏敦煌文书编目，以方便学者利用。然而还是一个冷冰冰的"不"字。第二年，另一位教授——浦江清的好友张素痴在伦敦停留时，又来到了大英博物馆。鉴于受北平图书馆之托的浦江清也吃闭门羹，张素痴大为慨叹"西方所谓汉学家之不能修而畏人修"。因此他没有去找有关人员，而是站在写本陈列室内，利用展品的更换，一字一句抄录了十数种珍贵的敦煌写本资料。如武则天时代的经书长卷，一个18岁的女子以10匹绢的价格被卖掉的"卖女契"，妻子如何给婆婆及丈夫写信的范文，解梦书，以及现存最早讲解围棋战术的棋经等，就是这样抄写得到的。

向达为查阅敦煌卷子，受尽了翟里斯的种种刁难。从1936年9月到1937年8月整整一年，他看到的汉文和回鹘文卷子加起来还不到500卷。向达后来在文章中曾多次提及这段伤心往事。

另一方面，向达的生活津贴时无着落。向达没有忘记祖国的苦难，没有忘记自己的使命。他在1936年2月21日给馆长袁同礼的信里写道："达虽一介书生，身无傲骨，然与其向此辈人足恭唯诺以讨生活，则毋宁返国饿死之为愈耳。惟念祖国风尘艰难，断不敢效叔宝之流，以海外桃园为避秦之乐土也。"

当时中国是个穷国，即使是国家派出的学者，也是经费不足，学者的工作只有靠自己的信念和意志完成。尽管这样，向达把所能看到的卷子都做了详细的抄录，写成目录提要，记上卷子的编号、名称、长短、所存行数，并抄下其前5行和后5行，重要卷子还拍了照片。他撰写的《伦敦的敦煌俗文学》

向达先生的故居如今已成为"科技工作者之家"。

和《伦敦所藏敦煌卷子经眼目录》等文，为学术界提供了极为丰富的资料，把国内敦煌学的研究提高到了一个新的水平。

1938年秋，向达携带数百万字资料回国。回国后，先在浙江大学史地系任教，不久转昆明西南联大任历史系教授兼北京大学文科研究所导师。

1941年，国立中央研究院组织西北史地考察团，向达代表北京大学于1942年春到达敦煌，考察了莫高窟千佛洞、万佛峡等；返重庆后，发表《论敦煌千佛洞的管理、研究及其连带的几个问题》。

1943年7月至1944年，向达作为西北科学考察团历史考古组组长，再赴河西。他两到敦煌，除对敦煌地区诸石窟留下了重要记述外，还写成多篇有关敦煌和西域考古方面的论文初稿，后来陆续发表。1947年，他与王重民教授等学者大力促成在北大设立图书馆学专修科（附设在中文系）、博物馆学专修科（附设在史学系）。这两个专修科经过半个多世纪的发展，如今发展成为海内外闻名的北京大学信息管理系和考古与文博学院。

1949年后，向达任北京大学教授兼任图书馆馆长、中国科学院历史所第二所副所长兼学部委员等职，刊出了一系列中外交通史资料，并发表有关中西交通、南海交通、敦煌学方面论文多篇，出版了《蛮书校注》。他对北大图书馆藏书了如指掌，在总揽全馆馆务之余，还亲自负责中文典籍的选购，因为他有深厚的目录版本学功底。1958年至1960年主持《中外交通史籍丛刊》。1966年辞世。

向达先生故居位于北大燕南园50号。

文 / 杨景铭

俞平伯：红楼初解梦，昆曲寄余生

故居地址：东城区北竹杆胡同 38 号

俞平伯（1900—1990 年），原名俞铭衡，字平伯，祖籍浙江湖州德清，1900 年 1 月 8 日出生于江苏苏州，毕业于北京大学，曾先后在燕京大学、北京大学、清华大学任教，是知名的散文家、红学家，与胡适并称"新红学派"的创始人。

俞平伯与其父亲、曾祖父共同撑起了近代中国知名的文化世家——浙江德清俞氏。俞家可谓家学渊源，俞平伯的曾祖父俞樾是清末的经学大师，曾国藩的门生。父亲俞陛云诗词造诣深厚，光绪年间参加科举考试，高中探花。在这样的家庭背景下，俞平伯自幼接受传统文化的熏陶，奠定了雄厚的旧学基础，也为他日后精研红学做了坚实的铺垫。

"年少登科"——在北大开启现代诗文创作

1915 年，15 岁的俞平伯考入北京大学文学系预科，师从国学大师黄侃，同时也受教于胡适、周作人等新文化运动的倡导者。俞平伯就读北大期间，正是新文化运动如火如荼兴起的时期。耳濡目染之下，他开始了自己的现代文学创作之路。俞平伯的第一首白话诗《春水》和鲁迅的小说《狂人日记》一起刊登在1918年5月的《新青年》杂志上。此后，他又发表了《冬夜》《西还》《忆》等诗集，逐步奠定了他在中国白话诗创作上的先驱者地位。1922年1月，俞平伯与朱自清、郑振铎等人创办了中国现代文学史上最早的新派诗刊——《诗》。1924年，又与周作人、林语堂等人成立了语丝社，出版了国内最早的以刊登散文作品为主的刊物——《语丝》周刊。语丝社既强调文学应该包含对社会与文化的批评，又主张创作任意而闲淡的随笔，这种文体被后人称为"语丝体"。俞平伯的散文名篇，如《桨声灯影里的秦淮河》《陶然亭的雪》《西湖六月十八夜》皆带有语丝体的风格，对现代散文产生了深远的影响。

"追本溯源"——潜心红学研究

1919年冬俞平伯从北大毕业，1920年年初与傅斯年同赴英国留学，受胡适"整理国故"的影响，在漫长的旅途中，他产生了研究《红楼梦》的想法，从此一发不可收。俞平伯在英国仅短暂逗留几日便返回国内，时值蔡元培与胡适对《红楼梦》的考证产生了学术争论。鉴于对这本著作的谙熟，俞平伯通过与顾颉刚书信往来的形式，考证出《红楼梦》原书只有前八十回是曹雪芹所作，后四十回则为高鹗续作。1923年，俞平伯出版了他的第一部也是最有影响力的红学研究专著——《红楼梦辨》。但现实往往是"成也萧何败也萧何"，俞平伯在20世纪50年代因为红学研究的观点和方法而受到批判。特别是从1954年10月底开始，针对他的座谈会、批判会先后组织了百余次，见诸报刊的批判文章达500多篇。直至1955年3月，俞平伯在《文艺报》第五期刊登了自己的检讨——《坚决与反动的胡适思想划清界限——关于有关个人〈红楼梦〉研究的初步检讨》后，对俞氏红学研究的批判大潮才慢慢退去。

"昆曲寄余生"——两度为昆曲结社

这场风暴过后，俞平伯将更多的精力转向了昆曲。这源于俞氏夫妇对昆曲的共同爱好，俞平伯的妻子许宝驯出身书香门第，不仅熟读《红楼梦》，而且自幼跟随名师学习昆曲。她既能字正腔圆地演唱，也能填词谱曲。受妻子的影响，俞平伯对昆曲也日渐痴迷，俞家常常是夫唱妇随、琴瑟和鸣的景象。

1930年10月，俞平伯因在清华任教，乔迁至清华园南院（照澜院）七号，并把自己的书房命名为"秋荔亭",这里成了当时清华园昆曲票友们热衷的活动场所之一。从1934年的仲夏开始,俞平伯在"秋荔亭"举办了数次公开的昆曲集会,他尤爱清唱《紫钗记》《单刀会》《玉簪记》中的唱段。正所谓同好所聚、偏爱结社,恰如《红楼梦》中十二金钗结诗社一般顺其自然。1935年3月17日,清华园的高知票友们在俞平伯的寓所内成立了"谷音社",寓意昆曲"空谷传声,其音不绝"。俞平伯被推举为社长,并亲自草拟了《谷音社社约》。社约不仅历述昆曲的发展史,也明确提出了谷音社的宗旨——承担起拯救昆曲的责任。

1956年,被聘为社科院文学研究所一级研究员的俞平伯,在时任文化部副部长丁西林和北京市副市长王昆仑等的帮助下,第二次发起昆曲结社,名为北京昆曲研习社。与谷音社如出一辙,此番结社发起地还是在俞平伯家,只是此时的住所为俞老父亲在京购置的宅院——老君堂。昆曲研习社最杰出的成绩是俞平伯与社友对昆曲名著《牡丹亭》的精心改编,使其更便于舞台演出。1958年10月2日,为纪念汤显祖逝世340周年,经研习社改编的《牡丹亭》在北京王府井文联大楼首演,周恩来总理亲临现场观看。翌年,昆曲研习社以业余团体的身份再次携《牡丹亭》参加了国庆十周年献礼演出。1963年,研习社还举办了纪念曹雪芹逝世两百周年的曲

位于西院的"古槐书屋"被整修一新,拥有精美的如意门、砖雕、戗檐、抱鼓石,现已辟为"槐轩当代艺术馆"免费开放。

会。那段时间，研习社除了发掘传统剧目外，还创作了不少新戏，可谓是俞平伯和昆曲研习社的黄金岁月。

1971年年初，俞平伯夫妇从河南干校回到北京，搬入社科院安排的寓所，生活恢复了往昔的平静，俞家再次响起了优雅的昆曲。1979年，北京昆曲研习社重新恢复，俞平伯出席了首次演出招待会。他在75岁高龄时，还为《鹧鸪天·八十自嘲》重新填词，年过八旬时，仍有兴致为昆曲家俞振飞著《振飞曲谱》作序。1990年10月15日，俞平伯在京逝世，享年90岁，与其挚爱一生的夫人许宝驯合葬于北京西郊福田寺公墓。

俞平伯的一生几乎贯穿了整个20世纪。作为学者，其红学著述如《红楼梦研究》《脂砚斋红楼梦辑评》《红楼梦八十回校本》《红楼梦简论》等在我国红学研究领域里具有里程碑的意义，但由此而引发的波折也令人慨叹。事实上，俞平伯对古典文学的研究与喜爱绝不局限于《红楼梦》，上自《诗经》《楚辞》，下至清人的诗词、戏曲，俞先生均有涉猎，而最令他钟爱的唯有昆曲。恰如当年谷音社成立时的畅想，无论处于人生何种境界，都不忘昆曲"发豪情于宫徵，飞逸兴于管弦"的精神。

"今非昔比、东西差异"——俞氏父子故居现状

俞平伯出生于苏州，但生活的足迹遍布苏州、杭州、北京、天津、河南信阳等地，其中居住最久的当属北京。俞平伯先后在东城的老君堂、清华园南院（照澜院）、永安里等处居住过，而在老君堂的居住时间长达40多年，度过了近半生的岁月，那是俞父陛云在京的宅邸。俞陛云1914年受聘于清史馆，加之俞平伯在北大读书，为了方便两代人共同在京生活，1919年，俞陛云购置了现位于东城区北竹杆胡同38号的宅院，即旧时的老君堂79号。老君堂因早年间胡同西头有一座太上老君庙而得名，1965年改称北竹杆胡同。俞陛云自1919年举家从苏州迁京直至1950年仙逝都居住在老君堂79号。1924至1930年俞平伯夫妇也寓居于此，后搬入清华园。1937年抗战开始，在清华大学任教的俞平伯为照顾年迈的父母并未随清华南迁，而是搬回老君堂侍奉父母，直至"文革"期间下放河南干校才搬离此处。因此，老君堂被视为俞陛云、俞平伯父子在北京的故居。俞陛云在这里撰写了《诗境浅说》《梅花记事百咏》等著作。俞平伯不仅在这儿创作了《红楼梦八十回校本》，还在这儿成立了北京昆曲研习社，可以说这所住宅承载了俞氏父子共同生活的记忆，也成就了二人的创作高峰。

老君堂79号地处现在的北竹杆胡同东段南侧，它幸运地躲过了胡同的数次改造

而被保存下来，但是并未像其他名人故居一样挂牌。文字记录显示，俞氏故居由四个院落组成，占地面积844平方米，共有房屋40余间。最有名的一间当属东院北房，这曾是俞平伯书房，房前有一棵百年大槐树。早年间，朱自清在这里借住时，因这棵槐树而将该书房命名为"古槐书屋"。笔者实地探访，发现老宅已被分割为东西两座坐南朝北的二进四合院，通过导航软件找到的"古槐书屋"位于西院，这里整修一新，拥有精美的如意门、砖雕、戗檐、抱鼓石，现已辟为"槐轩当代艺术馆"免费开放，但每日只接待有限人次的预约到访。这里也时常组织画展或与传统文化相关的一些活动。如今，槐轩已俨然成为小众群体看展、探访四合院文化的网红打卡地。坐在西院的木椅或石凳上，品一盏香茗、听一曲《牡丹亭》，脑海中很容易浮想到俞氏父子在这里或赏梅写诗，或伏案研究"红楼"，或与昆曲票友雅集唱曲之情景。

那棵记载了物是人非的老槐树则生长在东院，东西两院，一道墙却隔离出云泥之别的两个世界：一个是几十户人家混居的大杂院，瓦檐敝旧、房草丛生；一个是高雅的沙龙举办地，修旧如旧、精致考究。二者的鲜明对比，带给人强烈的视觉冲击和现实反差。东院逼仄狭窄的过道中散落着破旧的童车、家具，随意晾晒的衣物、墙角边种植的南瓜将已所剩不多的公共空间近乎填满。此番探访，内心可谓五味杂陈。唯愿有更多的人知闻旧事，剪辑俞氏旧居的光影，重温古槐书香、昆曲绕梁的绝美意境。

与"古槐书屋"一墙之隔的东院成了瓦檐敝旧、房草丛生的大杂院。

文/郭晋　图/郭骐畅

沙千里：秘密加入中国共产党

故居地址：东城区东四六条 55 号

沙千里（1901—1982年）是一位传奇人物，1936年与沈钧儒、史良等七名"全国各界救国联合会"领袖人物被国民党以"莫须有"罪名逮捕入狱，酿成轰动中外的"七君子事件"。1938年，沙千里秘密加入中国共产党，但是，作为"全国各界救国会"的领袖人物、著名律师，"七君子"之一的沙千里一直以民主人士的身份从事革命工作。新中国成立后，为更有利于从事统一战线工作，沙千里仍以民主人士身份担任政府部长。改革开放后，担任第五届全国政协副主席。他的中共党员身份直至晚年才公开。

沙千里7岁丧父，家道中落，15岁就去当学徒养家糊口并完成学业，成为一名律师。青年时期，沙千里追求真理，积极从事进步活动，参加中国共产党在上海的外围组织，主编《青年之友》《生活知识》，宣传反帝爱国思想和抗日救国主张。1936年，发起成立"上海职业界救国会"，出任理事长，后又与宋庆龄、沈钧儒等成立了"全国各界救国联合会"，积极参加抗日救国活动。

1936年11月，沈钧儒（新中国首任最高人民法院院长）、史良（新中国首任司法部部长）、沙千里（新中国多部委首任部长）、邹韬奋（爱国记者、三联书店创办人，2009年被评为"100位为新中国成立做出突出贡献的英雄模范"之一）、李公朴（教育家，1946年被国民党特务暗杀）、章乃器（新中国首任粮食部部长）、王造时（复旦大学世界史教授）等七位社会贤达被国民党当局以"危害民国"罪逮捕入狱，并在苏州审判。沙千里等人在法庭上坚贞不屈，与反动派面对面斗争。同时，宋庆龄等知名人士、中国共产党以及国际友人多方营救，宋庆龄还率爱国民主人士亲赴苏州，要求与"七君子"一道坐牢。1937年7月31日，迫于形势和社会舆论压力，国民党当局释放了关押251天的"七君子"，他们在监狱门外受到了社会各界人士的隆重欢迎。

此次经历坚定了沙千里参加中国共产党的决心，1938年在武汉，经杨修范、袁青伟介绍，沙千里秘密加入了中国共产党，但是不公开党员身份。回顾历史，鉴于沙千里当年的社会地位和声望，党组织的这一决定确实是高瞻远瞩。在秘密入党40多年间，沙千里以民主人士身份为党从事统一战线工作，起到了无可替代的作用。加入党组织后，沙千里以律师的合法身份，为受迫害的进步人士、进步团体辩护，伸张正义；担任《新华日报》的法律顾问，为争取该报的合法权利而斗争。此外，沙千里在重庆创办企业，参与发起"中国经济事业协进会"，团结工商界进步人士，促进民主运动发展。

1944年，"民主政团同盟"改名为"中国民主同盟"，简称民盟，成为有党派和无党派民主人士的联盟。新中国成立后，民盟接受中共的领导，成为八个参政党之一。1947年，蒋介石宣布"民盟"为非法团体，沈钧儒和沙千里等秘密离开上海到达香港，后分批离港，经东北解放区转赴北京。沙千里于1949年年初抵达北京后随军南下，参加了接管上海的工作，并出任上海市军管会副秘书长。之后返回北京，参加了政协第一届全体会议，并代表"中国人民救国会"发言。

中华人民共和国成立后，沙千里历任贸易部副部长、商业部副部长、地方工业部部长、轻工业部部长、粮食部部长等职。1953年，沙千里参与组建了全国工商联，并出任秘书长。1980年，沙千里当选为全国政协副主席。

沙千里祖籍苏州，中华人民共和国成立前主要在上海从事革命工作，新中国成立后定居北京。他的故居位于东城区东四六条55号，是一座三进四合院，广亮大门，门内有一影壁，院内有垂花门，抄手游廊，房屋均为硬山顶合瓦清水脊屋面，配有精美的砖雕。整座院落现保存完好，只是广亮大门换成了铁门。1986年被公布为东城区文物保护单位，现为办公用房。

文 / 图 / 刘国庆

故居正门

顾毓琇：学贯中西的文理大师

故居地址：清华大学西院 16 号

顾毓琇（1902—2002 年），字一樵，号蕉舍、樵翁，1902 年 12 月 24 日生于江苏无锡虹桥湾一个书香世家。顾毓琇是清华大学工学院的主要奠基者，一生出版诗歌词曲集达 34 部，他还是中国现代话剧的始倡者之一、"国剧运动"的发起者和推动者。他是中国黄钟标准音的制定者，中国古乐的研究权威。他的英文著作《禅史》和多部佛学专著受到国际佛学界的重视。

顾毓琇 1913 年考入无锡俟实学堂（今无锡市连元街小学），俟实学堂创办于 1898 年，是我国最早的"洋学堂"之一。1915 年，13 岁的顾毓琇以优异的成绩考入清华留美预备学校，在清华读书八年，门门功课名列前茅，年年被评为优秀学生。1921 年，清华文学社成立，他是首任社长。期间，他用笔名顾一樵或一樵发表过大量文学作品，其中有诗歌、小说、散文、剧本、词曲和禅宗文章。

1923 年顾毓琇毕业后，以庚子赔款保送至美国留学，赴美同行的还有梁实秋、许地山、冰心、吴文藻、吴卓等。留美期间，他们合伙搭班，在波士顿美术剧院公演了《琵琶记》。顾毓琇担纲该剧编导，并出演宰相，冰心饰宰相之女，梁实秋饰蔡中郎，闻一多等好友纷纷从美国各地赶来助兴。这次演出是中国古代戏剧在美国舞台上首次亮相。

顾毓琇就读于美国麻省理工学院，当时电机学正在世界兴起，他选择了这门对中国来说还很陌生的学科，1925 年获得学士学位。1926 年，他在美国《数理杂志》上发表了《四次方程通解法》一文，受到专家关注，被认为是基础数学突破性成果。同年获硕士学位，1928 年获博士学位。他总共仅花了 4 年半时间，就先后获得了学士、硕士和博士学位，是中国获得麻省理工学院电机工程博士的第一人。他发表的博士论文《电机瞬变分析》轰动美国学术界，被国际学术权威组织命名为"顾氏变数"。此后，顾毓琇对电机及电路瞬变分析进行了更为精深的研究，并在"非线性控制"上有新的突破，创造发明了新的图解法，被国际应用力学界称为"顾氏法"。据统计，顾毓琇一生发表论文百余篇，是中国在电机领域发表论文最多的学者，这些论文对世界电机技术进步产生了深刻的影响。为此，美国里海大学毕雷院长称，"顾氏与德荷戴等六人为现代电机分析的奠基人，是电机理论的最大贡献者"。

1928年获博士学位后，母校清华聘他回校任教，他婉辞不就，在某公司任工程师半年。1929年2月顾毓琇应浙江大学邀请回国，任浙江大学工学院电机科主任兼教授，兼杭州电气局顾问工程师及电气实验所主任。

1931年顾毓琇应南京中央大学校长朱家骅邀请，任工学院院长兼电机系教授。

1932年顾毓琇应清华大学校长梅贻琦邀请，返回母校创办电机系，任教授兼系主任，兼北京大学物理系教授。他是清华大学工学院的创始人，1933年他继梅贻琦之后出任第二任院长，时年31岁，系清华大学最年轻的院长。

在清华大学五年里，顾毓琇创立了航空工程研究所和无线电研究所并兼任所长，建造大风洞及制造真空管，成为这些院所的奠基人。

1937年，顾毓琇以无党派人士身份受命出任国民政府教育部政务次长，部长是陈立夫。1940年民国政府教育部集中一批音乐家，在重庆青木关成立国立音乐院，顾毓琇任首任院长。他积极筹建成立中华交响乐团，又兼挑首任团长重担。

全面抗战期间，顾毓琇任教育部政务次长6年半以后，1944年在重庆受命接任国立中央大学校长，并兼任中国工程师学会副会长，中国机电工程学会会长等要职。尽管地位显赫、职务缠身，但他始终把教育英才视为终生职业。1945年元旦，民国政府授予他"景星勋章"。

1945年8月15日，日本宣布投降，9月9日，顾毓琇参加在南京举行的受降仪式，这是他一生最高兴的时刻。他任中央大学校长一年后辞职，就任上海市政府教育局局长，并在交通大学电机系兼任运算微积分课程教授。1946年他在上海创立纺织技术学院和上海实验戏剧学校。

1947年顾毓琇调南京，出任国立政治大学第一任校长，并以独立人士身份当选为国大代表。

1949年，顾毓琇从上海乘船到台湾。1950年从香港移居美国，任麻省理工学院客座教授。1952年任宾夕法尼亚大学客座教授，两年后转为终身教授，直至1972年退休。20世纪50年代，顾毓琇与美国科学家维纳等人，开创了现代自动控制理论体系，被公认为该领域的国先驱。

顾毓琇从宾夕法尼亚大学退休后，又被聘为宾夕法尼亚大学电机系荣休教授兼系统工程系荣休教授。1972年3月，美国电机及电子工程师协会颁赠顾毓琇"兰姆金质奖章"，此奖被誉为国际电子与电工领域的诺贝尔奖。1972年年末，中国电机工程师学会也授予他金质奖章。2000年，这位近百岁的老人还获得世界电机及电子工程师协会颁发的"巨比利奖"和"千禧金奖"。诺贝尔奖得主杨振宁、朱棣文都亲沐教泽，吴健雄尊他为"毓琇大师"。

顾毓琇从1950年开始定居美国，但他一直不愿加入美国籍。直至1973年理论及应用数学会议在莫斯科召开，为办签证加入美国籍，但他依然心系故土。1973年8月，顾毓琇加入美国籍后两个月，第一次回国，返回清华园会见老友施嘉炀、张任、陶葆楷、章名涛、刘仙洲、张子高，喜出望外。他以80岁高龄先后到清华大学、东南大学、沈阳农业大学、上海交通大学等校讲学，获多校名誉教授，并把自己几十年来的藏书捐献给上海交通大学。

2002年9月11日，顾毓琇去世，享年100岁。在追悼会上，他的次子、政协委员顾慰庆曾说："父亲一生唯一的遗憾是未能见到中国的和平统一。"

1933年开始，顾毓琇曾居清华大学新西院16号，在这片教职员住宅区里，他与陈寅恪、杨武之、郑之蕃、闻一多为邻。

文/图/杨景铭

杜聿明：抗日名将与特赦战犯

故居地址：东城区前厂胡同 5 号；东城区美术馆东街 25 号

杜聿明（1904—1981 年），国民党中将，陕西米脂人。杜家是当地大户，值得一提的是，杜聿明的大表哥李鼎铭曾任陕甘宁边区政府副主席，毛泽东在《为人民服务》中称赞了他提出的"精兵简政"议案。

1924 年，杜聿明离家赴北京求学，偶然看到黄埔军校招生的消息，即与堂兄杜聿鑫、杜聿昌辗转乘船到达广州，入黄埔军校一期学习。毕业后，杜聿明被分配到何应钦部。在讨伐陈炯明的战斗中，他参加敢死队，冒死冲锋在前，崭露头角。其堂兄杜聿鑫、杜聿昌都在北伐战争中牺牲。1925 年，杜聿明奉命到北京，守护停厝碧云寺的孙中山灵榇。1932 年，他率部"围剿"了大别山红军。

抗日战争 14 年间，杜聿明率部转战南北，打了多场著名的战役。

1933 年，率第 25 师参加长城抗战，在古北口歼灭数千日寇。

1937 年，以少将军衔担任国民党第一个陆军装甲团团长，率部参加了"八一三"淞沪抗战，在上海汇山码头与步兵协同作战，阻滞了日军的登陆；随后还率部参加了南京保卫战、台儿庄大战。

1938 年，装甲团扩编成第 200 师，杜聿明任师长。在驻守湘潭期间，阻止了当地警察局焚城的行动，避免了重蹈火烧长沙的悲剧。

1938 年 12 月，第 200 师扩编成第 5 军，杜聿明升任副军长、军长。从第一个装甲团的组建，到随后扩建成师、军，杜聿明一路晋升。

1939 年年底，杜聿明奉命率第 5 军与被围困在广西昆仑关的日军决战，战斗进行了整整 14 天，以击毙日军少将旅团长等 5000 余人的战果取得了昆仑关大捷。

1941 年年底，杜聿明被任命为中国远征军副司令长官，率军赴缅甸与英军协同打击日寇，取得了一系列的胜利，打通了西南国际运输线。因美英指挥官的失误，中国远征军陷入三面包围中，杜聿明按蒋介石

的命令，率余部自无人区野人山回国。途中，中国远征军经历了难以想象的艰辛，以致远征伤亡人数超过了作战伤亡人数。因患回归热，杜聿明也险些丧命。这段不堪回首的往事使他终生深感愧疚。

1945年，在云南警备司令、昆明防务总司令任上，杜聿明忠实执行了蒋介石的密令，以武力逼迫"云南王"龙云放弃了对云南的把持，到重庆就任闲职"国民党军事参议院院长"。为掩人耳目，杜聿明替蒋介石背了这个黑锅，被解除了职务。

旋即，蒋介石任命杜聿明为东北保安司令长官，抢夺东北的控制权，而彼时的东北地区基本在中共东北民主联军掌控之中。杜聿明到任后，指挥国民党军一度占领了不少城市。但好景不长，随着东北民主联军的反攻，再加上蒋介石的瞎指挥和军队的内斗，国民党军迭遭惨败。一筹莫展的杜聿明旧病复发，只好远离战场去医治疾病。

1948年6月，杜聿明身体刚有所恢复，就被蒋介石派到徐州任"徐州剿总"副总司令。上任不久，他又被紧急派到辽宁去"救火"，但已经无济于事，杜聿明能做的事就是把残余的国民党官兵从葫芦岛装船撤到关内。

而彼时，中国人民解放军华东野战军和中南野战军对徐州至淮河的国民党军发起了战略性进攻，国民党军在淮海战场败局已定。国民党全线溃退，回到徐州的杜聿明也无力回春，只有部队建制瓦解，突出解放军的重重包围。

面对颓势，杜聿明只好自顾自了，他剃掉胡须，换上解放军的棉服，带上副官、卫士等11人脱离部队，企图溜出解放军的包围圈，没走多远即被俘。

新中国成立后，杜聿明被关押在功德林战犯管理所。功德林位于北京德胜门外功德林路，原为庙宇，清朝末年改为"京师罪犯习艺所"，民国后一直作为监狱存在。新中国成立后，这里成为关押改造战犯的监狱。

功德林占地百亩，四周有丈余高的围墙，大门进去是一个广场，地上还存有插放绞刑架木桩的洞穴。大门南边有三幢房子，房屋之间有两个花园，花园里有株名贵的梅花，枝繁叶茂。大门东侧，是成排的平房。监狱中心是呈放射状的八条胡同，胡同的交叉口是一座八角楼，哨兵站在楼上，胡同里的情形便可尽收眼底。八角楼脚下还有几个小八角楼，小八角楼的大门正对着胡同，每个胡同都有个铁栅，胡同大门上方的灰色墙壁上分别挂有写着"甲乙丙丁戊己庚辛"字样的圆形黑底白字木牌。

1955年年底，中央决定将分散在全国各地的国民党高级战俘集中管理，功德林成为收押级别最高的一处：仅限军队将官，文官则须到省主席一级。在功德林，所有战犯都没有受到歧视、虐待，反而得到人文关怀。他们的生活待遇提高了，带有脚镣手铐的也统统去掉，每星期可以看一次电影，伙食费比一般犯人增加了一倍。

但这些战犯有的一直抗拒改造,有的则开始大骂蒋介石,而杜聿明是较早打开思想堵点的。在长年征战中,杜聿明疾病缠身,摘除过一个肾,脊椎严重受损,还患有胃溃疡、肺结核。政府派医生为其诊治,到香港用外汇购买稀缺的抗生素,为他开营养小灶,专门定制合身的石膏板。为国民党卖命落下的病,得到了政府的精心治疗,使杜聿明对中共有了深层次的认知。他的身体和心灵都得到了"治愈",不再为自己"败军之将"的身份而纠结。他开始接受思想改造,认真阅读政治书籍,并写思想汇报。

1947年7月,杜聿明之女杜致礼前往美国求学,先后入读于美国韦尔斯利学院和蒙特圣文森学院。1949年,杜致礼与杨振宁在普林斯顿一家中餐馆不期而遇,并很快坠入爱河。1950年8月,两人在美国普林斯顿举行婚礼。1957年,杨振宁获得物理学诺贝尔奖,中央派杨振宁的老师、著名高能物理学家张文裕赴瑞典向杨振宁表示祝贺。行前,张文裕特去功德林看望杜聿明,喜出望外的杜聿明当即提笔写信向女婿表示祝贺,张文裕将信当面交给了杨振宁和杜致礼。自此,杜聿明联系上了家人,而张文裕也成为正在服刑的杜聿明与家人联系的"信使"。

杜聿明与夫人曹秀清同为米脂人,1923年成婚。在杜聿明征战期间,曹秀清与杜母和六个子女住在上海。杜聿明战败被俘后,不明真相的家人被裹挟到台北,并受到冷落,一家人勉强维持生计。杨振宁获诺贝尔奖后,曹秀清适时向台湾当局提出去美国。一直阻挠曹秀清去美国的台湾当局答应了,但一个子女也不许带。到美国后,曹秀清第一时间退掉了返台机票,这一住就是6年。

1959年12月4日,杜聿明

位于东城区美术馆东街25号(原为弓弦胡同2号)的故居,这是杜聿明任东北保安司令长官时在北平的住处。

1959年年底，特赦后的杜聿明被安排到东城区前厂胡同5号居住，杜聿明住的是三间西厢房。

被特赦，他是第一批特赦人员中首位拿到"特赦通知书"的战犯。杜聿明泪洒特赦大会现场，为此，他把12月4日定为"重生日"。

特赦后，杜聿明被安排到全国政协文史资料研究委员会。作为文史专员，他将自己几十年的经历进行了整理，撰写了《淮海战役始末》《辽沈战役概述》《中国远征军入缅对日作战述略》等，充实了有关历史资料。晚年的杜聿明当选为第五届全国人大代表、第五届全国政协常委，为两岸和平统一不懈努力。

1981年，杜聿明在北京病逝，全国政协举行了隆重的追悼会，杨振宁和杜致礼从美国赶来参加了追悼会。由于台湾当局的无理阻挠，滞留在台的4个子女未能前来参加追悼会。悼词评价杜聿明"是一位爱国名将，虽然走过曲折的道路，但有着光荣的后半生。"杜聿明的骨灰被安放在八宝山革命公墓。

2015年，杜聿明的三女儿杜致廉受邀从台湾来京，参加了纪念中国人民抗日战争暨世界反法西斯战争胜利70周年活动。根据杜聿明生前遗愿，杜致廉将杜聿明骨灰迁回老家米脂，与曹秀清合葬，杜聿明老母高兰亭、三子杜致严的骨灰也从台湾魂归故里。在去世34年后，杜聿明在家乡的土地上与已故的亲人团聚。

杜聿明在北京有两处故居，一处位于东城区美术馆东街25号（原为弓弦胡同2号），这是他任东北保安司令长官时在北平的住处。那时他的母亲、夫人和六个子女都居住在上海。

美术馆东街是一条南北走向的大街，现名源于大街西侧的中国美术馆。从百年前的北京地图上可知：美术馆东街原名马市大街，现美术馆东街25号是东西走向的弓弦胡同2号琦公府。

杜聿明曾经居住过的这个院落坐北朝南，西部是一座花园。1958年，建中国美术馆时，西部的花园被拆除，仅留下了东部的三进大院。第一进共有十间房，大门占据最东边一间，与美术馆东墙相接，其余九间倒座房一溜排开。房屋保存完好，均为硬山合瓦清水脊屋顶，现在每家每户屋前都加盖了简易房，院落空间逼仄。往北走是一道担梁式垂花门，门前有一对石狮。过了垂花门是第二进院，迎面是三间气派的大北房，屋前的游廊被改建成厨房和储藏室。院内正房东西两侧是耳房，东西各有厢房三间，西厢房经过改建，门窗都更新了；东厢房还保留原样，门窗略显破旧，但深黑咖啡色的门窗雕刻精细。第二进西侧还保留着抄手游廊，直通后院，也直达后门，后门外是蒋家大院胡同。此院1986年被宣布为"北京市东城区文物保护单位"，现在是公有住房。

1959年年底，特赦后的杜聿明被安排到东城区前厂胡同5号居住，这是一座典型的北京四合院，北屋和东西厢房均是前出廊。院里一共住有四户，北房住着侯镜如，东屋是郑庭笈，宋希濂住在南屋，杜聿明住的是三间西厢房，一间是卧室，一间是办公室，中间作为客厅。前厂胡同位于东城区东四南大街路西，灯市口大街北侧，呈东西走向，东端曲折，西止报房胡同，南与同福夹道相通。全长247米，宽4米。前厂胡同清代属镶白旗，称箭厂胡同，民国后沿称。1965年整顿地名时因与安定门地区的箭厂胡同重名改称前厂胡同，现胡同内多为居民住宅。前厂胡同5号现为全国政协办公用房，四合院保存完好。

杜聿明的工作和生活安顿好后，曹秀清于1963年从美国经日内瓦和莫斯科到达北京，与杜聿明团聚在前厂胡同5号小院里，过起了普通居民的生活。腰板挺直的杜聿明每天早晨都要在屋前打打太极拳，曹秀清则挎个菜篮出去遛弯儿、买菜。为了让杜聿明夫妇安享晚年，杨振宁夫妇从美国为二老买来了家用电器。

前厂胡同5号现为全国政协办公用房，四合院保存完好。

文／图／刘国庆

煤渣胡同　　　　　　　　　　　　军机处胡同　　　　　　　　　　　　盔甲厂胡同

斯诺夫妇的中国缘

故居地址：东城区煤渣胡同 21 号（已拆）；海淀区军机处胡同 8 号（已拆）；
　　　　　东城区盔甲厂胡同 13 号（现 6 号）

埃德加·斯诺（Edgar Snow，1905—1972 年），美国著名记者，第一位采访陕北苏区的西方记者，并写下了经典名著《西行漫记》，记述了一个全新的"红色中国"。

海伦·福斯特·斯诺（Helen Foster Snow，1907—1997 年），美国记者，埃德加·斯诺的夫人，在埃德加·斯诺采访陕北苏区后的翌年，只身沿着斯诺的采访路线，做了补充采访，随后撰写了《西行漫记》的姐妹篇《续西行漫记》。

1928 年，天性爱冒险的埃德加·斯诺离开了堪萨斯城，他没有秉承父亲的意愿去接手家族印刷厂，而是来到了一个遥远的国度——中国。"本想只待 6 个星期，不想一待就是 13 年。"而只想到中国看一看的海伦与斯诺一见钟情，于 1932 年结为伉俪，共同谱写了一曲浪漫之歌。

1933 年，作为统一新闻协会驻北平代表，斯诺夫妇从上海搬到北平。尽管北平的都市地位已经减弱，但他依旧认为"北京是亚洲无与伦比的、最雄伟、最吸引人的都市。"他希望去认识形形色色的中国人，以此了解真正的中国社会，并从自己感兴趣的事情中发掘新闻。

在北平，斯诺夫妇住过三个地方，先是租住在东城区煤渣胡同 21 号。那个四合院有着红漆大门、圆形月亮门，门后有一影壁，院内种着花草、果树，生机盎然。斯诺夫妇雇有厨师、杂役和车夫，过起了"既有新闻采访，又有学术研究"的新婚生活。

煤渣胡同东起东单北大街，西至校尉胡同，紧邻王府井大街。在明朝时称"煤炸胡同"，属澄清坊（明朝时，为实施户籍管理，北京城分为三十六坊），清朝改名为"煤渣胡同"。胡同名字的来历已无从考证，不管是煤炸胡同还是煤渣胡同听起来都有点土气，但这就是北京胡同名字的特点，非常接地气，要不然煤渣胡同这个名字怎么能一直叫到今天呢？

往昔，胡同里都是典型的四合院。清朝负责京城和皇家安全保障的神机营设在这里；民国时期，大总统冯国璋的宅邸也选在了这里；中华人民共和国成立后，《人民日报》社曾在这里办公。可惜，这条胡同从 20 世纪 60 年代开始被改建得面目全非。

北侧盖起了居民楼，南侧整体被拆除，扩建成为协和医院的一部分。现在胡同仅剩下西口的两个院落和东口的基督教堂，斯诺住过的21号自然也是难觅踪迹。

不久，斯诺夫妇迁居海淀镇军机处胡同8号，源于斯诺受聘担任了燕京大学新闻系讲师。在那个年代，从城里到西郊的燕京大学可是没有公共交通的。于是，他们租住了燕大附近那个中西合璧的院落，距离现今北京大学西南门不远。院子坐西朝东，黑色铁栅栏门，院里种有果树和竹子，还有一个小游泳池，坐在书房窗前就可以看到颐和园万寿山。当年显赫一时的军机处胡同现在踪迹全无，拓宽成为颐和园路，斯诺住过的那个院子消失在历史的烟尘中。

在那个院子，好客的斯诺夫妇结交了燕大和清华的很多进步学生，如曾任国务院副总理的姚依林，曾任外交部长的黄华。当年，也正是在黄华的陪同下，斯诺完成了轰动世界的"红色中国"采访之旅。

结束了在燕大一年的任教，斯诺担任了欧美两家报纸的自由撰稿人，并重新搬回了城里。他们的新家在东城区盔甲厂胡同13号，位置在现今北京火车站的东侧，胡同南边是现在的明城墙遗址公园，东边是古观象台，新门牌号为6号，斯诺夫妇当年居住过的小院荡然无存，原址建起了"中安宾馆"，在宾馆的门墙上悬挂着《红星照耀中国》（《西行漫记》）写作地旧址"的招牌，配有斯诺与海伦的大幅照片。

盔甲厂胡同在明朝是制作盔甲和军械的地方，清代成为存放废炮的仓库。燕京大学建校初期也在这条胡同。斯诺夫妇住过的那个院子不大，房屋不多，清净优雅，遍植花草树木，布有山石亭子，更像是个花园。仿英的建筑，明亮的大窗户，加上错落有致的陈设，别有洞天。由于军警轻易不会打扰"洋人"，进步学生把这个院子当成了"据点"，他们甚至在这里策划了"一二·九运动"，以致多年后，海伦自豪地称，在她家策划了另一次"五四运动"。

采访红军和"红色中国"并不是斯诺的"突发奇想"，而是他多年一直在酝酿的计划。经过中共地下党组织和宋庆龄的安排，1936年6月，斯诺带上照相机、小摄像机和几十个胶卷，与应付完毕业考试的黄华悄然离开北平，奔赴陕北苏区，完成了历时四个月的系统性调查。10月月末，斯诺返回北平，而黄华则留在了延安。在协助斯诺冲洗照片并对书稿文字提出意见

后，海伦迫不及待地于翌年只身到达延安。由于"西安事变"之后，国民党当局对西安至延安一线实施了严格管控，海伦的"红色中国"之行远比斯诺要惊险。海伦的延安之行也是收获满满，历时比斯诺的采访时间还要长一个月。

一回到盔甲厂的家，斯诺就投入紧张的写作中，1937年10月，他的 Red Star over China（《红星照耀中国》）在英国出版发行，并多次再版。很快，中译本也在上海出版。为在国统区顺利出版，改名为《西行漫记》。海伦也撰写了《红星照耀中国》的姐妹篇《红色中国内幕》，英文名 Inside Red China。为适应当时国共合作的需要，中文版书名为《续西行漫记》。

《西行漫记》和《续西行漫记》堪称是震惊世界的两本书。斯诺和海伦传奇式的采访向世人揭开了红军和"红色中国"的神秘面纱，他们用生动的文字配以大量照片，忠实记录了毛泽东、周恩来、朱德、彭德怀等红军将领、红军官兵以及苏区老百姓的战斗、生产、生活情况。斯诺在保安（现志丹县）窑洞前拍下了身着红军军装、头戴八角帽的毛泽东，留下了经典瞬间。那顶八角帽是红军赠送斯诺的礼物，拍照时，他见毛泽东没有帽子，就把它戴在了毛的头上。斯诺去世后，他的家人把它回赠给中国，现珍藏在国家博物馆。

抗战期间，斯诺夫妇受聘担任美国几家报刊驻华战地记者，相继采访报道了发生在中国的"七七事变""西安事变""八一三抗战""皖南事变"等重大事件，由于不符合国民党当局的宣传口径，他们被取消了在华采访的资格，于1942年转赴中亚和苏联战场采访。第二次世界大战结束后，他们返回美国，两个"强势"的伴侣分手了。斯诺再婚，由于受到麦卡锡主义迫害，迁居瑞士日内瓦。而海伦没有再婚，一直居住在他俩在麦迪逊购买的小农舍里，并沿用了"斯诺"这个姓氏。

新中国成立后，斯诺于1960年、1964年和1970年三次访问中国，并促进了中美关系的解冻。海伦于1972年和1978年两次重访中国。他们都受到了国宾级礼遇，但他们都没有接受中国政府的资助，尽管海伦的生活相当窘迫。

1972年年初，斯诺于日内瓦去世。在斯诺病重期间，黄华受命率领中国医疗专家组专程赴日内瓦，但已回天无力。遵照斯诺的遗嘱，他的部分骨灰安葬在北京大学未名湖畔。2009年，在中华人民共和国成立六十周年之际，斯诺被评为"100位为新中国成立作出突出贡献的英雄模范人物"。海伦一直在美国从事写作，她的多部作品在中国出版。1996年，中国人民对外友好协会授予她"人民友好使者"称号，这是向国际友人颁发的最高荣誉奖。1997年，海伦·福斯特·斯诺在睡梦中静静地走完90年人生。

文 / 图 / 刘国庆

臧克家：邻家诗翁

故居地址：东城区赵堂子胡同 15 号；东城区史家胡同 17 号

臧克家（1905—2004 年），山东诸城人，笔名少全、何嘉，中国现代诗人、作家、编辑家，主要诗集《烙印》《臧克家诗选》，《有的人》《说和做》等作品影响甚广。晚年居住于北京市东城区赵堂子胡同与史家胡同。

如今臧克家故居应该是被翻修了多遍，已识不出与老照片上的一点相似。门窗紧闭，房前的杂物将本就不多的遗留气息掩盖，曾经是这条胡同里最热闹的地方也归入了当下平庸的落寞。赵堂子胡同，北京东城区朝内小街南端一条不长不宽的街巷，笔者造访的那天虽是小雨天气，一眼望去，胡同的韵味不减，似乎臧老犹在。

1905 年 10 月 8 日，臧克家出生于山东诸城农村一个破落的地主家庭，14 岁以前，几乎从未走出这块方圆三十里的故土。他目睹了这个曾经富裕之家的残烧，却是在穷孩子和贫苦农民中间长大的。在童年和青少年时代，他生于穷乡，长于穷乡，耳闻目睹了旧中国农村的穷困落后，心中的革命种子悄然种下。

1923 年夏，臧克家去到青岛，考取山东大学英文系，拜在梁实秋门下。臧克家虽然读的是英文系，爱的却是中国文学与写诗。在校期间，臧克家写了很多以农民为题材的诗，描述悲苦挣扎在土地上的劳动民众，倾诉他对农民的深厚情感，诗风坚实、凝重，发表在《新月》《现代》《文学》等杂志，在当时的诗坛荡起一股有别于新月派的、新颖、别致的清澈之气。

1933年，他的第一部诗集《烙印》出版，得到闻一多、茅盾等前辈的好评。"《烙印》里有二十多首短诗，都是一个劲，都是像'一条巴豆虫嚼着苦汁营生'的劲。他的世界是硬的，人也全是硬的。克家是对现在的世界和人生决定了态度，是要在这黑圈里干一气。"老舍这样评价。

1938年，在鄂西北均县小城，他慷慨激昂宣讲："在异乡里，喜听熟悉的乡音，在救亡歌声中，遇到你们这群青年人……"这首诗篇随臧克家的名字传遍县城，掀起了那些操着熟悉乡音的青年人心中的阵阵波涛。

1957年至1965年，臧克家任《诗刊》主编。毛泽东主席曾两次邀请他到中南海颐年堂去聊诗。1962年，57岁的臧克家搬入赵堂子胡同西头的15号，一住40年。臧克家一贯提倡"风浴""雨浴""雪浴"，不管刮风、下雨、还是下雪，都出行不误。有时雨很大，人家都往家里跑，他却穿着雨衣打着伞往外走，成了赵堂子胡同独特一景儿。借着数十年坚持散步锻炼的好身底，臧克家活到了99岁的期颐之年。他是以胡同中一名普通居民的身份，着意将散步作为亲近、融入老百姓的特殊方式，把他一生不变的心系大众、热爱人民的深情，撒在了赵堂子胡同老街坊们的心中。

臧克家晚年极爱孩子。外出散步的时候，兜里总是揣着糖果，分发给路上遇到的孩子们。客人来访需要约时间，而胡同里的孩子们却有一种特权，可以随时推开臧老家大门。一位当年的娃娃街坊回忆，"臧爷爷的大书桌是临窗放着，他坐在书桌前的藤椅上，一边看，一边嗯、嗯地笑着点头。"臧老家中藏书繁多，除了南面三间书库堆满书外，书房的墙边排满了书，床头桌上也摞着很高的书。胡同里的小孩都爱找"臧爷爷"看作文，若是在"臧爷爷"这儿达标，那就准能发表在杂志上。

1997年，92岁的臧老住进了北京协和医院。前往探望的学者是这样说的：臧老

赵堂子胡同里已没有15号，大部分地方都已经盖起了楼房。

史家胡同17号现为北京市交管局东城交通支队东单大队办公地

躺在软软的病床上，雪白的被单下似乎是空的。他头戴一顶白色软帽，一直罩到眉际，嘴里正极其缓慢地咀嚼着一只小水饺，有片韭菜黏在唇角，眼睛定定地看着窗外，手臂上插着这样那样的管子……

2004年2月5日，因冠心病、尿毒症导致多脏器衰竭，臧克家在北京逝世，享年99岁。

"你会觉得心的太阳到处向你照耀，当你以自己的心去温暖别人。"这是臧老的一首小诗，他在深深地挚爱着人民大众的同时，无私地燃烧着自己的生命。《臧克家印象记》是臧老的街坊所写。其中一段写道：臧先生有散步的习惯，当天色微明，小巷静寂；当夕阳晚照，巷挤人喧，我总看到他散步的身影。沿着巷边，迈着细步，踏着音律，有时赏天，有时看地，有时目向远方，有时向熟人挥手致意。……有一天，胡同里人流退去，黄昏落日，晚风徐徐，我走近臧先生向他问好。他立即与我紧紧握手，并与我寒暄起来。他那笑容可掬的脸如孩童般天真诚挚，如春花样光辉灿烂。我还感到，我手中握的手是温暖的，干练而光润。听说我们是山东老乡，臧先生更是高兴，他向我问起家乡情况，也问起我的工作。臧先生是可敬可亲的，他把所有人当作朋友，老人、青年和孩子都是如此。记得那是一个冬天，臧先生在书房接待我，我们相谈甚欢。老人兴致高，谈兴浓，妙语连珠，神采飞扬。记得他当时给我背了几首诗，他的音容笑貌、如痴如醉的神情，至今还历历在目。不知从何时起，在我们生活的这条胡同里，已不见老人的身影，从此，我感到小巷孤独和寂寞了许多。

臧克家执笔一生，书家国壮烈情怀，写生命坚韧意志。有的人死了，他还活着。诗翁不朽，其诗永在。

文 / 李伯阳　图 / 李天怡

单士元：行走故宫六十年

故居地址：西城区小金丝胡同 2 号

"溥仪出宫，单老进宫"，有人用这样一句话概括故宫研究权威单士元先生的一生。

单士元（1907—1998 年）一生都在北京内城生活，家世与事业也与明清北京城有着密切的联系。他的先祖是在明朝随扫北大军而来，后来定居北京的。各类资料记载的单士元居所有三处，基本位于什刹海一带方圆一两公里的区域。

1907 年，单士元出生在什刹海前海北沿的南官房胡同，小时候读的是私塾。后来入读清太医院佐领开办的小学，地点就在地安门外东大街的太医院里。1919 年五四运动后，北京大学蔡元培校长提出办平民夜校，单士元有机会在 15 岁时入读北大学生会在北大红楼开办的平民夜校。

1924 年夏秋，17 岁的单士元考入北京大学史学系，也由此开启了他和故宫的不解之缘。

1924 年 11 月，冯玉祥发动"北京政变"，把末代皇帝溥仪驱逐出宫。摄政内阁随后发布命令，修正清室优待条件，提出组织清室善后委员会以及未来将皇宫改为博物馆的设想。善后委员会吸收了一批北大教授，单士元作为北大史学系的新生，对历史考古有着浓厚的兴趣，研习课题也是明清史，因此经教授和善后委员会批准，在 1924 年 12 月加入了善后委员会。

由于家住鼓楼大街北侧，单士元每天步行到神武门进入故宫。初入清宫是在 1925 年 1 月份，正值隆冬，冷宫内寒气逼人。单士元在委员会中任书记员，主要负责登记、挂签。工作服是特制的，没有口袋，还以白带系紧袖口，防止偷盗。在诸位教授的提携下，北大准许他半工半读，一边在故宫查点文物，一边到

1924 年 12 月单世元初入紫禁城，在乾清门前留影。

北大上课。

单士元居住的北城,在清初是满人居住地,后来随着清朝的衰落才逐渐成为满汉杂居。由于溥仪出宫,原本服务清廷之人都没了生活来源,看到单士元戴着清室善后委员会的证章出门,都白眼相加。一次,他刚走出胡同,就有两位老街坊怒目而视,说道:"这小子参加革命党了,把他扔到什刹海里去!"他只能在途中把证章藏起来。

经过十个月的清点,1925年10月10日,故宫博物院正式成立,单士元也被批准留院继续供职,分配到文献馆。他在这里清理并出版原清宫各处存藏的旧档文献史料,并由此耕耘近60年,与同人开创了历史档案学科,出版了多本期刊和专著。同时,他也在继续北京大学的学业,成为北大研究所国学门研究生,毕业论文《总理各国同上事务衙门大臣年表》于1934年发表,国学门主任胡适称其"以毕业论文的撰写补写一代清史稿之遗漏"。

1929年,单士元在北京大学选修西洋史时,一位教授谈到"中国建筑有独特的艺术风格,可惜的是中国现在缺乏专门人才研究本国的建筑艺术"。他听后民族自尊心油然而发,决心探究古建筑领域,从此在钻研明清史、金石学之外,涉猎建筑学。他从清代档案文献中搜集有关故宫和其他重要建筑的沿革、布局规划等史料,并调查北京地区的著名古建筑、古园林,与紫禁城内的各类建筑进行对比研究。

1930年,单士元加入了曾任民国代理国务大臣的朱启钤在北京创办的中国建筑研究机构——中国营造学社。到1937年营造学社因北平沦陷南迁之前,他在学社中整理出《明代建筑大事年表》《明代营造史料》《清代建筑大事年表》等文章,并与学社的谢国桢、梁思成、刘敦桢等人对宋代的《营造法式》一书进行了各种版本的校对研究。他还提出对古建筑的传统工艺技术进行研究,纳入中国建筑史的研究范畴。

1937年单世元(左一)与同门学长为老师孟森祝寿。

1933年1月3日山海关失陷后，故宫博物院理事会决定将故宫部分文物分批运往南方，一批故宫的工作人员也随之南迁。单士元因为是老北京人，仍然留守院中。日军占领北平后，日本文化特务经常来故宫窥探宝物，单士元等留守人员顶住压力，始终不让日本人担任故宫的顾问。

小金丝胡同2号

单士元的学术成就让日本人眼红，先利诱再恐吓，他只得暂时离开故宫，靠变卖家中物品，改名换姓教书维持生计。日本人又派汉奸游说他出山，被单士元拒绝后威胁说要把他投入监狱。单士元一家居住在旧鼓楼大街的酒醋局胡同（今国旺胡同）也因此被汉奸强行低价买走，售卖给日军占用。单士元一家只得搬到银锭桥畔的小金丝胡同，暂居在小南屋里，过着清贫的生活，直至抗战胜利。

新中国成立后，故宫博物院迎来新生，国家着手对宫殿群进行整修。1953年为修缮故宫专门成立了古建筑研究部，单士元任副主任，与同事们共同制订了保护修缮规划，确定了"全面调查、重点修缮、分期实施、科学保护"十六字维修方针，成为故宫古建筑维修基本原则。在此后的数十年间，单士元作为故宫博物院副院长，分管古建修缮工作，对故宫中历经清末、民国未得妥善管理的殿宇楼台宫室进行了系统的维修。

1985年故宫博物院成立60周年之际，单士元作为唯一一位供职60年的故宫人，赋《六十年抒怀》诗一首：

乙丑入紫禁，今又乙丑年。

弹指六十载，仿佛一瞬间。

桑榆已晚景，伏枥心不甘，

奋蹄争朝夕，鞠躬尽瘁然。

故宫博物院曾赠给单士元两块匾额，一为"鸿才硕彦"，一为"国宝卫士"，赞誉他为清史补遗、古建修缮所作的贡献，这也是单士元先生一生的写照。

文／图／任浩

费正清：最懂中国的西方人

故居地址：西总布胡同 39 号

"中国的文明史比任何单个西方国家的文明史都更为广泛和复杂，只是比整个欧洲文明史涉及的范围稍小而已。中国的历史记载浩如烟海，详尽而广泛，中国历史方面的学术许多世纪以来一直是高度发展和成熟的。但直到最近几十年为止，西方的中国研究虽然有欧洲的汉学家进行了重要的开创性劳动，但其进展几乎没有超过翻译少数古代史籍和主要王朝及其制度史纲的程度。"

在《剑桥中国史》的《总编辑序》中，费正清的这段话，正是他对一生所从事研究的对象和任务的最佳描述。

费正清（John King Fairbank，1907—1991 年），美国学者、汉学家，哈佛大学终身教授，哈佛大学费正清东亚研究中心创始人。早年间美国的中国问题专家绝大多数出自费正清门下。

费正清一生中来过中国 5 次，亲历了中国的战乱、革命、建设与改革开放，结识了上百位国共双方的重要人物，见证了中国半个多世纪的风云变幻。费正清是西方"头号中国通"，他的名言是"把中国想象成和我们一样是错误的"，他对中国问题的研究和观点，都直接或间接影响了美国政界和公众对中国的看法以及美国政府对华政策。20 世纪 70 年代，基辛格与费正清就如何恢复中美邦交问题的讨论助推了中美恢复外交关系。因此可以说，费正清既是中国历史的观察者和研究者，也是中美交往的亲历者。

1932年年初，费正清第一次来华。彼时，费正清正在牛津大学攻读博士学位，他的研究方向是现代中国。年轻有为的费正清认为：从事中国研究不能待在欧洲，局限于西方史料，应该体验中国生活，依托中国本土进行实地考察。于是，他申请到罗德奖学金，成为第一位赴中国的罗德奖学金学者。

费正清乘船月余抵达吴淞口，即乘火车赴北京，租住在西总布胡同21号，现门牌号为39号。走进西总布胡同，眼前一亮，经过前几年的"街巷整治"行动，胡同面貌大为改观，没有了乱停乱放的车辆，没有了"开墙打洞"和私搭乱建。

西总布胡同长700多米，沟通着东单北大街和朝阳门南小街，胡同西口南墙嵌有一标牌，介绍了胡同的演变史，也提到美国汉学家费正清曾住在39号。当年的西总布胡同39号是一座标准的三进四合院，共有20多间房屋，而现在临街那五间起脊合瓦屋面的倒座房已然变了模样，院内沿东墙建起了楼房，几棵大树隔墙可见。眼前的39号院街门紧锁，曾经的旅馆关门大吉，临街"开墙打洞"违建的店铺也在"街巷整治"中被重新恢复原貌。在寻访时，笔者顺带走访了隔壁的41号，原先39号院的大门和院内的房子与41号院的规模和布局大同小异。41号院的北屋与费正清当年身着中式长袍马褂照片中的起脊和瓦屋面的北屋一般样貌。

他这样描述这处引人入胜的院落："首先映入眼帘的是两扇红漆大门和闪光的黄铜门环。进入里面你还可以看到一个供仆人居住的宿舍区。通往中院的门前有一

面砖砌的辟邪迎福的照壁，这是一块抵挡邪魔的屏障，因为妖魔只能直线进入（也包括遮挡外人好奇的视线）。院子里花坛每天都会有所更新，只需要更换花盆即可，不需要等着花开花落，花坛上总是鲜花盛开。转过客厅之后映入眼帘的也是一个花园，两边是书房、卧房、浴室和储存室。灰色瓦顶下的每个椽子之间分隔得很清楚。"对于如此美好的环境，费正清这样评价："显然，如果可以的话，世界各地的艺术家和美学家都会想退休后定居北京，渴望享用中国上层社会的精致生活。"

总布胡同因明朝设总铺衙署于此而得名

"总铺胡同",是管理劳役和捐税的地方,清朝改称"总布胡同",清末分为东西两部分,民国后期又把与之相交的一条南北向胡同改成"北总布胡同",构成知名的"三总布"。这一带也上演了许多京城的名人故事。

当年6月,费正清搬入这套院子,未婚妻威尔玛·坎侬很快来到北京,二人便在此完婚。西总布胡同靠近美国人兴建的协和医院,而费正清的岳父坎侬博士在美国医学界颇具盛名,很快让协和医学院的朋友介绍他认识了胡适、陶孟和、丁文江等曾留学西方的中国学界领袖。在这个院子里,他们接待过著名进步记者艾格尼斯·史沫特莱并支持她的人权事业;他们也与梁思成、林徽因夫妇成为一生的挚友。

当时梁林二人租住在北总布胡同24号,因同去参观附近的美术展览而相识。两家离得很近,志趣相投,四人因此结伴去山西考察古建筑,费太太爱好的文物修复工作也在中国建筑史研究中产生了影响。

费正清故居正门

他们还时常去参加梁林家中的文化沙龙,与更多的中国知识分子有了交集——哲学家金岳霖、政治学家钱端升,还有陶孟和、陈岱孙以及物理学家周培源等。梁思成为夫妇二人取了中文名字"费正清"和"费慰梅"。十年后,在战时的重庆再度相逢时,梁思成紧紧握着费正清的手足有五分钟,但知道他改了中文名,又特意强调"费正清的意思是'费氏正直清白',使用这样一个中文名字,你可算是一个真正的中国人了"。从此,这个"正直清白"的名字再也没有离开这位历史学家。

和一般在华英美人士不同,打算研究中国文化的费正清夫妇不想只生活在西方人的小圈子里,他们不但广泛结交中国的知识分子,也决定真正投入中国的市井生活之中。他们去天桥听书、看杂耍,去北京的剧院看戏曲,去商店买东西也学着讨价还价,慢慢地变成了"老主顾"。

1933年,费正清的奖学金申请被拒绝,历史学家蒋廷黻为其解困,联系了清华大学的教职,而费慰梅也开了绘画班,还卖出不少画,这也让他们有了更多和中国人接触的机会。即便此后得到资助,他们也继续走访中国各地考察,并逐渐对中国人民深重的苦难产生同情：在华北平原，他们看到北方农村荒芜的景象、饱受缠足痛苦的妇女；在上海，他们参观了环境恶劣的缫丝厂和纺织厂，女工们行尸走肉般的辛劳工作让他们大感震惊。这些都与北京优雅精致的上层生活形成鲜明对比。

他们感受到自己作为西方人得到的特权庇护，费正清打趣地把自己说成是"比较高级的不可接触者"，他们走到哪里都得到政府和士兵的保护，但目的都是让他们与社会中的其他人保持距离，避免招来麻烦。也正是这样的特权才使得他们可以近距离地观察中国的苦难历程。

1935年，费正清夫妇离开中国。费正清回到牛津大学完成博士论文，获得哲学博士学位，随后于1936年回到母校哈佛大学历史系任教。日本侵华行径让东方学成为备受关注的显学，费正清与中国文化研究在美国得到前所未有的重视。1941年，他被征召至美国情报协调局，1942年珍珠港事件后被迅速派往中国，战时在重庆一年，战后又至上海一年，担任情报局官员和新闻署驻华分署主任，协调中美两国文化交往。

又在西南的昆明、重庆、李庄见到在北京时谈笑风生的朋友们，费正清被昔日的学术精英们极端困苦的生活所震惊，但也为学者朋友们继续从事学术研究所表现出的不屈不挠的精神深深感动。在他的斡旋下，一些学者受邀赴美，其他人也得到相应的帮助。他仍然坚持在各地走访，战时中国社会的苦难和矛盾一览无余，而在与国共两党的交往中，他也越来越清楚地感到蒋介石失去民心而共产党成为中国民众希望的事实。他在战后回到哈佛大学，并多次清晰地表达自己的观点，因此在中华人民共和国成立后，被麦卡锡主义者指控为"让美国失去了中国"。1972年尼克松访华，费正清的作用再次得到重视，他强调的"只有一个中国"也成为中美关系史上一个崭新的亮点。

40年后再度回到故居，费正清很有些伤感："这座两进的院子合二为一，显得破旧不堪，成了一个住有30多户人家的大杂院，从前的花园早已被种植的一些蔬菜取代，几乎辨识不出这里是我们昔日的小院了。……院子里大部分的住户都是机关职员。北京的人口早已增长了几倍，这里的情况也是人口增长的结果。"此次访问与重庆时的旧相识周恩来总理长达数小时的会谈，成为他作为中美关系专家一生中的浓重一笔。

文/图/刘国庆 任浩

赵朴初：佛法书法两昆仑

故居地址：西城区大拐棒胡同 17 号；南小栓胡同 1 号

赵朴初（1907—2000 年），中国共产党的亲密朋友、中国人民政治协商会议第九届全国委员会副主席、中国民主促进会中央名誉主席、中国佛教协会会长，著名的社会活动家、杰出的爱国宗教领袖、书法家、诗人。

赵朴初早年就读于东吴大学。1928 年，任上海江浙佛教联合会秘书、上海佛教协会秘书、净业教养院院长。1938 年，任上海文化界救亡协会理事，中国佛教会主任秘书，上海慈联救济战区难民委员会常委兼收容股主任，上海净业流浪儿童教养院副院长，上海少年村村长。1945 年，参与发起组建中国民主促进会（简称民进），历任民进上海分会副主任，民进上海市委主任委员，民进中央委员、常委、副主席，民进中央参议委员会主任。1946 年，任上海安达运输公司副总经理。1949 年，任上海临时联合救济委员会总干事，中国人民保卫世界和平委员会常委、副主席，亚非团结委员会常委。1950 年，任中国人民救济总会上海分会副主席兼秘书长，华东军政委员会民政部副部长、人事部副部长，上海政法委员会主任。1953 年，任中国佛教协会副会长兼秘书长，中国作家协会理事，中日友好协会副会长，中缅友好协会副会长，中国红十字会副会长、名誉副会长，中国人民争取和平与裁军协会副会长。1980 年，任中国佛教协会会长，中国佛学院院长，中国藏语系高级佛学院顾问，中国宗教和平委员会主席，中国书法家协会副主席。

1949 年，赵朴初代表佛教界出席中国人民政治协商会议第一届全体会议；1952 年，发起并筹备成立中国佛教协会；1982 年，赵朴初被授予日本佛教传道协会传道功劳奖和日本佛教大学名誉博士学位；1985 年，日本庭野和平财团授予赵朴初"和平奖"。

赵朴初的著作有《佛教常识答问》《滴水集》《片石集》等。

2000 年 5 月 21 日，赵朴初因病在北京医院逝世，享年 93 岁。

赵朴初生于四代翰林之家，六世祖赵文楷是清嘉庆元年（1796 年）的状元。嘉庆五年（1800年）五月，赵文楷以钦差身份出使琉球期间，廉洁自律，尊重当地的民风民俗，深受当地人民的爱戴。1987年赵朴初曾到琉球参观访问，目睹了先祖赵文楷的墨迹。赵朴初的父亲赵恩彤（1884—1960年），受教于著名学者严复，以优异成绩毕业于安徽高等学堂。面对纷纭乱世，赵恩彤放弃湖北省候补知县之职，潜心钻研字画。

1919年秋，赵朴初离家赴上海求学，1922年春，插班考入苏州东吴大学附中。赵朴初在上海期间，由母亲陈慧的亲戚关静之照顾，住在关静之的胞弟关絅之的家里。关絅之是上海著名的爱国人士、大法官，致力于佛教事业，是上海佛教居士林和中国佛教会的发起人。上海佛教净业社设在关絅之家的觉园。耳濡目染大师们谈禅论教，赵朴初开始信仰佛教。

1928年至1935年，赵朴初在净业社学习和工作，参加爱国护法活动。他担任过净业社的文牍员、秘书、文书，经常与高僧们交往。九世班禅在觉园成立的蒙藏学院、斯里兰卡纳罗达法师讲授的南传佛教，使赵朴初在教理上受到三大语系（巴利语、汉语、藏语）的熏陶，而《大藏经》与其他佛教的经、律、论，使他更加深入理解了佛教的真谛。

1935年秋，赵朴初由上海圆明讲堂的圆瑛法师（时任中国佛教会理事长）介绍成为在家居士，接受了在上海的九世班禅灌顶，正式升堂入室，皈依佛门。

1936年，赵朴初参加了抗日救亡运动，发起并成立了中华佛教护国和平会，他作为上海慈善团体联合救灾会的常委，驻会主持工作，开展救助难民工作，先后设置了50多座收容所，收容难民50多万人次。同时，进行抗日救亡宣传教育和组织工作，先后输送4000多人参加了抗日武装。抗战胜利后，赵朴初积极投身于反对内战，保卫和平的活动中。

1939年，为现实社会民主，赵朴初参加了宪政促进运动，与国民党当局进行面对面的斗争。1945年12月30日，作为创始人之一，赵朴初与马叙伦、王绍鏊、林汉达、周建人、雷洁琼等在上海成立了以"发扬民主精神，推进中国民主政治之实现"为宗旨的中国民主促进会。赵朴初是民进卓越领导人。

1950年，华东军政委员会和上海市军管会决定，由赵朴初接收美国经济合作总署的救济物资。1951年12月，"三反"运动开始后，上级对赵朴初进行审查，他坚持"不乱说自己，不乱说别人，不自杀"的原则。审查证明，赵朴初不但没有问题，而且工作表现优异，得到了上级的肯定。

1952年，赵朴初受命筹备成立中国佛教协会。1953年5月30日，中国佛教协会在北京成立，赵朴初任副会长兼秘书长。

赵朴初致力于中外友好交流。1951年，他代表中国佛教界向日本佛教界赠送观音像，打开了中日民间友好交流的大门。1962年，在赵朴初的倡议下，中日佛教界共同开展了纪念鉴真和尚逝世1200周年的活动，推进了中日友好进程。1980年，赵朴初推动和组织了鉴真和尚塑像回国探亲的活动，掀起了中日民间友好往来的高潮，为中日邦交正常化起到了促进作用。1993年，赵朴初提出佛教是中日韩三国友好交流的"黄金纽带"，得到三国佛教界一致认同，并轮流在中国、韩国和日本召开了三国佛教友好交流会。这些活动发挥了宗教在国际交往中的积极作用，为维护亚洲和世界和平做出了贡献。

1961年7月25日至28日，以赵朴初为团长的中国宗教界代表团，出席了在日本京都召开的"世界宗教徒和平会议"。他在会议上发言时指出：维护和平，消灭战争，是全世界范围的事业。我们的目标是共同的，而面对共同的目标，不同的宗教信仰者之间应该亲密携手。团结就是力量，只要宗教徒们紧紧地和世界人民团结在一起，就一定能够在保卫和平事业中发挥巨大的力量。他的发言使会议宣言起草委员会的成员备受鼓舞，会议顺利通过了《京都宣言》并取得了巨大成功。

1973年，南京金陵刻经处创始人杨仁山的孙女杨步伟、孙婿赵元任夫妇回国访问，周恩来总理亲自接见了他们，在讨论保护和恢复金陵刻经处问题后，周总理将恢复金陵刻经处的任务交给了赵朴初。赵朴初排除干扰，为恢复金陵刻经处四处奔波，金陵刻经处又一次起死回生。

1975年10月，中国邀请日本佛教巡礼团访华，赵朴初全程陪同。他在致辞中讲道："中国有十亿人口，其中一定会出现复兴中国佛教的人才。我对中国佛教的未来毫不悲观"。"文革"结束后，为了中国佛教的复苏与宗教政策的落实，赵朴初呕心沥血，辛勤工作。

赵朴初也是享誉海内外的著名作家、诗人和书法大师。他对中国古典文学有着十分精湛深入的研究，在诗词和书法方面都达到了很高的造诣。1983年2月，日本著名佛教领袖、京都清水寺大西良庆长老在108岁圆寂前十天，为清水寺大讲堂预写了楹联上联"风光千里来"，嘱咐弟子等赵朴初居士来时完成下联。后来，赵朴初到清水寺时完成了下联"妙法一音演"。

赵朴初是慈善家，晚年体弱多病，还亲自为遭受自然灾害的地区筹集救灾款。他率先垂范，为受灾的群众和希望工程捐资。赵朴初在1996年10月立下遗嘱："除眼球献给同仁医院眼库外，遗体其他部分凡可以用来救治伤病的，请医师尽量取用……不留骨灰，不要骨灰盒，不搞遗体告别，不要说'安息吧'。"

1954年11月，赵朴初到北京工作，在大拐棒胡同17号安家。大拐棒胡同位于

南小栓胡同1号院

西城区大红罗厂街与西四东大街之间，南北走向。当年的17号是个小三合院，现在此处是一栋建于1990年的6层住宅楼，楼前面的15号是西城区大拐棒幼儿园。1962年后，赵朴初的工作日益繁忙，与他交往的人也逐渐增多，17号院已经不能满足需要。时逢去世不久的贺耀祖（全国政协委员、民革中央常委）家属将南小栓胡同1号院交还给国家。在周恩来总理的关怀下，赵朴初搬入南小栓胡同1号院，一住就是38年，直到去世。

南小栓胡同位于西城区东绒线胡同北，以前叫东拴马桩，据说吴佩孚（民国时期直系军阀首领）在这里养过马。也有人说原先叫东拴马庄，是紫禁城马夫们的住处。1965年，东拴马桩胡同改名为东栓胡同，后又改为南小栓胡同。

南小栓胡同1号是一座坐北朝南的三进四合院。东院有两间房，外间是赵朴初的书房，里间是佛堂；中院是起居室、餐厅及服务人员的房子；西院北房中间是客厅兼书斋，东侧是办公室和卧室，西侧住着赵朴初夫人的妹妹一家。院里有两颗大枣树和一片小竹林。佛堂是在周恩来总理关心下设立的。佛堂正中供奉着一尊卢舍那佛像。在这里，赵朴初敬香拜佛，接待国内外高僧大德、佛教人士。

以前的南小栓胡同东起南文昌胡同，西至东栓胡同，全长72米。现在的南小栓胡同已经变成了一条死胡同，被东绒线胡同49号的国家保密局截去了一大半。在东绒线胡同78号院对面的南文昌胡同前行约50米，西侧便是南小栓胡同，胡同口北侧就是赵朴初故居，也是这条胡同现在唯一的院落。

文/张进　图/韩天放

范长江：新中国新闻事业的开拓者

故居地址：东城区煤渣胡同 3 号；西城区罗圈胡同 12 号

范长江（1909—1970 年），新中国新闻事业的奠基人和开拓者之一。1937 年 11 月 8 日，他发起成立"中国青年记者协会"。2000 年，这个日子被定为中国的"记者节"。以他的名字命名的"范长江新闻奖"（后与"韬奋新闻奖"合并为"长江韬奋奖"）是中国新闻记者的最高荣誉。

范长江，原名范希天，长江是他的笔名。他出身书香世家，据范氏家谱记载，范长江是北宋杰出政治家、文学家范仲淹第 31 代孙。他自小随祖父学习，先祖范仲淹"先天下之忧而忧，后天下之乐而乐"的思想在范长江内心扎下根。从青年时期起，范长江就在寻求真理的道路上求索，先入读中法大学，后加入贺龙带领的国民革命军第 20 军，参加了南昌起义。起义失败后，他流落汕头，伤病交加，与死神擦肩而过。1928 年，他考入中央党务学校（蒋介石兼任校长），期待能从中找到希望。1932 年，失望至极的范长江转赴北平，入读北京大学哲学系。

从 1933 年起，范长江开始为报刊撰写新闻通讯，他的新闻通讯视角独特，文笔精炼，为此，他被聘为《大公报》的特约撰稿人。1935 年，作为《大公报》旅行记者，范长江开始西北之行，历时十个月，行程遍布西北各省。沿途，他撰写通讯报道，将所见所闻连续在《大公报》刊登。他的通讯报道记录了西北人民的困苦生活，充满敬意地报道了红军长征的信息，第一次如实宣传了红军和红军的抗日主张。《大公报》也成为读者每天争相传看的报纸。文稿后汇编为《中国的西北角》出版发行，堪称中国新闻史上的经典。

西安事变后，范长江冒险前往西安，专程采访了周恩来，冲破国民党的新闻封锁，在《大公报》发表了《动荡中之西北大局》，

煤渣胡同3号人民日报社住宅楼

报道了"西安事变"的真相,传达出中共抗日民族统一战线的政策主张。上了蒋介石"黑名单"的范长江不顾危险,坚持前往延安,成为首位从国统区到访延安的著名记者。

在延安,范长江受到了热烈欢迎。1939年,范长江在重庆秘密加入中国共产党,由此,他开始在党的领导下从事新闻工作。抗战胜利后,范长江到南京,担任中共和谈代表团新闻处长、中共对外新闻发言人。

党中央主动撤离延安后,范长江带领着精干的工作队跟随毛泽东转战陕北,随后转赴西柏坡。在大队人马休息时,范长江一行在门板、灶台或磨盘上撰写出一篇篇战斗檄文,宣传报道了毛泽东和党中央如何在陕北布局整个解放战争,以此指导着国内的新闻舆论宣传,每份稿件都倾注着范长江的心血。

北平和平解放后,时任新华社总编辑的范长江率领中共的"新闻兵"与先头部队一起进入北平,接管国民党的新闻单位,并在两天之内出版了《人民日报》(北平版)。上海解放后,范长江被任命为上海文管会副主任,负责接收新闻机构,筹建新华社上海分社及组建《解放日报》,随后被任命为新华社上海分社负责人和新创刊的《解放日报》社长兼总编辑。

新中国成立后,范长江先后担任过新闻总署副署长、《人民日报》社社长、国务院科学规划委员会秘书长、国家科委副主任、中国科协党组书记、副主席。不管在哪个岗位,范长江都兢兢业业,干一行精一行。

范长江担任《人民日报》社社长时,住在东城区煤渣胡同2号(现门牌3号)。煤渣胡同是一条东西走向的胡同,东口在东单北大街,向西至校尉胡同,再向西就是王府井大街。那个四合院原为国民党《时事日报》所在地,坐北朝南,是个四进四合院,正对大门是一个影壁,每一进都是五开间的北房和三开间的东西厢房,院内方砖漫地,有两棵海棠树,每到秋季,果实累累。作为社长,范长江一家居住在第一进院里。随着煤渣胡同的改扩建,这个四合院被改建成了《人民日报》社员工的住宅楼。

调离《人民日报》社后,范长江搬到了西城区罗圈胡同12号。罗圈胡同位于西长安街南侧，与民族饭店隔街相对。如今，罗圈胡同 12 号早已拆除，原址盖起了国开行大楼，罗圈胡同也与周边的胡同重新规划，建成了南北走向的闹市口中街。

　　据范长江次子范东升回忆，罗圈胡同 12 号大院原为清朝的王爷府。沉重的大门漆色斑驳，雕花的游廊串通起各个院落，四进的院里住了四家。范长江一家住在最里边，圆形的院门上方额匾题有"适园"二字。庭院内湖石磊磊，千姿百态，院墙四壁皆嵌有历代名人碑帖。范长江客厅门上方的额匾是"飘然思不群"五字，来自杜甫《春日忆李白》一诗，那是园林设计者画龙点睛之笔。房间里书柜一个紧挨着一个，放满了古今中外各种书籍，范长江一家在那里度过了十余年难忘时光。"文革"中，"适园"房屋损毁，野草遍地。

　　范长江在北京的两处故居已经消失在城市建设中，但在范长江诞辰一百周年之际，他的家乡四川内江在"范家大院"建起了"范长江故居纪念馆"，纪念馆周边荷塘环绕，景致如画。馆内复建了范长江出生时的小木屋和木床，通过文字、照片和实物展现了范长江的生平。这是第一座为中国新闻界人士修建的纪念馆。

文 / 图 / 刘国庆

罗圈胡同 12 号早已拆除，原址盖起了国开行大楼，罗圈胡同也与周边的胡同重新规划，形成了南北走向的闹市口中街。

时代歌手艾青

故居地址：东四十三条97号；丰收胡同（已不存）

东四十三条，位于东四北大街东侧，呈东西走向，东起东直门南小街，西至东四北大街，北有支巷通东四十四条，中与横街相通，全长724米，宽8米许。此巷明朝属南居贤坊，东段称慧照寺胡同，因此地有慧照寺而得名，西段称汪家胡同。清朝属正白旗，乾隆时沿称，宣统时东段称慧照寺，西段称汪家胡同，民国后沿称。1949年后，东段称慧照寺胡同，西段称汪家胡同。1965年整顿地名时将慧照寺胡同并入，改称东四十三条。20世纪六七十年代一度改称红日路十三条，后恢复现称。胡同内有东四十三条小学。艾青1990年来此居住，故居位于东四十三条97号。

艾青（1910—1996年），浙江金华人，真名蒋海澄（原名蒋正涵，字养源，号海澄），曾用笔名莪加、克阿、林壁等。现代文学家、诗人、画家。中共党员，大专毕业。1928年考入国立西湖艺术院，1929年赴法国习画，1931年在巴黎参加反帝大同盟东方支部。1932年回国后加入左翼美术家联盟，因思想激进被捕，1935年出狱。1941年赴延安，任《诗刊》主编。抗战胜利后，历任陕甘宁边区参议员、区政府文委委员，华北联合大学文艺学院副院长，华北人民政府文委委员，《人民文学》主编。全国人大常委，中国作协副主席，中国文联全委会委员。1932年开始发表作品。1952年加入中国作家协会。著有诗集《向太阳》《火把》《他死在第二次》《旷野》《北方》《献给乡村的诗》《大堰河——我的保姆》《反法西斯》《黎明的通知》《黑鳗》《海岬上》《归来的歌》《彩色的诗》等，论文集《诗论》《新文艺论集》《艾青谈诗》及《艾青全集》(五卷)。

艾青一生有过三段婚姻。1935年，艾青从父母之命，与张竹茹结婚。

1936年，艾青在常州武进女子师范任国文老师，与女学生韦嫈（真名张月琴）

坠入爱河。1939年,艾青与韦嫈结婚,相继诞下女儿艾清明、儿子艾端午。1947年,艾轩在河北深县小李庄出生。

1955年,艾青与韦嫈离婚,艾清明、艾端午和艾轩判给了父亲,妹妹艾梅梅则归母亲抚养。那一年,艾青与刚调到中国作家协会的高瑛相识。1956年3月27日,艾青与高瑛结为夫妻,那天是艾青的生日。

丰收胡同原名豆腐巷,位于建国门内。据《胡同集》记载,400多年前因此地设有豆腐坊而得名。胡同名称沿用至20世纪60年代,其后改称丰收胡同。丰收胡同东起大羊毛胡同,南到老钱局胡同。1956年,艾青和高瑛结婚之前购下了丰收胡同21号院作为居所。可惜造化弄人,1957年,新婚未几的艾青被划为右派,远赴黑龙江、新疆生活和劳动,创作中由此断了二十余年。

1979年,艾青夫妇又回到了这所当年结婚的旧宅里居住,那段时光对艾青来说是惬意和舒适的。据说当年作协准备花高价为他租住高级公寓,但被他婉言谢绝了,因为他心里还是惦记自家老宅。那以后,艾青出任中国作家协会副主席、国际笔会中心副会长等职,出访了欧、美和亚洲的不少国家。创作有诗集《彩色的诗》《域外集》,出版了《艾青叙事诗选》《艾青抒情诗选》,以及多种版本的《艾青诗选》和《艾青全集》。诗集《归来的歌》和《雪莲》曾获中国作家协会全国优秀新诗奖。

1990年,由于丰收胡同拆迁改建,艾青夫妇迁居到东四十三条97号,这是艾青在北京的第二个家,直至今日仍作为私宅使用。故居外观朴素,朱红大门紧闭,老邻居会向前来寻访的游人讲述这里曾经居住过一位著名的老诗人,院中高大的玉兰每年春天仍然会灿然开放。

1990年,由于丰收胡同拆迁改建,艾青夫妇迁居到东四十三条97号,这是艾青在北京的第二个家,直至今日仍作为私宅使用。

文/图/岑宏宇

萧乾：现代文坛多面手

故居地址：西羊管胡同；东总布胡同 60 号；门楼胡同 49 号；
天坛南里；复兴门外大街 21 号楼

萧乾（1910—1999 年），原名萧秉乾、萧炳乾，祖籍黑龙江省兴安岭，生于北京，蒙古族。萧乾是中国现代著名记者、文学家、翻译家，历任英文版《人民中国》副主编、《译文》杂志编辑部副主任、《人民日报》文艺版顾问、《文艺报》副总编、人民文学出版社编辑、中国作协理事、中央文史馆馆长、民盟中央常委、全国政协委员、常委。萧乾一生撰写了 300 多万字的散文、特写、随笔、回忆录及译作。

萧乾是遗腹子，1910 年 1 月 27 日出生在北京一个贫穷的蒙古族家庭。13 岁时母亲去世，萧乾在亲友的帮助下，边读书边劳动：送过牛奶，织过地毯，在北新书局当过学徒工。学徒时，萧乾翻阅了大量的文学作品，确立了他从事文学创作的人生道路。

1926 年，萧乾就读于北平私立崇实中学（今北京市二十一中学），担任过学生会主席和校刊编辑，因加入中国共产主义青年团而被捕。

1928 年，萧乾化名萧若萍在广东汕头礐（què）光中学（今金山中学）做国文教员，一年后考入燕京大学，1930 年转入辅仁大学英文系学习英国文学，后又转入燕京大学新闻系学习，1935 年毕业，曾经师从美国记者埃德加·斯诺。

1931 年，萧乾帮助美国青年安澜编辑《中国简报》，并担任该报文艺版主编。1931 年至 1935 年间，萧乾和斯诺一起编译了《活的中国：现代中国短篇小说选》。1935 年开始，萧乾先后在天津、上海、香港三地的《大公报》当记者，并主编该报的《文艺》副刊。

1933 年，萧乾开始发表小说，被誉为"京派"新进作家。从 1935 年采写《鲁西流民图》开始，他逐渐转向散文、特写的创作。

1939 年，萧乾赴英国伦敦大学东方学院任讲师。1942 年，考入英国剑桥大学英国文学系攻读硕士学位，研究英国心理派小说。不久，第二次世界大战的战火燃遍欧洲。1944 年，萧乾放弃在剑桥大学的学习，担任《大公报》驻英特派员兼战地记者。他是第二次世界大战欧洲战场上唯一的中国记者。1945 年，萧乾赴美国旧金山采访报道联合国成立大会;赴德国采访报道波茨坦会议和纽伦堡对纳粹战犯的审判。1946年,萧乾回国继续在香港《大公报》工作,并兼任复旦大学英文系和新闻系教授。

不惑之年的萧乾,为了迎接新中国的诞生,放弃了在香港的工作,谢绝了剑桥大学中文系的工作邀请,1949年9月回到了北平,他说:"我像只恋家的鸽子,奔回自己的出生地。"

1951年年初,萧乾赴湖南岳阳参加土地改革,在《人民日报》发表的长篇通讯《在土地改革中学习》得到了毛主席的称赞。他采写的反映土地改革的报告文学集《土地回老家》,被译成英、俄、日、德等11种文字出版,向世界展示了中国发生的巨大变化。与此同时,他还翻译了《好兵帅克》《莎士比亚戏剧故事集》《里柯克小品选》等外国文学作品。

1956年,萧乾担任《人民日报》特约记者。1957年,萧乾被下放到唐山柏各庄农场劳动。"文革"期间,他受到冲击,1967年,到文化部在湖北咸宁的"五七干校"劳动改造。1979年得到平反。

1999年2月11日,萧乾在北京病逝,享年89岁。2004年6月,萧乾的骨灰安葬于上海海湾园寝园公墓。2008年4月,萧乾文学馆在内蒙古大学落成。

萧乾在为自己撰写的墓志铭中写道:"死者是度过平凡一生的一个平凡人。平凡,因为他既不是一个英雄,也不是一个坏蛋。他幼年是从贫困中挣扎出来的,受过鞭笞、饥饿、孤独和凌辱。他有时任性、糊涂,但从未忘过本。他有一盏良知的灯,它时明时暗,却从没熄灭过。他经常疏懒,但偶尔也颇知努力。在感情旋涡中他消耗——浪费了不少精力。中年遭受过沉重打击,如晴天霹雳。他从不想做官,只想织一把丝,酿一盅蜜。历史车轮,要靠一切有志气的中国人来推进,他也希望为此竭尽绵力。这是一个平凡人的平凡志向。他是微笑着离去的,因为他有幸看到了恶霸们的末日。"

萧乾出生在北京东直门地区的羊管胡同。1965年,北京市整顿地名,羊管胡同西部与口袋胡同合并,改称西羊管胡同。现在,胡同内已经看不到从前的老房子。萧乾在北京居

萧乾出生在北京东直门地区的羊管胡同。1965年,北京市整顿地名,羊管胡同西部与口袋胡同合并,改称西羊管胡同。

东总布胡同宝成当铺旧址，后面的高楼是天润财富中心。

宝成当铺旧址东侧是56号院。

56号院与天润财富中心大楼之间新建了几间宽敞的平房，房前有草坪，房与房之间有小路相连。这里就是当年的"大酱园"。

住过的其他地方有四处：东总布胡同60号（旧门牌45号）、门楼胡同49号（旧门牌18号）、天坛南里和复兴门外大街21号楼。

东城区朝阳门南小街南端的总布胡同元代就已形成，明朝属明时坊，因胡同内有总捕衙署，故称总捕胡同或总铺胡同。清朝属镶白旗，乾隆时称总部胡同，宣统时以南小街为界，总部胡同被分为东总布胡同和西总布胡同。

在东总布胡同西口有宝成当铺旧址（62号，始建于1919年），当铺东侧的60号是一座三进院落，它曾经是被称作"大酱园"的中国作家协会宿舍，之前"大酱园"是山西人制作大酱的作坊。为了让来京的作家有安身之地，1953年中国作协买下了"大酱园"和它的300多口酱坛子。

对萧乾来说，"大酱园"的回忆是美好。1954年，他在这里和文洁若结婚，婚后翻译了《莎士比亚戏剧故事集》《好兵帅克》《大伟人江奈生·魏尔德传》等经典著作，并写下了《凤凰坡上》《万里赶羊》《时代在草原上飞跃》等优美动人的文章。

2009年，东总布胡同整修，"大酱园"被部分拆除。拆后的院子里只剩下几间小屋，院子后面被夷为平地。如今，宝成当铺旧址东侧是

56号院,其后面是天润财富中心(58号),56号院与天润财富中心大楼之间新建了几间宽敞的平房,房前有草坪,房与房之间有小路相连。这里是就是当年的"大酱园"。

1971年,萧乾回到北京,被安排在门楼胡同49号院最东边的两间房居住。萧乾夫妇的居室只有8平方米,还是用封堵门道改建的。另一间由他们的孩子和文洁若的三姐使用。大门道封堵后,在院子的东墙另开了一个小门,供人出入。

萧乾在门楼胡同49号院住了8年,他的书籍、手稿摆得满屋都是。夫妇二人视工作为生命,他们家的生活全靠三姐支撑照应。

门楼胡同位于东城区北新桥地区,明代已形成。49号院在胡同西段北侧,是一座标准的四合院,已有上百年的历史了。如今,它被修葺一新,在保留原始风貌的基础上,安装了先进的生活设备。院子的大门已经恢复原貌,东墙的小门被保留了下来,只是没有了旧模样。2021年5月20日,门楼胡同49号院入选《北京市第三批历史建筑名单》。

1978年,萧乾从门楼胡同搬到天坛南里,一个临近南二环的三居室楼房。1983年,萧乾又迁入复外大街21号楼的一个四居室。按照萧乾的级别,可以入住隔街相望的"部长楼",但是他不愿意去。

萧乾晚年出访过欧美及东南亚的许多国家进行文化交流,并迎来了他艺术创作的又一个高峰。其间,他先后出版了《红毛长谈》《负笈剑桥》《北京城杂忆》《未带地图的旅人》等十几部新作。八十岁时,他和文洁若开始翻译《尤利西斯》,历经四年,完成了这部世界巨著的中译本。

萧乾的最后时光是在北京医院度过的。病榻上的萧乾依然笔耕不辍,他在散文《最后的微笑》中写道:"在医院的这两年我经常想到死亡这个词,人在一场假死之后,就能正确地面对死亡了。死,使我看透了许多,所以从1979年重新获得艺术生命之后,我就对自己发誓要跑好人生的最后一圈。"在《北京晚报》发表《最后的微笑》的第二天,萧乾与世长辞。

门楼胡同49号院子的大门已经恢复原貌,东墙的小门被保留了下来,只是没有了旧模样。

文/图/张进

季羡林：朗润园中育"季荷"

故居地址：北京大学朗润园 13 号楼

季羡林先生（1911—2009 年）是国学大师、学界泰斗，然而如果在网上查询关于季老故居的消息，首先看到的总是他去世后在北大朗润园的故居被盗案件、审理始末，以及其子季承与北京大学的纠纷，不能不说这是大师身后的一件憾事。

实际上，在季羡林先生的心目中，朗润园的寓所是一处世外桃源，有着美好的景致和温馨的氛围，他后半生的著作也大多在这里写下。

朗润园位于北京大学校园的西北角，原本是圆明园附园，曾先后为乾隆十七子永璘、恭亲王奕䜣和贝勒载涛所有，1920 年由燕京大学购入，后并入北京大学。1957 年为解决员工住房困难，北大在这里修建了几座多层的住宅楼。时任东语系主任的季羡林携家人入住其中的 13 号楼。

季羡林的大半生都在校园中度过：他幼年离开鲁西南的家乡，寄住在济南的叔父家读完小学和中学。1934 年，从清华大学毕业后仅在济南教了半年高中，季羡林又考取了清华和德国的交换研究生，在哥廷根大学研究梵文、巴利文和吐火罗文，并取得博士学位。1946 年，他回到阔别十一载的祖国，进入北京大学教书，从此在北大生活了六十余年。

住进朗润园不久，便遭遇了《牛棚杂记》所记录的那段艰难岁月，其间艰辛酸楚，都已被他记载于书中，但季羡林先生最宏伟的成就——两百多万字的印度史诗《罗摩衍那》中译本也正完成于这段时间。不甘于浪费心智和时间，他白天在学生宿舍看门，心中默默思考译文，晚上回家便笔耕不辍，"雪夜闭门写禁文"，终于"守得云开见月明"，重新获得了学术研究的新生。

不大的单元楼住宅中，被季老塞满了书，他自诩"燕园中的藏书状元"。原本的住宅只有一大一小两间房，到了1990年代，北大又给他增配了对门的一套房，他便专门用以放书，也颇为自得书斋之大："大小房间，加上过厅、厨房，还有封了顶的阳台，大大小小，共有八个单元；册数从来没有统计过，总有几万册吧。"

这个"封了顶的阳台"，对于拜访季老的学者来说也是印象深刻："其中一个书房，是用凉台改装的，四个简易木质书架，叠罗汉般地矗着。书们便有惊无险地拥挤在其中。访者隔着书桌，与季先生相向而坐。不仅书桌上有书，而且上、下、左、右全是书。因此，说季先生坐拥书城，挥笔如剑，绝是不为过的。"

屋内是万册藏书，屋外是名园美景。季老在20世纪80年代初把自己的散文集也命名为《朗润集》："我在北京大学朗润园已经住了将近二十年，这是明清名园之一，水木明瑟，曲径通幽，绿树蓊郁，红荷映日，好像同《红楼梦》还有过一些什么关系。我很喜欢这个地方，也喜欢'朗润'这个名字。"

他在散文《月是故乡明》中对这里的风景有过更为细致的描写："此地既然有山，有水，有树，有花，有鸟，每逢望夜，一轮当空，月光闪耀于碧波之上，上下空，一碧数顷，而且荷香远溢，宿鸟幽鸣，真不能不说是赏月胜地。荷塘月色的奇景，就在我的窗外。不管是谁来到这里，难道还能不顾而乐之吗？"

他珍惜这美景，也特别喜欢凭窗眺望，细细品味园内的景色。在季老的笔下，本不起眼的朗润园仿

朗润园13号楼对面湖里的荷花便是当年季老亲手种下的。

佛有了世间少有的魅力，甚至生病住院时也急切地要回去看看他的"季荷"。

朗润园池塘里茂盛的荷花，出自季老之手，也因此得到了"季荷"的名号。他在《清塘荷韵》中提到，楼前池塘缺少荷花，总是一块心病，有人从湖北来，带来了洪湖的几颗莲子，他就用铁锤在莲子上砸开了一条缝，让莲芽能够破壳而出，随后便把五六颗敲破的莲子投入池塘。可惜等了两年，都没有荷叶冒出水面。到第三年，忽然有几片圆圆的荷叶出现在投莲子的地方，季老便天天观望，细心呵护。到第四年，荷叶终于覆盖了池塘，大片荷花接踵而至，真是"映日荷花别样红"。同在朗润园的周一良先生因此谓之"季荷"。

初冬，"季荷"已褪去靓丽姿容，成为一池残荷，却也别有一番韵味。

在季老的笔下，他的一生也正如这"季荷"的故事一般"无心插柳柳成荫"。从年少时就读清华大学西语系，到担任国文教员，又远赴德国学习多种语言，回国执掌北京大学东语系；从研究语言到历史，又到翻译家，触类旁通地由东方文化研究而到中国历史和国学知识，晚年更以平易亲切的散文为青年人所熟知。

直到今天，在经过修整改造的朗润园中，池塘里依旧弥漫着季老栽种的"季荷"，一如季老文章中时时流露的细腻情感和对自然无限的热爱。

文／图／任浩

邓拓：出版第一部"毛选"的新闻家

故居地址：东城区煤渣胡同3号；遂安伯胡同5号（已拆）

邓拓（1912—1966年），乳名旭初，原名邓子健，笔名邓云特、左海、殷洲、马南邨、于遂安等。邓拓是杰出的新闻工作者、政论家、历史学家、诗人、杂文家和书画收藏家。新中国成立前，历任中共晋察冀中央局宣传部副部长、党报委员会书记、《晋察冀日报》社长兼总编辑、新华社晋察冀分社社长等职。新中国成立后，历任《人民日报》社长兼总编辑、《前线》杂志主编、中华全国新闻工作者协会主席、中共北京市委宣传部部长、中共北京市委书记处书记、中共中央华北局书记处候补书记等职。邓拓是中共第八次全国代表大会代表、全国政协第一届会议代表，第一、二、三届全国人大代表。1955年，邓拓当选为中国科学院哲学社会科学学部委员。

邓拓从小酷爱文学艺术，一生笔耕不辍。他的杂文题材广泛、思想深刻、短小精悍、富有哲理，他在历史研究、文物鉴赏、诗词、书法等方面有很深的造诣。邓拓的主要著作有《中国救荒史》《论中国历史的几个问题》《燕山夜话》《三家村札记》（与吴晗、廖沫沙合著）《邓拓诗词选》《邓拓散文》《邓拓诗文选》《邓拓文集》等。

1912年2月26日，邓拓出生在福建省福州市闽侯县一个旧知识分子家庭，出生时正值旭日东升，父亲邓仪中给他取名邓旭初。邓仪中是清光绪二十九年（1903年）最后一科举人，曾在广西任知县，民国时期任福州女子师范学校国文教员。在邓仪中的九个子女中邓拓最小。邓拓的童年生活清苦，全家只靠父亲在私塾教书的微薄收入维持生计。邓仪中对孩子们的管教非常严格，要求他们黎明必须起床，背诵古诗文，练习书法。

1919年，邓拓进入闽侯县立第一小学学习，并改名"邓子健"。受五四运动的影响，邓拓阅读了大量的中国古典文学著作和进步书刊。

1923年，邓拓升入福建省立第一高级中学（今福建省福州第一中学），接触到《新青年》《新潮》等刊物，刊物的先进思想对邓拓影响很深。邓拓与同学组织了"野草社"，自编自印了《野草》社刊，开始了他的写作生涯。

1929年，邓拓考入上海光华大学社会经济系，次年冬参加了中国社会科学家联盟（简称"社联"），不久秘密加入了中国共产党。邓拓一面在大学读书，一面从事工人运动。先后担任过社联和上海反帝大同盟党团书记、中共上海法南区委宣传干事、部长和南市区工委书记等职。1932年，在参加上海纪念"广州暴动"五周年游行时被捕入狱，翌年春被父亲保释出狱。

1933年冬，邓拓参加了"福建事变"，在"人民革命政府"文化委员会和外交部任职。"福建事变"失败后，邓拓转入河南大学社会经济系继续学习。

1936年，在中国共产党的领导下，河南大学进步学生纷纷加入中华民族解放先锋队，邓拓被推举为开封支队总支队长。他在开封的活动引起了军统特务的注意，1937年6月邓拓再次被捕入狱，"七七事变"后获释。

1937年抗日战争爆发后，邓拓放弃了历史研究，投笔从戎，奔赴抗日前线。到达晋察冀边区后改名"邓拓"。在艰苦的战争年代，邓拓率领一支年轻的新闻队伍，出生入死，转战于太行山一带，在游击战中坚持办报。

马兰村位于河北省阜平县城南庄镇西部深山区，曾是《晋察冀日报》所在地。1942年3月7日，邓拓与丁一岚结婚，他们的大女儿邓小岚一出生就被寄养在马兰村附近一户老乡家。邓拓的笔名"马南邨"谐音"马兰村"，即表达对马兰村战斗生活的怀念。

1942年7月1日，邓拓为《晋察冀日报》撰写了纪念建党的社论，高度评价了毛泽东对中国革命的贡献。这是在中国共产党的历史上，最早系统论述毛泽东思想的重要文章之一。1944年5月，邓拓任总编，出版了五卷本的晋察冀版《毛泽东选集》，这是正式出版的第一部毛泽东选集。邓拓在"编者的话"中，高度评价了毛泽东在中国革命史上的伟大作用。

1948年6月，《晋察冀日报》与晋冀鲁豫《人民日报》合并为《人民日报》后，邓拓调任华北局政策研究室主任；1948年10月，转任中央政策研究室经济组组长；1949年8月起，邓拓先后出任《人民日报》社总编、社长，同年被聘为北京大学法学院兼职教授。

邓拓在《人民日报》社主持工作期间，十分重视评论工作。1949年《人民日报》的社论和评论全年90余篇，到了1951年，仅社论全年发表了208篇。邓拓十分注重报社与群众的联系，他曾说："编辑部的工作重点应在报社之外，不应在报社之内，我们要想尽一切办法，把千根线索伸展到群众中去！"

1956年，在邓拓的主持下，《人民日报》进行了全新改版，由六个版增加到八个版。他要求改革后的《人民日报》要多反映现实生活，多报道工农战线的成绩和建设者们的战斗生活。这是新中国成立以来党报新闻改革的第一次重要尝试。次年，整风运动开始，邓拓被扣上"书生办报"、"死人办报"的帽子，被调离《人民日报》社。邓拓为此写下《七律·留别人民日报诸同志》："笔走龙蛇二十年，分明非梦亦非烟。文章满纸书生累，风雨同舟战友贤。屈指当知功与过，关心最是后争先。平生赢得豪情在，举国高潮望接天。"

离开《人民日报》社后，邓拓进行了广泛的社会调查，收集了大量的文书、契约等第一手资料，撰写了论文《从万历到乾隆——关于中国资本主义萌芽时期的一个论证》。

1961年3月，邓拓应《北京晚报》之约，以马南邨的笔名在北京晚报副刊《五色土》开设《燕山夜话》专栏，发表杂文153篇。不久，与吴晗、廖沫沙合作在《前线》杂志《三家村札记》专栏撰写杂文。

1966年3月，邓拓被被迫居家停职检查。1966年5月，"文革"开始后，对《三家村札记》《燕山夜话》进行批判，邓拓（时任北京市委书记处书记）、吴晗（时任北京市副市长）、廖沫沙（时任北京市委统战部部长）被打成"三家村反党集团"。邓拓身心受到极大摧残，在留下一封6000字的《致北京市委的一封信》和一页纸的《与妻子的诀别书》后，服用安眠药结束了他54年的曲折人生。1979年9月5日，邓拓追悼会在北京八宝山革命公墓礼堂隆重举行，为邓拓平反，恢复名誉。

1949年3月15日，《人民日报》社随中央机关由河北省平山县里庄乡迁入北平后，接管了位于王府井大街117号（今277号）的国民党中央直属党报《华北日报》报社和国民党英文版《北平时事日报》报社所在的煤渣胡同2号院（今3号）。

煤渣胡同位于北京东城区协和医院北，3号院在胡同东口北侧，当年是一座四进四合院。1949年8月至1957年6月，邓拓任《人民日报》社总编时，住在第三跨院。1964年煤渣胡同3号被拆除，在原址建成了《人民日报》社宿舍楼。现在，3号院的紫色大门内是一栋八层高的浅黄色楼。

1957年夏，邓拓由《人民日报》总编辑改任社长，全家从煤渣胡同2号搬到了遂安伯胡同5号（1964年后改为11号），他在这里住了整整九年。

遂安伯胡同位于东城区东单北大街东侧，形成于元代，明永乐年间，因遂安伯陈志在此居住而得名。

煤渣胡同2号院（今3号）

现今在金宝街西北段的遂安伯胡同里还残存着几个破旧的院落。

邓拓笔名"于遂安"就源于此。陈志是明朝燕山护卫指挥佥事，因护驾有功，朱棣皇帝赐其遂安伯的爵位。原来的遂安伯胡同总体为东西走向，全长578米，宽7米许，西端折向北，接西石槽胡同。

遂安伯胡同的5号和6号本是一座四进四合院，曾经是陈志的宅邸。邓拓搬来时，前院住着同仁堂第十三代传人、天津乐仁堂老板乐佑申一家，后院住着著名漫画家华君武一家，邓拓一家住在第三进院。邓拓次女邓小虹在《遂安伯胡同5号——邓拓的家》一文中写道："我家院子里花木繁茂，有团松、丁香、葡萄。院角一棵老柳树树干粗得要三个孩子手拉手才能合抱，一架藤萝遮盖了半个院子，那是由三株老藤盘结而成的。春天，架子上垂满了淡紫色的藤萝花，散发出淡淡的清香，蜜蜂在花中飞来飞去，嗡嗡作响；夏天，枝蔓茂盛，绿隐蔽日，站在下面凉爽宜人。"邓拓很喜欢这架藤萝，他的办公室兼书房取名"紫藤斋"。

紫藤斋布置得朴素整洁，迎面墙上挂着一条"一砚山房"的横幅，以表示主人对所收藏的苏东坡古砚的喜爱之情。靠墙是装满书的书柜，窗边是书桌，放着文房四宝，书桌旁挂着俞启慧（中央美院版画系教授）创作的木刻版画《战友——鲁迅与瞿秋白》。邓拓最敬重鲁迅和瞿秋白，称他们是"现代革命文人"。客厅里只有一套沙发和茶几，由于身体多病，每天要带着钢背心工作的邓拓，只能在家办公和会见客人。紫藤斋与邓拓的卧室相通，卧室又与夫人丁一岚的卧室相通。邓拓的5个儿女分别住在东西厢房。

2002年建设金宝街时，遂安伯胡同被拆除，现今在金宝街西北段的商铺之间还残存着遂安伯胡同的25号、33号、37号和53号等几个院落，院中大多住着打工者或拾荒人。

金宝街路北距金鱼胡同不远处，有一段长约30米的没有路牌的胡同与西石槽胡同相连，据当地居民讲，这就是残存的遂安伯胡同。胡同南口左拐十几米就是当年5号院中老柳树的位置。

文/图/张进

何其芳：从新月派诗人到革命文艺理论家

故居地址：东城区西裱褙胡同 36 号

可能很多年轻人没有听说过何其芳（1912—1977 年）这个名字，但是在年龄稍大的人中间，他还是很有名气的。新中国成立前，他的诗作影响了不少人。1949 年后，他逐渐转型从事文化事业领导工作，先后担任全国作家协会书记处书记、中国社会科学院文学研究所所长、《文学评论》主编，领导了新中国文学研究和评论，他还是最早的社科院学部委员（院士）。何其芳由新月派诗人转型成为马克思主义文艺理论家，成为新中国文学研究的领军人物。

何其芳出身重庆万州一个大户人家，3 岁就随祖父和母亲念读古诗。读私塾时，在枯燥的必读书籍之外，他偷着读自己喜欢的书籍。何其芳对诗歌的热爱始于小学年龄段，他最喜欢李白、杜甫的诗词，觉得"从他们那里感受到了艺术的魅力、艺术的愉快。"他从唐人绝句、晚唐诗词汲取到了充足的养分，上中学后，何其芳开始作诗。

1929 年，何其芳从万县赴京，先后就读于清华大学外文系、北京大学哲学系。在北大，何其芳经常泡在图书馆，达到了痴迷的程度，几乎读完了图书馆所有的外国文学作品和中国古典文学作品。在此阶段，何其芳开始写抒情散文，他的散文写实性强，乡土味浓，但笔调含蓄。1931 年，他在代表作《预言》中写道：这一个心跳的日子终于来临／呵／你夜的叹息似的渐近的足音／我听得清不是林叶和夜风的私语／麋鹿驰过苔径的细碎的蹄声／告诉我／用你银铃的歌声告诉我／你是不是预言中的年青的神？

1935 年，何其芳从北京大学毕业，先后任教于天津南开中学和山东莱阳乡村师范学校，期间发起创办进步刊物《工作》。1938 年，何其芳赴革命圣地延安，同年加入中国共产党。一到延安，何其芳就被任命为鲁迅艺术学院文学系主任，1947 年还曾担任过朱德的秘书，可见他的能力之强和党中央对他的信任。1944 年，何其芳被派遣赴重庆，在周恩来的直接领导下开展文化界的统一战线工作，并出任《新华日报》副社长。在重庆，他一直坚持到抗战结束，是最后一批撤返延安的。

何其芳天性率真，为人、为文坦诚。他坦言，到延安前自己写的那些诗是一个脱离政治的小资产阶级知识分子对人生的稚嫩认识。只有来到延安，自己的感情才强健起来，也才能写出真正属于人民的作品。他用革命性极强的诗作讴歌普通的人民群众，充满时代的强音，为革命文艺做了大量的拓荒工作，曾被延安边区树立为"脱胎换骨进行思想改造的先进典型"。"我的工作就是为抒情散文发现一个新的园地"，他治学严谨、刻苦勤奋，在艺术上不断进行新的追求和探索，在文学理论上不断创新，建树独特，并根据现代汉语的规律，提出了建立现代格律诗的主张。

新中国成立后，何其芳基本放弃了写作，主要从事文学艺术界的领导和组织工作及从事文学评论和文学理论的研究和教学工作。1953 年，他和郑振铎一起组建了文学研究所，最初隶属于北京大学，后归属中国社会科学院。在任上，何其芳圆满完成了毛主席交给的一项重要政治任务：选编古人不怕鬼的故事，作为干部读物，下发至中央委员人手一册。毛主席对书的内容和何其芳所作序言再三修改。

何其芳，个头不高，走在路上貌不惊人，总是穿着宽松的蓝色中山装，脚蹬圆口黑布鞋，肩上不是扛着雨伞，就是一根棍子，挂着鼓鼓囊囊的旧书包，走路一摇一摆。路人谁也想不到，他就是大名鼎鼎的诗人何其芳，就是那位吟诵出"美艳得令人窒息诗句"的诗人。

在北京大学，何其芳住在燕东园 42 号，那是一座欧式小楼，现在是北京大学附属小学的办公用房。文学研究所归属中国社科院后，为了方便上下班，他搬到了距离中国社会科学院不远的西裱褙胡同 36 号，那也是一座两层小楼，从罗雪村的《我画文人故居》一书中可以得见小楼风貌。

在 20 世纪 80 年代，笔者与何其芳次子、任职于中国国际友谊促进会的何辛卯曾一起接待过荷兰一个摄制组，拍摄中国的长城，后来应邀去过他位于西裱褙胡同的家。那座独门两层红砖小楼在周边很是显眼，从外看去很宽大，但是楼内显得很局促，除了 60 多个书柜、书架，没什么家具，满眼看去都是书，书柜放不下，就堆在何其芳的办公室、卧室，连楼梯的半边也是书，整座小楼像个书库。他把书当命，"我醒来看到四壁的图书，感到平安和无比的幸福"。这些书在何其芳去世后，由夫人全部捐献给了北京广播学院（现在的中国传媒大学）。

西裱褙胡同位于建国门内大街南侧，原是一条东西走向的胡同。胡同的形成源于明朝永乐年间，由于元大都城墙南移，此地也就从城外纳入城内，形成了众多胡同。北边的胡同叫水磨胡同，是明清时期的贡院（古代科举考试的考场），周边的住户大多从事字画生意或裱糊业，因而西起崇文门内大街，向东直至古观象台那一带出现了东裱褙胡同、西裱褙胡同、南裱褙胡同。最初，不分东西南裱褙胡同，统称裱褙胡同，后来按方向逐渐分开叫了。

现在再寻访那个环绕"贡院"、历史悠久、文化气息浓厚的"胡同群"已是雪泥鸿爪。可能是为了保留"西裱褙胡同"这个名称，在英大国际和新闻大厦间道路官称"西裱褙胡同"，原来东西走向的西裱褙胡同变成了南北走向百多米长的一条街，与北京站口东边的"南裱褙胡同"一东一西，并立在建国门内大街路南。胡同南北口各立着一个牌子，绿底白字写着"西裱褙胡同"，并标明南北方向，与南边东西走向、仅剩南半边的麻线胡同相接，成了"丁"字街。原来西裱褙胡同34号的《北京日报》社的办公楼高大、宽阔，位于23号的于谦祠被高楼大厦所环绕，面南的正门深藏在停车场内，临街面西的旁门门牌号为23号甲，成为西裱褙胡同仅存的老院子。斜对面的36号何其芳家的小楼早已不见踪影，周边的胡同也是高楼林立，成为"东鳞西爪的胡同群"。

北京大学的燕东园是当年燕京大学为教授修建的，建筑设计采用了西方别墅风格，小楼样式各不相同，有单层的、有双层的，庭院较大，种有花草树木，室内是打蜡地板，有壁炉和暖气，卫生间有冷热水。何其芳居住的42号楼是两层欧式楼房，与历史学家翦伯赞和法学家陈守一故居同在北京大学附属小学校园内，现在保护完好。

西裱褙胡同

南裱褙胡同

麻线胡同

文 / 图 / 刘国庆

蒋南翔：新中国高等教育的开拓者

故居地址：清华大学新林院2号

蒋南翔（1913—1988年），"一二·九运动"的主要组织者，新中国高等教育的开拓者，担任新中国首位清华大学校长十三年半，创清华大学历任校长任期之最。

1932年，蒋南翔考入清华大学中国文学系。蒋南翔早年即接受进步思想，到了清华更如鱼得水，担任《清华周刊》和《北方青年》主编。1933年，蒋南翔加入中国共产党，被任命为清华大学党支部书记、中共北平市西郊区委委员。

1935年年底，22岁的蒋南翔参与领导了著名的"一二·九运动"。按照党组织的指示，蒋南翔在游行示威前撰写了千余字的《告全国民众书》，12月9日，爱国学生在北平示威游行时，在街头广为散发。"一二·九运动"是动员全民族抗战的运动，推动了抗日民族统一战线的建立，并为抗战准备了干部。

1941年，蒋南翔奉命到达延安，被任命为中共中央青年委员会委员、宣传部长，专门从事青年工作。抗战胜利后，蒋南翔转战哈尔滨，担任市委常委、宣传部长、教育局长，同时兼任青年干部学校校长，为新中国培养了大批青年干部。

1949年1月，蒋南翔当选为中国新民主主义青年团中央副书记，在任上，他主持创办了《中国青年报》，还曾率青年代表团赴华沙、布拉格参加国际青年会议。

新中国成立后，从1952年起直到1966年，蒋南翔回到了母校清华大学，担任校长、党委书记。其间，他还担任过中国共产主义青年团书记处书记、教育部副部长、高等教育部部长。不管担任何职，蒋南翔一直兼任清华大学校长、党委书记。

在教育部、高等教育部任上，蒋南翔以清华的实践经验为出发点，主持制定了相当于高等教育基本法规的《教育部直属高等学校暂行工作条例》（简称"高校六十条"）。经中央书记处会议审定通过，毛泽东核准该条例后，由中共中央发布。随后，蒋南翔又参与起草了《中学五十条》《小学四十条》，先后经中央审议通过。这三个条例系统地总结了建国以来学校教育建设正反两方面的经验，具有鲜明的中国社会主义教育特色，为我国社会主义教育体系的建立打下了基础。

清华大学在新中国的发展与蒋南翔密不可分。1952年6月至9月，中央政府在全国范围内进行了高等学校的院系调整工作，把国民党时期效仿英式、美式构建的高校体系改造成效仿苏联式的高校体系。蒋南翔首先要执行的是，接收北大的工学院，同时把清华文学院、法学院、理学院（部分）并入北大。

为了把清华建设成一流的多学科大学，蒋南翔付出了极大的心血。为了建设新兴学科专业，他大量阅读了介绍新兴学科的书籍，并赴东北工业基地考察，了解国家建设对高级专门人才培养的要求。从1955年年末起，清华建立了实验核物理、同位素物理、放射性稀有元素工艺学、电子学、无线电物理、电介质及半导体、热物理、空气动力学、固体物理、自动控制等十个新技术专业；1956年设立了工程物理系，随后几年又相继增设了工程化学、工程力学数学和自动控制等系，并有意识地发展应用理科。到1965年，清华大学已发展为12个系、40个专业。

蒋南翔继承和发扬了清华各个时期的优良传统和学风，使清华大学的规模和水平取得了很大的发展和提高，教职工增至5300多人，在校本科生超过万人。清华自身的发展迈向了新的高度，也为发展中国国防和"两弹一星"事业做出重要贡献，同时为改革开放后清华大学在能源、信息等科学领域的迅速崛起做出了前瞻性的布局。

蒋南翔努力探索办好社会主义大学的道路，重视对学生加强思想政治教育，提出清华是"红色工程师"的摇篮。他创造性地坚持"德智体"全面发展的培养目标，积极探索适合中国国情的办学道路，实行以教学为中心，教学、科研、生产三结合的方针。当时清华的教授和副教授有108人，大部分是留学归国的老知识分子。除此之外，还有不少年轻教师。蒋南翔提出"两种人会师"，老教师要提高思想觉悟，当然也要提高业务水平；同时，年轻教师在原来思想基础比较好的条件下，业务上要成长起来，两边最后都会师到"又红又专"的道路上来。

蒋南翔是政治家办教育的典范，他努力探索社会主义国家兴办高水平大学和培养人才的道路。他创造性地回答了"培养什么人，怎样培养人？""办什么样的大学，怎样办大学？"等一系列问题。他提出"办高等教育，必须优先考虑和解决两个根本性问题：一是方向问题，二是质量问题。"在学校发展和教育改革的实践中，蒋南翔提出了一系列行之有效的创造性举措和有独特见解的教育理念。他认为，学校最根本的任务就是为国家培养"又红又专，全面发展"的建设人才，培养出的学生首先要坚持正确的政治方向，这就要求做好青年学生的思想政治工作。

蒋南翔在高校首创了"学生专职政治辅导员"制度，从高年级学生党团员中挑选"学生政治工作干部"，担任低年级的"辅导员"。对辅导员名单，蒋南翔亲自逐个审查，除了政治觉悟高、业务能力强，学习成绩必须好。几十年来，政治辅导员制度在清华焕发出勃勃生机。

蒋南翔提出教育、科研、生产三结合，并具化为"真刀真枪进行毕业设计"。1958年，他组织水利系毕业班的师生参加了密云水库建设，这样大的工程建设任务对于清华乃至全国高等学校来说都是前所未见的。密云水库地质情况复杂，在教师的指导下，经过58、59两届毕业生和工程技术人员的精心设计，由20万民工施工，顺利完成了任务。除了密云水库，人民大会堂、原子反应堆都有清华师生的心血，圆满践行了党中央提出的"教育与生产实际相结合、理论与实践相结合"的方针。

蒋南翔在清华就学时就重视体育活动，游泳、长跑、打篮球是他的长项。到任清华校长后，他也没有放弃体育锻炼的习惯，在校园经常会看到他跑步的身影，他与校领导干部一起跑步成为校园一景。蒋南翔没有节假日休息的概念，在身兼数职、公务繁忙的情况下，长期坚持体育锻炼，使蒋南翔有足够的精力承担繁重的工作。蒋南翔言传身教，自己每天下午四五点都在新林院教工操场或西大操场跑步。蒋南翔号召每个清华同学要争取毕业后"为祖国健康工作五十年"，如今这一口号已成为清华文化的一部分，激励着一代代莘莘学子不但要学好知识，更要养成良好体质。这一理念逐渐被社会各行各业所接受，这张带有清华标签的体育名片也得以传遍全国。

重返清华大学，蒋南翔又认认真真做了一回"学生"。为了增加业务知识，学中文出身的他下决心对自己进行"改装"。人们常常看到蒋南翔提着书包走进教室，和大学生们一道听高等数学课、听苏联专家巴巴诺夫的普通物理课。当时蒋南翔还兼任北京市和中央的工作，每天处理完校内外的公务，往往已是深夜，他揉揉疲倦的双眼，拿出书本，在灯下一笔一划做习题。他系统听取了各个专业的基本知识介绍，介绍到哪个专业，就到哪个专业的有关实验室参观，还选择一些实验亲自操作训练。

蒋南翔是中国共产党第八届中央候补委员，第十一届、第十二届中央委员，第十三届中央顾问委员会委员，第一、二、三、五届全国人民代表大会代表，第五届全国人民代表大会常务委员会委员。1977年后，蒋南翔先后担任国家科学委员会副主任，教育部部长，中央党校第一副校长、中国高等教育学会会长等职。

　　重任教育部长后，蒋南翔努力恢复和发展遭到破坏的教育事业。他提出要有计划按比例发展教育，要充实加强小学，整顿提高初中，调整改革高中，大力发展职业教育；他主持起草了《中华人民共和国学位条例》；在中央党校第一副校长任上，他提出党校教育正规化的意见。

　　清华大学新林院住宅区建于1934年，总面积6588平方米，靠近铁路线，原名"新南院"，以区别于1921年在紧靠南校门建起的"南院"住宅区。这两处住宅区后由朱自清提议，取其谐音，"南院"，改为"照澜院"，"新南院"改为"新林院"。清华大学校园分布着新林院、普吉院、照澜院、胜因院、西院五个住宅区，均实行住宅租用制。这片保留完整的清华早期住宅群，整体建筑风格与周边环境保持了"和而不同"的和谐关系，每栋建筑都是同一的形制，单层坡形屋顶，红色外墙砖，带券拱的大门，显得敦厚大气。新林院共有三十座洋房别墅，在当时，新林院规模最大，质量最好，装备最齐全；轩朗的场地，宽整的炭屑路，路旁种着梧桐、杨柳，风光井然。

　　当年，乔迁新居的教授们各自别出心裁地布置着自己的新家，有的房前种着高大的藤萝，有的种着晚香玉、丁香、刺梅，家家庭院绿草如茵。先后在新林院居住过的著名教授有：周培源（2号）、陈岱孙（3号）、俞平伯（4号）、叶企孙（7号）、梁思成和林徽因（8号）、潘光旦（11号）、吴有训（12号）、陈寅恪（52号）、张奚若（62号）、闻一多（72号）。

　　蒋南翔故居位于清静宜人的新林院2号，这是座单层西式花园别墅住宅，院外有个圆形花坛，鲜花怒放，院内松树围墙、绿草如茵，中间一株松树，东边一丛翠竹在风中摇曳，后院是一棵高大的核桃树，清新的空气伴着花木的芬芳扑面而来。

这里见证了蒋南翔积极探索适合中国国情的社会主义办学道路、为国家培养"又红又专"人才、为清华发展辛勤工作的历程。

新林院2号是蒋南翔的生活寓所，更是他工作的场所，他把这里当作卧室、办公室、会议室。蒋南翔十分重视加强马克思列宁主义理论教育，亲自给教师开设哲学课。工作繁忙时，晚上开会往往要到午夜。碰上第二天要上讲台，就得连夜备课，这里的灯光经常彻夜不熄。为及时了解学校情况、处理问题，蒋南翔固定在星期天晚上召开学校主要领导干部会，会议室就在新林院2号西边的大房间。首批从三年级学生中选拔的25名政治辅导员第一次会议也是在这里召开的。沉浸在工作中的蒋南翔很少留意时间的飞逝，工作结束时往往已是深夜。

新林院2号坐北朝南，面临马路，现在还留有当年的气派，绿萝满墙，庄重厚朴，进深宽广，大门口被深碧的竹林和各色花草遮掩得严严实实。总的来说，在清华民居地图的幽雅风情里，盎然的秀色似乎略多于深厚的雄壮，可此宅却充满苍郁之气，带点古迹的意味。新林院、照澜院、西院、普吉院的院落，似乎没有统一的门牌，个别院落外挂着自制的门牌；有的院落只是在靠近门的地方，标示着门牌号；许多院落甚至连这种标示都没有。从这些老院落外，还依稀能够找到历史的痕迹，越过青砖墙体，尚能看到老宅屋顶和两人合抱的老树。

斯人已逝，幽思长存。在清华大学图书馆老馆校史展览室内，我们可以瞻仰蒋南翔铜像；在东大操场的看台外墙上，我们还可以读到镌刻在墙壁上那句振奋人心的名言"为祖国健康工作五十年"。

文／江燕 刘国庆　　图／江燕

西部歌王王洛宾

故居地址：东城区艺华胡同 20 号

王洛宾（1913—1996年），民族音乐家，原名王荣庭，字洛宾，祖籍浙江。因生活所迫，他的祖父从浙江流落到北京，凭借为古建筑绘画的手艺，逐渐积累起名气，成为远近闻名的民间画匠，还曾参与过正阳门的彩绘修复。王洛宾的祖父和父亲都喜爱音乐，吹拉弹唱、京剧昆曲样样在行。受他们影响，王洛宾自小就喜欢上了音乐。极具音乐天赋的王洛宾在基督教会学校通州潞河中学上学期间加入了基督教堂唱诗班，但他并没有皈依基督教。由于天生的一副好嗓音，王洛宾成为领唱，学校没有女生，王洛宾还时常以童声带假声演唱女声分部。

1931年，王洛宾考上了北平师范大学音乐系，开始接受正统的西洋音乐教育，老师给他定位的目标是将来到巴黎音乐学院深造。在校期间，王洛宾创作了《奴隶之爱》，这是他的处女作，首次署名王洛宾。由此，王洛宾这个名字伴随他一生，响遍华夏。

王洛宾从北师大毕业后，为实现去巴黎求学的梦想，以教书为业，拼命攒钱。在那个民族存亡的年代，出身寒门、有思想有见地的王洛宾经常参加抗日义演，或为爱国学生教唱进步歌曲。1937年，王洛宾与新婚妻子踏上了奔赴延安的旅程。到达山西后，巧遇八路军"西北战地服务团"，便加入其中。王洛宾身着八路军服，投身到抗日救亡活动中，期间创作了30多首抗日歌曲。

1938年，王洛宾一路西行，在到达宁夏六盘山脚下和尚铺的一个车马店时，他惊喜地听到了流行于甘肃、宁夏、青海的"花儿"，他被高亢动听、乡土气息浓郁的民歌震撼，打消了去巴黎深造的念头，开始了他终生为之着迷的"西部民歌朝圣之旅"，辗转在甘肃、青海一带。在兰州，他参加了西北抗战剧团，边宣传抗战，边搜集整理西北民歌。期间，王洛宾登报离婚。在西宁，王洛宾又收获了爱情，与青年护士黄玉兰结婚。

在一次慰劳运送苏联援华抗战物资车队的联欢会上，一位维吾尔族司机即兴演唱的新疆民歌引起王洛宾的注意，他如获至宝，一遍又一遍地填词、改曲，再创作了《达坂城的姑娘》这首经典民歌。1939年，王洛宾随著名导演郑君里到青海金银滩拍摄纪录片《民族万岁》。在拍摄期间，王洛宾有感而发，又创作出了《在那遥远的地方》这首"西部民歌中的极品"。

1949年9月，经特批，曾经担任过西北军阀马步芳音乐教官的王洛宾加入进军新疆的解放军行列，也圆了他西去新疆的梦。进军路上，王洛宾将王震将军的诗《凯歌进新疆》谱曲，将士们唱着这首战歌浩浩荡荡进驻新疆。王洛宾被任命为新疆军区政治部文艺科科长。在随后的岁月里，王洛宾两次身陷囹圄，但他没有沉沦，在逆境中依旧搜集、整理、改编、创作出一首首民族风味歌曲，把一生献给了西部民歌的传播事业，累计创作歌剧六部、出版歌曲集八册、歌曲1000余首，流传全国，传扬世界。《在那遥远的地方》被他曾经向往的巴黎音乐学院编入教材。

历史进入到改革开放的年代，王洛宾恢复了名誉和军籍，重新穿上了军装，担任了新疆军区文工团艺术顾问。1986年，王洛宾被授予"人民音乐家"光荣称号。1988年，王洛宾以副师职离休，并荣获中国人民解放军胜利功勋荣誉章。从1991年起，王洛

现在的艺华胡同已看不到四合院，也没有一间瓦房，只有一棵孤零零的老树在西侧的人行道上被护栏围起来。

胡同南北口没有任何标牌注明这就是"艺华胡同",仅在胡同中部拆迁围墙上有一块"街巷胡同管理责任公示牌"上标注着"街巷名称:艺华胡同"。

宾即享受国务院政府特殊津贴,次年荣获"金唱片奖"。1994年,在纽约联合国总部的哈马舍尔德礼堂举办了"王洛宾作品演唱会",来自150多个国家的嘉宾聆听了音乐会,这是联合国文化活动史上前所未有的盛况。联合国教科文组织授予王洛宾"东西方文化交流特殊贡献奖",他也成为获此殊荣的第一位中国公民。

离休后的王洛宾住在乌鲁木齐第五干休所,空荡荡的房间简朴得近似寒酸,墙上挂着早年病故的妻子黄玉兰的遗像。王洛宾不遗余力地续写初衷,多次赴美国、新加坡和港台地区举办讲学、音乐会,他把一生都献给了西部民歌的创作和传播事业。荣誉等身的王洛宾没有沉浸在"西部歌王""西北民歌之父"等等称颂中,他谦虚地称自己为"西部民歌的传歌者",他最大的心愿就是希望自己的歌能够传唱500年。

王洛宾故居位于东城区艺华胡同20号,那是一座不大的院子,灰色院墙,几间瓦房,院内有一棵大树。艺华胡同原名牛角湾,胡同为南北走向,从中段起,胡同向东南弯折,使得整条胡同形似牛角,因此得名"牛角湾",20世纪60年代地名整顿时改名为艺华胡同。

艺华胡同北起金宝街,南至东总布胡同,胡同南北口没有任何标牌注明这就是"艺华胡同",仅在胡同中部拆迁围墙上有一块"街巷胡同管理责任公示牌",上面标注着"街巷名称:艺华胡同,街巷长度:387米"。现在的艺华胡同真可谓空有其名,除了走势依旧像个牛角,已经故迹难寻,东侧高楼林立,西侧拆迁已毕待开发。整条胡同看不到一个四合院,也没有一间瓦房,只有一棵孤零零的老树在西侧的人行道上被护栏围起来。站在它面前,我仿佛穿越回曾几何时王洛宾家的小院,一家人围坐在院内大树下,吹拉弹唱,自娱自乐。

1996年3月14日,王洛宾逝世,享年83岁。新华社以"魂归天山,曲留民间,一代歌王王洛宾逝世"为题发布了这一消息。遵照王洛宾的遗愿,他的骨灰与妻子黄玉兰合葬于北京香山南麓的金山陵园,墓表刻有600余字的墓志铭,墓碑背面刻着他的《在那遥远的地方》手稿。

文/图/刘国庆

张光年：唱出黄河最强音

故居地址：崇文门西小街1号

在20世纪七八十年代的时候，几乎每个学校都会组织红五月和"一·二九"歌咏比赛，以班级或部门为单位排练和演出曲目进行评比，共同缅怀革命先烈并珍惜幸福生活的来之不易。其中《黄河大合唱》经常会被选作参赛曲目，尤其第七乐章的《保卫黄河》结合了朗诵、齐唱、轮唱等多种演出形式，让表演形式更加丰富。在2020年人民音乐出版社的高中音乐必修《音乐欣赏》中，《黄河大合唱》的八个乐章已被纳入教材的第十单元第二十节，包括朗诵部分的段落和歌词，还有部分乐谱。教材称该作品为一部史诗性的大型声乐套曲，并评价该作品自始至终充满鼓舞人心的力量和雄伟深厚的气魄。

这部伟大作品的词作者就是现代著名诗人、文学评论家张光年（1913—2002年）。《黄河大合唱》的总谱作为革命文物现收藏于中国革命军事博物馆，封面可以看到词作者是光未然，这是张光年先生的笔名，意思是光未燃而要燃之意。

关于张光年先生的生平，从他小时候在湖北光化县（现老河口市）成长为革命少年开始，到参加革命队伍渡黄河积累素材并在延安创作《黄河大合唱》的整个过程，很多文章都有非常详细的描述，这里我们来说说张光年先生在北京居住过的几个地方。

首先要从本司胡同说起，张光年先生曾经写过一篇文章，名字叫作《说起本司胡同》，这是1945年至1946年间张光年先生在北京居住的地方。本司胡同位于东四南大街演乐胡同南边，别名粉丝胡同，东西走向。当时张光年先生住在胡同西口的一个大院，前后两个院落有十来间房，同住的还有之前在抗战区结识的老同志、老战友。在这个大院里，张光年先生和爱人黄叶绿女士举行了简单而庄重的婚礼。

后来张光年先生搬到了离本司胡同不远的东总布胡同，和几家人合住在60号（老门牌46号）。这里之前是山西人生产大酱的作坊，1953年之后成了中国

收藏在中国革命军事博物馆的《黄河大合唱》总谱。

作家协会的宿舍。张光年先生曾任中国作家协会副主席和党组书记，作为领导住在这座老四合院的三进院里。这座宅院名人荟萃，很多知名的作家都在这里住过。现如今从胡同往东一直望去，可以看到528米高的中国尊，将年代感和现代感集中在同一幅画面里。

之后张光年先生从东总布胡同搬到了崇文门的西小街1号，位于二环路崇文门的西南角，在现在魔方购物中心和北京市九十六中学（北校区）之间。1号院里只有一栋16层高的塔楼，楼体外观从四面八方看过去都是住户，整个塔楼只在北面有一个单元门供住户出入。小院用栅栏铁门和灰墙围成了一个独立的院落，在北边和东边各有一个栅栏铁门，但大部分时候都只有北门可以通行，并设有一个门房，院内还可以让住户停放几辆汽车，这在京城二环路附近寸土寸金的地界里算是很难得了。

东总布胡同

崇文门西小街1号

相比之前在胡同大院和几家人合住的生活来说，搬进楼房之后，住房条件改善了许多。张光年先生后来的很多访谈都是在这里安排的，在报纸杂志上发表的几篇访谈文章中，所配图片都是在这里拍摄的。从这些珍贵的老照片中，我们可以看到张光年先生家里干净整洁，沙发茶几旁边整齐地摆放着好几摞书籍，和张光年先生的书卷气质十分吻合。沙发的背景墙上挂着两幅字画，一幅是书法作品，写着"勤奋延年"四个大字，这是张光年先生多年来读书不倦、笔耕不辍的真实写照；另一幅画画的是一头健壮的公牛，红色的画纸上几条简洁的线条勾勒出了公牛回眸的样子。张光年先生属牛，这幅画是对他健康长寿的祝福。

2002年，一代诗人张光年先生在北京逝世，享年89岁，家人把他的骨灰撒进了奔流不息的黄河水中，这位创作出不朽长篇组诗《黄河大合唱》的诗人，终于回到了黄河母亲的怀抱。

文/图/张韵

金学大家吴晓铃

故居地址：西城区校场头条 47 号

吴晓铃（1914—1995 年），祖籍辽宁省葫芦岛市绥中县，出生于直隶省津海道迁安县（今河北省迁安市）。吴晓铃是著名的古典文学研究家、藏书家，中国科学院哲学社会科学部文学研究所（今中国社会科学院文学研究所）研究员，民间文艺研究会顾问，中国曲艺家协会理事，国家文物咨询委员会委员。

1937 年，吴晓铃毕业于北京大学中国语言文学系，先后在北京大学、燕京大学神学院、燕京大学、西南联合大学任教；1942 年至 1946 年在印度国际大学中国学院任教授；1947 年起任法国巴黎大学北平汉学研究所通检组主任，兼任北京大学、清华大学、辅仁大学、中央戏剧学院教授。20 世纪 80 年代，吴晓铃被加拿大多伦多大学聘为客座教授，在该校本科部讲授"中国古典小说"课程，在研究生院开设了"《金瓶梅》研究"课程。他还是法国巴黎大学荣誉哲学博士和印度国际大学荣誉文学博士。

1995 年 2 月 7 日，吴晓铃因病在北京逝世，享年 81 岁。

吴晓铃长期从事中国古典文学研究，特别是在《金瓶梅》研究上有着突出贡献，他是较早考证《金瓶梅》作者是李开先（明代文学家、戏曲家）并进行传播的学者。吴晓铃精通梵文，致力于中、印两国的文化交流与合作。曾多次受邀到日本、印度、美国、加拿大、法国、新加坡等国进行学术访问和讲学，弘扬中华民族传统文化。

吴晓铃主要著作有《西厢记校注本》《关汉卿戏曲集》《大戏剧家关汉卿杰作集》《话本选》《西谛题跋》《马连良演出剧本选》《郝寿臣脸谱集》等；译著有《小泥车》《龙喜记》等；参与编写三卷本《中国文学史》和《古本戏曲丛刊》。

吴晓铃有三万余册藏书，内容丰富，价值极高，主要有戏剧、传奇、小说、诗歌等，其中包括明清至民国数百年间的稿本、孤本、抄本、原刻本、精刻本、石印本、影印本、活字本等善本书籍。吴晓铃所藏清乾隆五十四年的《舒元炜序本红楼梦》抄本（现藏于首都图书馆），是目前《红楼梦》的抄本之一；所藏抄本《斩鬼传》也十分珍贵；他还藏有各个时期版本的《金瓶梅》。他的藏书有三个特点，第一，收藏北京地方的重要文献；第二，与他的专业结合紧密，绝大部分是明清时期的戏曲、小说、弹词等；第三，不仅注重刻本的收藏，还注重抄本的收藏。

吴晓铃去世前，指定将他的藏书入藏首都图书馆。吴晓铃去世后，家属遵照他的遗愿，于2001年将其藏书赠予首都图书馆，包括2000余种古籍文献、500余册梵文和孟加拉文图书。首都图书馆为此特辟"绥中吴氏藏书"专区，组织专业人员进行系统整理，先后出版了《绥中吴氏藏抄本稿本戏曲丛刊》《吴晓铃先生珍藏古版画全编》等。

吴晓铃幼年随父亲吴辉山迁居北京，住在西城区校场头条47号（旧门牌27号）。1958年吴晓铃的弟弟吴滦铃在院子里种了两棵合欢树，一到夏天，花香四溢，浓荫蔽日，吴晓铃非常喜欢。合欢树古称合椿树，吴晓铃将自己的书斋命名为"双椿书屋"。吴晓铃的女儿吴葳撰文描写到：顺着头条走上一半，就会见到两株高大挺拔的合欢树窜出小院的灰墙，夏天绿叶丛中露出团团粉红色绒乎乎的小花，散发出阵阵花香，让半条胡同都清爽起来。那绿云映掩的小院，就是我的父亲吴晓铃的旧居。

校场头条47号院不大，双椿书屋是院北的一座二层木结构小楼，楼前有廊，廊柱上曾经挂有清代大书法家何绍基书写的对联"绕庭数竹饶新笋，解带量松长旧围"。

现在的校场头条47号院院门

现在的校场头条47号院院内，"双椿书屋"失去了书香气。

为契合对联的意境，吴晓铃请人在院里种了几株凤尾竹和一颗柏树，使小院更加生机盎然。楼内的房间里有很多书，就连卧室中也摆满了书箱。吴晓铃省吃俭用，将一生心血凝聚到书籍中。

早在20世纪30年代，吴晓铃在北京大学读书时就开始买书了。他经常到琉璃厂的海王村书店、厂甸的书肆和宣武门内外的旧书摊挑选书籍，双椿书屋的大部分藏书来自这些地方。吴晓铃为了反对日本人统治，辞去了燕京大学的工作，变卖书籍，凑足路费，来到位于昆明的西南联大任教。虽然，失去书籍使他心痛不已，但他从不后悔当时的决定。

"文革"中受到冲击的吴晓铃发誓不再买书，但从"五七干校"回京后，他又不由自主地开始买书了。

双椿书屋的书和主人吸引了许多中外文化名人，他们中有人民艺术家老舍、相声艺术大师侯宝林、电影表演艺术家王晓棠、美国哈佛大学教授韩南、苏联科学院东方文学研究所专家艾德林、印度佛学与汉学家师觉月、日本中国语学会会长与著名汉学家波多野太郎。1983年6月10日，吴晓铃曾请书画家李苦禅题写"双椿书屋"匾额，署名"八六叟苦禅"，不想第二天李苦禅便因心脏病突发去世，匾额成为绝笔。

校场头条长450米，因邻近明代军队演武场而得名，明时称为将军校场一条胡同，清初改称将军校场头条，清末称校场头条，沿用至今。原先，吴晓铃故居院门扇上阴刻有金文门联："弘文世无匹，大器善为师。"此联为著名书法家、曾任商务印书馆馆长孙壮所题。2007年，故居西厢的"双椿书屋"被后来的住户改造成了水泥板房，办起棋牌室。如今，院子和房屋被重新改造装修，合欢树已无踪影，门扇也被私人拿走，"双椿书屋"失去了书香气。

文／图／张进

叶君健：把安徒生童话传遍中国

故居地址：西城区恭俭胡同6号

（编者按：叶君健（1914—1999年），著名作家，翻译家。笔名马耳，湖北红安人。1936年毕业于国立武汉大学外文系。1938年在武汉国民政府军事委员政治部第三厅从事国际宣传工作，同年参加发起成立中华全国文艺界抗敌协会，在香港主编英文刊物《中国作家》，任重庆大学、中央大学、复旦大学教师，1944年应聘赴英任中国抗战情况宣讲员，剑桥大学英王学院欧洲文学研究员。1949年归国，历任辅仁大学教授，文化部外联局编译处处长，《中国文学》副主编，中国作家协会书记处书记、中外文学交流委员会主任。中国民盟第六、七届中央委员，第三届全国人大代表，第五、六、七届全国政协委员。由他翻译的《安徒生童话全集》，已成为中国几代读者宝贵的精神财富。本文作者叶芳歌为叶君健之孙。本文标题为编者拟。）

关于恭俭胡同6号的小院，我的记忆主要停留在从出生到上大学前这段时光。由于改革开放的原因，从小到大，我的注意力基本聚集在新奇的外部世界，对于老宅的历史、建筑风格及其他信息知之甚少，以下所写，皆由记忆碎片拼凑而来。恭俭胡同的历史由来我一无所知，仅凭这个朴素的名字，我猜也许是建国后改的。据爷爷奶奶说，6号小院是我爷爷在解放前用几袋小米换的，想必有不少夸张成分，主要是为了教育我不要变成前房主那样的落魄之人，只能割房卖院维持生计。

6号院的院门最初并不在现在的位置，而是稍往北靠，进门是一段很短的门洞，右手最早是个卫生间，后来改成了一间卧室。门洞位于整个小院的西南角，进院即可看到一棵柿子树。到了柿子成熟的季节，小碗大的柿子会毫无征兆地掉到地上。神奇的是，我印象里家中从无一人中招。我母亲是最给这棵柿子树捧场的人，经常把未成熟的柿子放在西房的窗沿上，等待熟透后伴着严冬的温度享受。

西房一直是我爸妈蜗居的地方，只有一间狭小的客厅和一间不大的卧室。历史的印痕都体现在西房前廊两根红色的柱子上，柱上还嵌着铁环，附和了小院在清朝实际是太监的马房这一传说，而我父母居住的房间则是后来在给马儿休憩的干草堆的位置建造的。

北房是整个小院最舒服宽敞的地方。居中一间大客厅，左手是爷爷奶奶的卧室，西北角是爷爷的书房，客厅右手则是厨房，奶奶所有的美味佳肴都出自那里。说起奶奶，当属小院真正的主人，她布置的院子鼎盛时期可媲美比邻的北海公园。北房门前是一个养鱼池，中间有一座小小的假山。相望于养鱼池的，是她精心培育的月季花圃。北房的门两侧是两株长蔓玫瑰花枝，盛开时围绕房门，仿佛一个婚礼的花门。

北房客厅内有奶奶早年间购买的一套明式家具，简约、古朴且实用。右侧的书架上满满的都是爷爷买的书，各种语言皆有，是爷爷和我们一家人最珍爱的东西。

东房是叔叔一家人的居所。由于叔叔一家定居海外，所以东房一直用于招待客人，经常有爷爷奶奶来自五湖四海的朋友在东房落脚，为小院带来了各种小故事。还记得爷爷的一位丹麦女性友人，在70多岁时在小院住了很长时间，和当时在家服务的安徽小保姆产生了奇怪的友谊，经常口头评价对方"糊涂"，并且乐此不疲。

小院中还有两位老友，分别是一架葡萄和一棵枣树，也是我童年最快乐的回忆之一。葡萄成熟时，第一个知道的一定是我，因为我每天都会亲自品尝，即便被酸到龇牙咧嘴也无所谓。还有隐藏在葡萄叶中的大青虫，是练习眼力的最好目标。枣树更是我童年的好朋友。打枣自不必说，它也是迎接家里猫咪回来的必经之路。每次我听到枣树上传来哗啦哗啦挠树皮的声音，就知道咪咪回来了，一颗心也随之放下。

写到这儿其实才意识到，恭俭胡同6号院相比北京其他的宅院其实普通得不能再普通了。所存留的记忆，大多是我爷爷在这个院子中辛勤地劳作，养活了一家人，接待了不少文艺圈的中外朋友，给了我们后代一个安全温馨的成长环境。现今已是物是人非，我们也很少再回小院中生活，但对院子和人的记忆却难以磨灭。在我的梦里，我曾经无数次把身边最亲密的人、猫、狗同时聚集到小院中，其乐融融，让人回味无穷。

文/图/叶芳歌

叶盛兰：叶派小生开山人

故居地址：西城区棉花五条 7 号

叶盛兰（1914—1978 年），原名端章，字芝茹，原籍安徽省太湖县，生于北京。京剧演员，工小生。他六岁就读于北平师大平民小学，九岁奉父命辍学从艺，入富连成社，排入第四科。初习旦角，由张彩林开蒙。因英武有余，柔媚不足，在萧长华等明师建议下，及时改学小生。后来，他以小生挑班以后，还反串演出过《木兰从军》《南界关》等旦角戏。

叶盛兰性格坚毅，练功学戏特别刻苦。学习了《辕门射戟》《罗成叫关》《奇双会》《借赵云》《八大锤》《黄鹤楼》《群英会》等。叶盛兰的武小生戏特别得到他的姐夫茹富兰的悉心传授。茹富兰也是出身富连成的著名小生和武生艺术家。他的表演以规范严谨而著称，叶盛兰向他学《石秀探庄》《八大锤》《雅观楼》等戏，奠定了以后成为文武全才艺术家的重要基础。

叶盛兰对程门本派的剧目、表演、武打、工架和念、做诸方面继承全面，并在多年的舞台实践中有重大的突破和发展，其中最大的成绩在于唱功。他是自成一派的表演艺术家，嗓音宽厚圆润，气度大方，扮相英俊，表演细腻，行腔刚劲遒健，华丽婉转，是龙虎凤三音的总合，听他的演唱，似饮玉液琼浆，沁人肺腑，扮武将壮武健爽，英气逼人；演文生清秀飘逸，富有书卷气。他在京剧小生行的发展史上居于承上启下的地位，是极难得的人才，周瑜的意得志满、吕布的刚愎自用、罗成的悲壮苍凉，他都演的情真意切、惟妙惟肖，准确把握舞台的节奏和分寸感，使表演的层次清晰，寓神情之真于声色之美是叶盛兰表演艺术的主要特点。

叶盛兰是新中国成立后，挑班的一流艺术家中第一个参加国营剧团的，他放弃了当初一个月 1000 银元的收入，月薪折合 800 斤小米，相当于 60 块钱。他还是第一个参加赴朝艺术团的一流艺术家，飞机在头顶轰炸，棚子里掉石头，他仍一丝不苟地唱《八大锤》。作为第一个去当时尚未建交的西欧国家演出的一流艺术家，虽然是为建交做铺垫的国家行为，但那时飞机常常被策反势力破坏，还是要担一定风险的。正在他艺术创造力最为旺盛的时候，1958 年，下放北京郊区劳动。一次参加关于戏剧改革的会议，他提到拥护戏剧改革，京剧本身就是一部创新史，而且他也创演了《柳荫记》《白蛇传》等戏。但改革要慎重，不能简单化，因为当时有人提出要去掉脸谱，去掉髯口，去掉水袖，去掉马鞭，去掉车旗，但去掉这些就背离了京剧表演的规律，程式特色也没有了。现在看来，每一句都很诚恳，但后来就被扣上了反对戏改的帽子。还有一次他提出既然梅兰芳先生是国家京剧院院长，艺术上就应该多听梅先生的意见，之后被批判为专家治院论。

  叶盛兰一生耿直，但艺术上心里却跟明镜似的，他说"要做明白的演员，别做糊涂的戏匠"，一辈子没想过发财，还常常帮助别人。有一次他在上海演了两个月，要离开时，一位上海同行带着老婆和三个孩子找到他，称自己患病欠债，如果得不到他的帮助只能带着一家老小跳黄浦江了，他当即把两个月演戏挣的钱全部给了他。叶盛兰去世时，连存折都没有，中山装的蓝布口袋里就只有一张10元新钞票，这还是住院前跟老伴开玩笑说"你也给我张新票儿让我过过瘾"。但就是这样，临终时他没有一句埋怨和牢骚，关于后事财产一个字都没有，一直讲的都是戏，乃至如何把叶派传下去等等。他一生钟爱收藏，很多价值连城的收藏全被抄家抄走了，两所磨砖对缝的房子，都是灰顶花砖地的四合院，一共20多间房子，也被没收了，他都只字未提。作为第一个一级演员，1957年给他降了三级，直到"文革"结束后，家中日子依然非常艰苦。

  20世纪60年代初，叶盛兰先生向中国京剧院（现国家京剧院）捐赠富连成科班"叶氏藏本"手抄本383出，为保存民族文化遗产做出了重要贡献。国家京剧院院长张凯华曾向其子叶少兰颁发过捐赠"富连城社叶氏藏本"荣誉证书以示表彰。

  "文而不媚，武而不粗，穷而不厌，儒而不俗"，京剧艺术大家叶盛兰正因这样的艺术造诣而让小生摆脱配角境遇独立挑班，并为行当开宗立派。

  叶盛兰先生故居位于原宣武区棉花五条7号，现为大杂院。

文 / 杨景铭　图 / 张韵

漫画大家华君武

故居地址：东城区遂安伯胡同5号

华君武（1915—2010年），祖籍江苏无锡荡口。上初中一年级时，华君武看到同学打防疫针时装出的鬼脸，就画了一幅画，没想到被校刊刊登，由此，他萌发了画漫画的念头。他不甘心于只在校内刊登画作，于是不断给报刊投稿，直至第二百次后，终于有一幅漫画在《浙江日报》发表了，为此，他得到了一块大洋的稿费。华君武的漫画事业从此一发不可收，20岁出头，他就在丰子恺、叶浅予等名家荟萃的上海漫画界赢得了一席之地。

1938年，华君武一路辗转到达延安，先在陕北公学学习，后到鲁迅艺术学院任研究员、教员，于1940年加入中国共产党。从延安开始，华君武的漫画就与中国社会的风云变幻紧密交织在一起，他表示："没有共产党对我的培养，就没有今天华君武的漫画。"他一直牢记毛泽东主席告诫他的"画漫画要把一般和个别、全局和局部区分开，不要以偏概全"的教诲，牢牢把握着"不仅要对形刻画，还要对神刻画"，追求民族化和大众化。因此，他的漫画为广大人民群众所熟知。

在革命战争年代，华君武的漫画极富战斗性，发挥着宣传、鼓动作用，既打击了敌人，又鼓舞了人民的斗志。因此也被列在特务暗杀的黑名单里，为此，上级专门给他配发了手枪。

新中国成立不久，华君武就被任命为《人民日报》美术组组长，后改任文艺部主任，负责报纸的美术和摄影。华君武一直严格遵循党在不同时期的方针政策，敢画、会画，充分发挥了漫画作为舆论武器的作用，也标志着他独特画风的正式确立。从1953年起，华君武担任中国美术家协会领导，在处理好美协事物的同时，他在《人民日报》开辟了《讽刺与幽默》专栏，在《光明日报》开辟了《社会生活漫画》专栏，为漫画作者提供创作平台，形成了新中国漫画创作的高潮。他认为，是报纸培养了漫画家。

华君武幽默、机智，性格随意，他长期担任美术界的领导和组织工作，但他自认只是个"党的文艺工作者"，他是漫画界的领军人物，但不喜欢被人称为"大师"，他曾请人刻章"大愚若智"。翻阅那个时期的漫画，就像阅读中国社会的变迁史，尤其是那些通俗易懂的"人民内部讽刺画",常看常新,他的漫画"是一种批评,要与人为善,不要丑化,不针对人,只针对事,避免自动对号入座"。他讽刺官僚主义的漫画《永不走路,永不摔跤》在1962年党的八届十中全会作为会议文件,印发与会代表。他的漫画《杜甫检讨》讽刺了动不动就给人扣大帽子的人,《误人青春》批评了长篇空洞发言的人,《三个事后诸葛亮顶不上一个实干臭皮匠》《醉翁之意就在酒》《建议学生书包加四轮》等针砭时弊的漫画很有现实意义,耐人寻味。

新中国成立,华君武奉调入京,在《人民日报》社任职,当年住房都是按级别分配,他一家与报社总编辑邓拓一家分别住在东城区遂安伯胡同5号的前后院。

遂安伯胡同历史悠长,名称源于明朝的燕山护卫陈志,他随明成祖朱棣起兵,护驾有功,朱棣赐予遂安伯爵位,世袭罔替,直至明亡。当年遂安伯府邸在胡同的什么位置已经无从考证,肯定占据了胡同的一大片区域,肯定也包括华君武所居的5号大院。随着金宝街的建立,5号大院早已不复存在,当年578米长的遂安伯胡同也仅存不到百米,在这条胡同进口处的西墙有一个"街巷胡同管理责任公示牌",上面"街巷名称"一栏标明,这条胡同就叫"遂安伯胡同",名存实亡呀!胡同不足百米,入口夹在两个小商店之间。胡同里仅存的几个院子住满了打工者,堆满废弃物品。

据记载,遂安伯胡同位于东单北大街东侧,全长578米,宽7米,主体是一条东西走向的胡同,东起朝阳门南小街,向西北折,西止西石槽胡同,向北有一支巷通东石槽胡同,向南有两支巷通红星胡同(原名:无量大人胡同)。华君武一家居住的5号院位于胡同东口路北。据附近老人回忆:当年5号是一座幽雅古朴的宅院,共有四进院子,第一、二进属于同仁堂第13代传人、天津乐仁堂老板乐佑申一家,第三进住着邓拓一家,华君武是邓拓的下属,所以他一家住第四进。如今5号院原址已是金宝街鑫海锦江大酒店的所在。

遂安伯胡同入口夹在两个小商店之间(上图),仅剩的几个院子堆满了废品杂物(下图)。

文/图/刘国庆

"活曹操"袁世海

故居地址：西城区西草厂街39号（已拆）

袁世海（1916—2002年），原名瑞麟，京剧表演艺术家。8岁拜许德义为师练功学艺，又向吴彦衡先生学习老生。1927年入富连成科班学戏，艺名袁盛钟。初学老生，后随叶福海、裘桂仙和王连平、孙盛文（袁世海的师兄）学花脸，始易今名。在8年科班学艺期间，勤学苦练，潜心学习前辈名流表演艺术，技艺超群，学业突出。

袁世海聪颖好学，出演《失街亭》的马谡，《群英会》的黄盖、曹操，以及《法门寺》的刘瑾等角色，演出效果极好。

1934年袁世海出科后，先搭尚小云先生的重庆社演戏，在尚主演的《九曲黄河阵》《玉虎坠》中扮演配角，巡演于北平、上海、武汉、长沙等地。1937年与李盛藻合作，先后排演了《青梅煮酒论英雄》《胭粉计》《三顾茅庐》《马跳檀溪》《除三害》等诸多生净合作剧目。

袁世海为得到深造，1940年拜郝寿臣为师，技艺更见精进，成为郝派艺术的主要继承人。在此后的演艺生涯中，曾与梅兰芳、程砚秋、尚小云、荀慧生、徐碧云、马连良、谭富英、高庆奎、周信芳、盖叫天、奚啸伯、张君秋、毛世来、宋德珠、新艳秋、李万春、李少春等名家合作演出剧目三百余出。在同各流派艺术家合作演出中，吸取各家精华，博采众家之长，极大地丰富了自己的表演艺术。他在舞台上成功地塑造了各种性格的人物形象，尤其是十余出扮演曹操的剧目赢得了观众广泛的喜爱，形成了袁派表演艺术的风格体系。

先后搭李世芳的承华社和马连良的扶风社，与李世芳、马连良、李盛藻合作多年。

他与李世芳合演的《霸王别姬》，与李盛藻合演的《青梅煮酒论英雄》，与马连良合演的《四进士》，成一时名剧。

新中国成立后，曾与李少春共建"起社"（剧团）。1950年春，同李少春、叶盛章等人率先将私人班改制为以集体所有制为基础的新中国实验京剧团。排演了新编历史剧《将相和》《野猪林》《云罗山》《血泪仇》《夜奔梁山》《虎符救赵》等具有新时代气息的大型剧目。

1951年，新中国实验京剧团集体加入中国戏曲研究院附属实验京剧团，1955年更名为中国京剧院，袁世海先后担任一团、三团的主要演员、副团长和副院长。与李少春合作演出了《响马传》《灞桥挑袍》《战渭南》《赠绨袍》《满江红》等及现代剧《白毛女》《林海雪原》《社长的女儿》《柯山红日》等。同时还创排了以架子花脸为主的《黑旋风李逵》《九江口》《李逵探母》《西门豹》等大型剧目；1964年参加排演《红灯记》，饰演鸠山获得好评。参加拍摄过戏曲艺术影片《群英会·借东风》《野猪林》以及现代戏影片《红灯记》《平原作战》和古装电视剧《侠女除暴》。

此后，袁世海整理演出了《盗御马》《论英雄》等传统戏，与李少春合作排演了《将相和》《野猪林》《响马传》，与李和曾合作排演了《李逵探母》，以及由他主演的《黑旋风》《桃花村》《九江口》等戏，都是久演不衰的保留剧目。

袁世海为了京剧事业的发展繁荣，深入工矿、农村、部队、县城等基层演出，深受人民群众的爱戴。他爱戏敬业，生活严谨，勤于锻炼，战胜疾病，始终保持良好的身心状态，在耄耋之年依然以"老骥伏枥、志在千里"的雄心登台演出，成为京剧舞台上绝无仅有的高龄艺术家。

袁世海的艺术天赋超群，又全面学习继承了前辈艺术家的表演经验，传统基础深厚扎实，为他的艺术创新和建立独树一帜的表演风格奠定了基础。他在舞台上塑造的各类性格的人物形象，质朴豪放，刚劲有力，以情传神，撼人心魄。他不但嗓音宽厚洪亮富于感情，而且以"架子花脸铜锤唱"的独特表演特点，大幅丰富了架子花脸在舞台上的表演手段，开创了以架子花脸主演大型剧的先河，成功地塑造了曹操、鲁智深、李逵、张飞、张定边、廉颇、项羽、牛皋、窦尔敦等传世艺术形象，在观众中有"活曹操""活张飞""活李逵"之美誉。

袁世海的嗓音宽亮浑厚，他将自己特有的炸音与圆润之音调和使用，听来刚劲明爽，咬字发音真切清透。他擅于运用节奏鲜明的流水板、快板一类唱腔表达角色丰富的内心变化。

"做工"是架子花脸的首具之功。所谓"做"，既包括身段工架，也包含了塑

造人物时的体态表情,袁世海二者兼而有之。他的身体魁梧,动作稳健,身段漂亮,注重造型。他刻画人物细致入微,一段看似平常的戏,他却能抓住角色的内在心理活动,揭示其性格特征。例如他在《黑旋风》一戏中,李逵观赏梁山泊景色的一段表演是一个人的戏,也没有突出的戏剧矛盾,但他却挖掘出了李逵性格、思想、感情的内涵。从桃花的落英缤纷,鱼鸟的潜翔高唱,想到吴用的诗句,想背又背诵不出,同时又想到有人讥讽梁山没有美景,立刻就想把他暴打一顿。这段表演形象而生动地揭示了李逵纯朴爽直、爱憎分明的性格特征。

袁世海先生故居为原宣武区西草厂街39号,现已拆除。

文 / 杨景铭　图 / 张韵

周汝昌：新红学第一人

故居地址：朝阳区红庙北里 3 号楼

周汝昌（1918—2012 年），字玉言，号解味道人、敏庵等，生于天津市津南区咸水沽镇。周汝昌先生生前居住的是位于北京朝阳区红庙北里小区的一套普通的楼房三居室，屋内陈设极为简单，书籍几乎占据了全部的空间。周汝昌先生的生活很简朴，对于物质从来都没有任何要求，只是沉浸于学术研究的快乐之中。

周汝昌先生平生最得意的研究成果之一是考证了恭王府与红楼梦的关系，位于北京市西城区前海西街 17 号的恭王府是国家 5A 级旅游景区，让我们一起走进恭王府，去探访周汝昌先生治学气象。

周汝昌纪念馆

2018 年是周汝昌先生诞辰一百周年。是年 12 月 24 日在恭王府博物馆举办了周汝昌纪念馆开馆活动。纪念馆位于恭王府花园东路牡丹院，游客可以从西洋门进入花园，在蝠池的右手边有一排庭院，从垂花门进入，先是竹子院，然后便是牡丹院，周汝昌纪念馆就坐落在这个雅致的庭院内。

纪念馆的馆名由著名书法家田蕴章先生题写，馆内周汝昌先生的塑像是以已故

著名雕塑家李维祀先生的肖像作品为蓝本创作的。纪念馆从红学、书法、诗词及恭王府研究四个方面，以文字、图片、文献和实物相结合的形式，详实精炼地展示了周汝昌先生的生平经历、治学道路和学术成就。

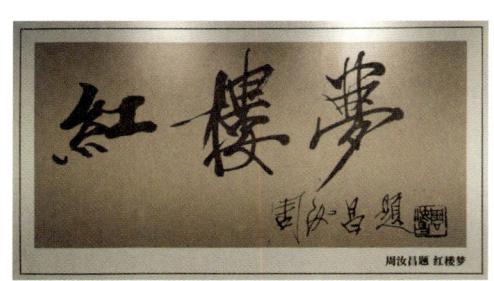

"红楼梦"这三个字每一笔每一画都倾注了周汝昌先生对《红楼梦》的热爱。

周汝昌先生曾说："自顾平生经历，下功夫最多的不出四大方面：一诗词，二书法，三英文，四红学。"大家会发现，无论是诗词、书法和英文，都和周先生所钻研的《红楼梦》有着千丝万缕的联系。

先说诗词方面，周汝昌先生对于诗词的热爱自青年求学时期开始，一生所作旧体诗词极多。周先生创作的大量诗词中，有160余首诗作和50余首词作收录在了《周汝昌诗词稿》一书中。2004年，86岁高龄的周汝昌先生还为清代孙温绘红楼梦画册配写诗词，共计完成238首。

再说书法方面，光是在周汝昌纪念馆里展出的书法作品就不少，每一幅作品都各具风格。其中，纪念馆内展示的书法作品"红楼梦"这三个字格外醒目，每一笔每一画都倾注了周汝昌先生对《红楼梦》的热爱。

接下来说说英文。大家可能很难想到英文和《红楼梦》的联系。很多人不知道，英文中的"红学"一词 Redology，是周汝昌先生在1936年18岁的时候创建的英文词汇，他将《红楼梦》的"红"和英文中的"学术"词根 -logy 结合在一起，并按照英文的读音规则拼接成词，让"红学"文化走向了世界。

最后再说说红学。旧红学分为评点派、索隐派、题咏派和评论派，新红学的考证派是红学史上影响最大的红学学派。周汝昌先生是新中国红学研究第一人，是考证派的主力和集大成者，代表作《红楼梦新证》是红学史上一部具有开创意义的重要著作。

电视剧红学顾问

1983年，电视剧《红楼梦》剧组聘请周汝昌先生担任顾问，经过剧组全体人员几年的精心创作，成就了八七版电视剧《红楼梦》，也成了广大观众喜爱的经典之作。

周汝昌先生在担任电视剧顾问期间，在演员训练班中给学员讲课，帮助年轻演员研究原著、分析角色，使他们更深入地了解《红楼梦》那个时代的人和事，从而更迅速地接近那个时代。

北京电视台在"北京电视剧辉煌30年"系列节目里，采访薛宝钗的扮演者演员张莉的时候，回忆起当年在大年三十给周汝昌先生打电话，请教怎么把握角色，周汝昌先生完全不介意，很痛快就答应了。第二天也就是大年初一，张莉跑到周汝昌先生家里请教，从上午一直谈到下午2点多才离开。无论是演员张莉，还是周汝昌先生，敬业精神都十分可嘉。

为了再现中国古典文学名著《红楼梦》中"大观园"景观，也为了拍摄电视剧的需要，1984年年初，中国电视剧制作中心和北京市原宣武区政府达成协议，在宣武区的南莱园公园内仿照《红楼梦》中的描写，建造北京大观园。在建造大观园的时候，大家发现原有图纸设计的水系走向和原著不符，原著的水系走向应为由东北向西南，一旦推翻水系走向设计，整幅图纸水系、位置、关系都需要大翻转。在大家争论不休的时候，周汝昌先生第一个支持大翻转，并得到了多位专家的认同，最后呈现出我

们现在看到的大观园。

周汝昌先生如此敬业，很难想象他从青年时期就双耳逐渐失聪，左眼因视网膜脱落从1975年就已失明，仅靠一只眼睛坚持工作，为后人留下了大量宝贵的文化财富。

文/图/张韵

李少春：京剧艺术革新的代表人物

故居地址：西城区南柳巷54号

李少春（1919—1975年），河北省霸县人。他是京剧、河北梆子前辈名家李桂春（艺名小达子）的长子，自幼在父亲的熏陶和严格培育下，打下了相当坚实的京剧功底。后来又从陈秀华、丁永利等名师学戏，对余叔岩、杨小楼两派艺术习有所得。1938年，正式拜师余叔岩，他的技艺遂更臻成熟。

李少春是一位杰出的京剧表演艺术家、戏曲艺术革新家。他不但在舞台上是个能文能武的优秀演员，同时在编剧、唱腔创作、表演艺术上，也都有相当高的素养。建国以来，在党的领导下，他参与了不少新戏的创作，在京剧艺术革新上，做出了卓越贡献。

李少春是位全能的演员，既能演老生戏，又能演武生戏。在老生戏中，既长于以唱为主的文老生，又兼长唱念和功架并重的靠把武老生；在武生戏里，他既长于靠把武生，也精于短打武生。除此之外，他对猴戏和红生戏等，也都是游刃有余。文学余叔岩、武学杨小楼，但他兼容并蓄，发展成为自己的体系，形成一种独有的流派，其特点是文武全才，世称"李派"。

正因为李少春的技艺很全面，又加上他勤奋好学，精于艺术规律的探索，所以在京剧的艺术革新方面，也展现出卓越的才能。他自编、自导、自演的《野猪林》已成为京剧的优秀保留剧目，他用斯丹尼表演体系塑造了鲜活的林冲形象。新中国成立后，其创作思路更为开阔，于新编历史剧中，持续塑造了许多生动丰满的艺术形象。如《将相和》中的蔺相如、《响马传》中的秦琼、《战渭南》中的韩遂、《满江红》中的岳飞，猴戏的不少新作也都为广大观众所喜爱。尤其是在京剧为适应时代的需求，尝试表现现代生活的实践中，他积极参加了京剧现代戏创作，以其精湛渊博的艺术素养，在表演和唱腔创作上，都做出了非常出色的成绩。像《白毛女》中的杨白劳、《红灯记》中李玉和等艺术形象，其精彩的唱段已成为京剧现代戏的典范之作了。

李少春在唱腔创作上有很高的成就，但凡他主演的剧目，主演者的唱腔基本上全是他自己创作。他的唱腔严格从人物出发，有鲜明、生动的形象感，在创作中他不喜欢追求奇特、怪诞，而特别重视对传统唱腔艺术的继承与发展。他认为传统的唱腔经过改造可以焕发新的生命力。因此，他在进行创作时，特别是现代戏的唱腔创作，对传统唱腔并不采用那种搬来套用的办法，而常常是从新的生活内容出发，选取某些传统唱腔，先行拆散，然后加以分析和选择，再重新组织起来，予以再创作。这样创作的结果，既有利于新的形象刻画，又能保持京剧的特有风格。应该说，这种做法对于精通京剧规律的李少春来说，的确得心应手。

李少春1955年任中国京剧院一团团长，1958年加入中国共产党。1973年，被分配到中央五七艺大戏曲学校任教。1974年，因意外摔倒导致脑血栓。1975年9月21日，李少春因心脏病与脑血栓并发在北京逝世，享年56岁。

李少春故居为原宣武区南柳巷54号，现为杂院。

文/图/杨景铭

南柳巷54号院门口

南柳巷54号院内

"平剧皇后"言慧珠

故居地址：西城区校场二条5号

校场二条位于宣武门外大街以西，是一条南北走向的老胡同，北起校场小八条，南至校场口胡同。来到西城区校场二条5号，院门是"广亮大门"，在平民住宅中属于等级最高的样式。和其他大杂院一样，院里有树，住着几家人，只有门牌号表明这里曾是言慧珠在北京居住过的地方。她是戏曲舞台上璀璨耀眼的明星，对戏曲痴迷一生，经历了大起大落，在戏曲艺术上达到了后人难以企及的高度。

为戏而生

言慧珠（1919—1966年）原名义来，学名仲明，蒙古族旗人。她的父亲言菊朋（1890—1942年）是蒙古正蓝旗世家子弟，姓玛拉特，名延锡，号仰山。"延"和"言"谐音，遂取为汉姓"言"。言菊朋在20世纪20年代被称作京剧四大须生之一，也是"言家班"的创始人，但是他却并不希望女儿从事戏曲职业。言慧珠自幼就喜欢看京剧，她用自己的戏曲天赋和对戏曲的热爱与执着改变了父亲的想法。

言慧珠从12岁便跟随姜顺仙、程玉菁等学艺，经过刻苦练习，16岁（1935年）便登台初演《扈家庄》，之后相继在上海、天津等地演出。1939年，年仅20岁的言慧珠便和父亲在上海的八仙桥黄金大戏院演出《打渔杀家》和《贺后骂殿》，可谓一炮走红，每场演出一票难求，成了炙手可热的大明星。

为了能不断提升艺术造诣，言慧珠在1943年前往上海拜梅兰芳先生为师，她和梅兰芳先生的女儿梅葆玥同吃同住，每逢梅兰芳先生有演出，她必到现场坐在前排，将要点仔细记录下来，演出结束后就迫不及待地与梅兰芳先生探讨唱腔和台步。言慧珠将梅兰芳先生的一招一式原原本本继承下来，同时又勇于创新，梅兰芳先生曾对言慧珠说她可以唱《巴黎圣母院》，这是梅兰芳先生对爱徒的极高评价。没多久，言慧珠就成了梅派最出色的女弟子，被视为梅派的接班人。

在言慧珠留给后人的珍贵视频中，有一段记录了她被评为"平剧皇后"的发言，这里的"平剧"指的是京剧。她谦虚地说道："很侥幸诸位把这皇后的光荣给了我，在我（看来），除去感谢之外，也感到惭愧与惶恐。因为平素缺乏艺术的修养，实在担不起这平剧的皇冕。今后只有努力充实自己，在艺术上求进展，来酬谢诸位的厚爱。最后我代表社会的苦难同胞，来向诸位大善士致谢！"这是她为了救济苏北的数十万难民参加的竞选，用竞买选票的方式来达到募款救济的目的。无论是她的艺术造诣，还是爱国爱民之心，都配得上这"平剧皇后"的美誉！

为戏而爱

言慧珠一生经历过三段婚姻，先是和影坛四大小生之一的白云热恋结婚后闪离，之后和老生演员薛浩伟结婚生子。即便是现在的社会，她这种闪婚闪离、奉子成婚的行为都是属于前卫的，更何况是在当时那个年代。而她是一个敢爱敢恨、执着自我的人，并不在乎这些，她一心只在乎如何把戏唱好。

言慧珠因过度用嗓做了手术，不得不改唱昆曲，于是她向昆剧泰斗俞振飞请教学习昆曲，并得到了和俞振飞配戏的机会。在言慧珠的眼里，俞振飞犹如圣人一般，才华横溢，于是对他倾慕有加。这两位戏剧界的佼佼者互相吸引，在舞台上成为了珠联璧合的搭档，是观众心目中的才子佳人；在艺术教育方面，俩人担任上海市戏曲学校的校长和副校长，培养出了多位家喻户晓的戏曲艺术家；在生活中，1960年俩人终于在上海举行了婚礼。

为戏而死

都说性格决定命运，言慧珠把登台唱戏看得比生命还重要，个性鲜明的她曾经因为不能唱戏而自杀过三次。第一次是1945年，言慧珠拒绝了爱慕者的追求，被威胁不准唱戏，她一气之下选择了服毒自杀，幸得哥哥言少朋及时发现，急送医院抢救了回来；第二次是20世纪50年代，言慧珠登台唱戏的机会极少，常常抱怨不唱戏就是"在发霉"，她万念俱灰决定一死了之，幸好又被哥哥救了回来。但是第三次，1966年9月11日的凌晨，她在卫生间悬梁自尽，黯然离世。坤旦皇后、"梅门第一弟子"言慧珠就这样结束了她短暂而炽烈的一生，如今我们只能从仅存的几段京剧名段视频中欣赏她的音容笑貌和做功道白。

文／图／张韵

曲波：退伍老兵写春秋

故居地址：百万庄小区

一部《林海雪原》，从 1957 年流传到今天，总销量达到 300 余万册，还被多次翻拍成电影、电视剧，根据小说改编的现代京剧《智取威虎山》曾经是那个特殊年代的八大"样板戏"之一。而写作《林海雪原》的作者曲波，则是一名只念过五年半私塾、自学成才的作家。

曲波（1923—2002 年）是山东黄县人，出生在一个贫困的农民家庭，13 岁就失学在家务农。1938 年，抗日战争烽烟四起之时，年仅 15 岁的曲波参加了八路军，一直在山东各地作战，1945 年抗战胜利后，他随部队开赴东北作战，曾率领一支小分队深入牡丹江一带的深山密林与敌人周旋，进行了艰难的剿匪战斗。可以说，曲波自己就是杨子荣的原型。

剿匪工作结束后，曲波又投入了辽沈战役的激烈战斗中，受伤大腿骨折，之后长期需要拄着拐杖，不得不脱下心爱的军装，前往地方工厂任职，先后担任了沈阳机车车辆厂党委书记、齐齐哈尔车辆厂党委书记。

1955 年，中央决定所有车辆厂划归一机部管理，曲波奉命来到北京，任一机部第一设计院副院长，分配住到百万庄辰区一机部的两居室宿舍，一住就是四十多年。

离开东北前，曲波因为反对推行苏联的"一长制"而挨批，在委屈情绪中不由想起了枪林弹雨中的生死战友，便在写检讨的稿纸上列出一串战友的名字：杨子荣、高波、陈振仪、栾超家、孙大德、刘蕴苍、刘清泉、李恒玉等。由此开始创作小说，试着写了一些文字。到了北京后，他又接着写下去，一下班就躲藏在屋子里偷偷写作，连子女都不知道，以为爸爸在加班工作。不到两年，就在人民文学出版社出版了第一部长篇小说《林海雪原》，引起了很大反响。到 1960 年，曲波被调到总政文化部，开始专职从事写作。

在讲述为何写作《林海雪原》时，曲波曾经提到他的住所："今天，祖国已空前强大，在各个建设战线上都获得了辉煌的成就，人民生活水平也正迅速提高。我的宿舍是这样的温暖舒适，家庭生活又是如此的美满，这一切，杨子荣、高波等同志没有看到，也没有享受到。但正是为了美好的今天和更美好的将来，在最艰苦的年月里，他们献出了自己最宝贵的生命。"

的确，当时能住进百万庄小区，可以说是非常光荣的事情。作为新中国第一批规划建设的现代住宅区，可以说是未来社会主义住宅建设的样板，主要分配给在北京西部行政区中央部委工作的干部。小区由著名建筑师张开济主持设计，占地面积20公顷，借鉴了西方"邻里单位"和苏联街坊式规划的经验，住宅楼布置在街坊周边，围合出安静、安全的内部空间，小学生上学不必穿过城市道路，设计还考虑了北京的气候特点，增加南北向布局，减少东西向布局，更适应国人的生活习惯。

百万庄小区以地支"子、丑、寅、卯、辰、巳、午、未、申"划分各个组团，整体布局吸收我国古代八卦阵形式。以中心绿地为轴线，西侧为子丑寅卯，东侧为辰巳午未，沿逆时针排列于中心绿地两侧，均为三层红砖坡顶多层建筑，对称均质，富有仪式感。中心绿地的北侧中心位置为部级领导居住的申区，二层联排别墅并设有车库。小区内设有三所小学。

组团呈开放式设计，并无明显围墙，只以车行道路做自然划分。建筑沿道路布置，围合成一个个尺度适宜的内部庭院，几个院落既彼此相对独立，整体空间又相互呼应合为一体。茵茵绿树之中，每个组团守望着一片宁静与祥和。小区中心规划大面积园林绿化，小学、副食店、百货店、粮店、理发店、门诊部围绕绿地布置在街坊中心，为组团内的居民提供必需的生活服务。那时住在百万庄的居民多在周边机关单位工作，计划经济时代特有福利分房制度，使得同一组团的居民既是邻居又是同事，人们上下班骑车步行即可。由于机动车尚少，组团间的道路鲜有车辆通行，既不会对住宅造成噪声干扰又少有安全隐患，孩子们白天在小区内的学校、幼儿园内上学，放学后在楼前院后随意嬉戏玩耍。

如今，经过近七十年风霜的百万庄小区早已美人迟暮，尽显敝旧，不仅市政设施、房屋硬件老化，随着人口密度的增长以及私家车的普及，原本生机盎然的篱笆小院也被私搭乱建的简易平房或铁栏杆圈成的私家停车库取代。那些楼前院后曾经绿树荫荫欢声笑语的儿童欢乐场，现在已是杂乱无章的停车场，宜人的公共空间被逐渐蚕食殆尽。百万庄小区将要拆迁的消息传了近二十年，让居民难以安心，老化的设施更让年轻一辈不再想留在这里，越来越多的原始居民离开了百万庄。好在近年来百万庄小区终于成功列入北京市第一批历史建筑名单后，躲过了多年来纷纷扰扰的"拆迁"威胁，期待未来能进一步解决种种面临的窘境，迎来它的新生。

文 / 图 / 任浩

后记一
齐大群老师生平介绍

　　齐大群，北京市第四中学退休教师。1938年9月27日生于辽宁省锦州市。2021年4月23日因病在北京逝世。

　　齐大群先生1951年至1957年在北京四中学习。1957年服从组织安排留校，至1997年在北京四中任教，凡40载。1997年至2007年，先后在北京四中分校兴涛学校、北京拔萃双语学校任教。从教半世纪，桃李满天下。曾被评为北京市先进教育工作者（市劳模）、高级教师、西城区语文学科带头人；曾任西城区政协第六届至第十届委员；曾参加人民教育出版社两套语文课本及教学参考书的编写。专著有《初中作文指导大全》《高中作文全程指导》等，歌词《心里真快活》经作曲家谱曲获奖，被选入人教版初中音乐课本。2020年4月，主编出版《寻访北京的名人故居》。

　　2025年，齐大群先生生前筹备的《寻访北京的名人故居》第二集付梓。

后记二
齐公桃李满天下，何用堂前更种花
——忆我们敬爱的齐大群老师

讲述者之一：江燕 ——北京四中 1990 届初中及 1993 届高中毕业生

初三开学，齐大群老师儒雅地步入了我们四班的教室。次年金秋，努力奋斗并如愿升入本校高中一班后，很荣幸，我又坐上了齐老师的语文课堂里，并在他的谆谆教导中度过了两轮春夏秋冬。或许是偶尔在交谈时发现齐老师与我的父母同龄，所以和齐老师相处时，我真切体会到师长的博学睿智之余，还有来自父辈的亲和与慈祥。

清晰记得读书时，齐老师就时常叮嘱我们：对语言文字、文学艺术的学习和提升，是一个人用一辈子都做不完的修行，他自己就始终在以身践行。齐老师尤其注重"讲故事"。初中课堂，他建议我们启用"三行注释本"学习古文，给出两行的空间让同学们用自己的话讲古人的故事；学剧本时，他鼓励我们自荐角色，在课堂上演绎《茶馆》的精彩片段——这直接引导我后来在北师大读书时，全身心投入到大学生戏剧团从剧本编创到舞台辅助的经历。步入高中，齐老师还结合丰富多彩的校园活动，引导大家写每周札记、编军训小报……结合各自的体验讲述身边的事，分享生活，分担苦乐。他还不遗余力地投入自己的课余时间，把同学们的精彩习作摘选合编，结集成册，留下了我们青葱岁月里宝贵的成长印记。生平第一次拿到的稿费，就是齐老师在办公室发放的：源于将周记改写多轮的《路遇》小文被他编写进了一本初中作文教辅——那真是让十多岁的我超级惊喜的日子！

毕业多年，齐老师和我们班级同学们之间的交流和沟通几乎没有被时间和空间所阻隔。但凡同学聚会，齐老师总会提早确认以保证参加。每次相聚，他都是兴致勃勃地听每个人的故事，与我们促膝谈心，亦师亦友，陪伴着我们走过每一段人生里程。

2017年9月9日，在纪念初中四班入学卅年的返校活动时，我意外得知齐老师还在为西城文化馆做系列公益讲座。当月下旬，我特意前往现场"探班"——在文化馆的报告厅，和众多社区居民一起，聆听齐老师声音洪亮、声情并茂地讲述明朝贤臣于谦的故事，感觉仿若坐回到了多年前母校四中的教学楼……那天活动之后一同走出来，听齐老师说起他一直在寻街访巷，搜集京城名人故居的资料，笔耕不辍地行文注释，意在将京城名人故居现状及名人事迹整合成书，以记录京城历史变迁，传承优秀传统文化。钦佩之余，看着他骑上自行车一路远去的孑然身影，我不禁更为齐老师一直以来亲力亲为、行胜于言的不懈努力而感慨万分。

2017年9月纪念入学卅年返校活动

2018年11月4日，在校友会热心学弟王晓东的协同下，我和同学们在刚刚启用的四中校友活动中心举办了庆贺齐老师八十寿辰暨新书发布仪式。同学们给齐老师送上了特别订制的生日礼物：一只委托1997届创意立业的刘林岚学弟精心制作的定窑瓷杯——惟妙惟肖的漫画出自李轩同学，而擅长书法的程燕同学则亲笔书写了"齐公桃李满天下，何用堂前更种花"的祝辞。活动现场，齐老师把多年以来笔耕不辍的点点滴滴分享给大家。在场的我们都不由得为齐老师年近耄耋却仍坚守在教学岗位而慨叹，更为他那发自内心对语文教学的精诚投入

2018年11月庆贺活动

所感动。

2020年年初突发的新冠疫情,将我和家人抛在了地球另一端。对各位当年老师的健康惦念让我感觉到山水相隔的无奈。但接到齐老师微信留言第一本《寻访北京名人故居》正式出版发行的好消息,我即刻跟他通了电话,开心地送上了学生的祝福。稍后,我联系并委托身在国内的初高中同学们,为齐老师筹备了小型的庆贺活动。云直播里看得出,老师那溢于言表的喜悦之情!万万没想到,那却是我们最后一次"相见"。

讲述者之二:田野 ——北京四中1993届高中毕业生

齐大群老师是我高中三年的语文老师,也是和我们班同学感情最深的老师之一。还清晰地记得2020年10月18日晚,我们班十几位同学聚在一起祝贺齐老师新书《寻访北京名人故居》(即本书的第一部)出版发行。班长王钢特意订制了红底白字的横幅和封面放大的立牌,让这次小范围的庆祝活动也充满了仪式感。班级微信群里,同学们随时分享着照片和视频,进行现场与多地线上参与者的实时互动。大洋彼岸,提议促成本次聚会的江燕同学也与齐老师视频通话。那天晚上齐老师很高兴,与我们分享他亲访名人故居又征文编辑,几经周折最终得以成书的过程。席间看到老师神采奕奕,听着他抑扬顿挫的声音,我们仿佛又回到了三十年前的六边形教室,听老师讲解课文。他的热情与真诚总是能感染我们,当年如是,而今亦如是。齐老师给我们班同学带来三十多本书,在扉页用他工整的行楷写上我们每一位同学的名字,签名赠书并拍照留念。如果不是感念老师高龄、身体不宜太过劳累,大家都舍不得

2020年10月庆祝活动

结束这一场师生畅谈。

然而世事无常，与上一次欢聚仅仅相隔半年的时间就惊闻齐老师辞世的噩耗，大家悲伤不已，都觉得太突然了。李伯阳同学（也是本书第一部的主要资助人）在群里说"上个月还在讨论出《寻》续集呢……"我们几位同学含泪送别了恩师后，也约好了一定要帮助完成老师的遗愿，慰藉他老人家的在天之灵。同学们发起了跨班级的募捐活动，为出版续集筹集资金。江燕同学也应编委会之请，在几个班级群里邀约同窗根据"补漏名单"报名，寻访特定名人故居并撰写文稿。同学们的热情并非只为了完成老师的遗愿，更是深深感佩齐老师对中华历史文化的挚爱和作为一名教育工作者身体力行传承中华文化的执着。从2000年寻访鲁迅、老舍故居开始到2021年辞世前夕，齐老师不顾高龄与病痛，克服种种困难，从教过的学生中招募志愿者一同寻访名人故居撰写文章，直到生前还在积极策划本书的文稿采写与出版事宜。作为有幸受教于老师的学生，想到在尘世喧嚣中有这样一本书，大家可以或多或少地出一点力，就仿佛承继了一分老师对北京这座城市的眷恋和对中华历史文化的热忱。

我过去十几年都在东四附近工作，因此午休时常会在附近的胡同散步，不时会行经名人故居。位于丰富胡同的老舍故居丹柿小院和坐落在史家胡同的凌叔华故居（现为史家胡同博物馆）都是经常会去小憩片刻之所。因此2020年获赠老师新书后很是欣喜，曾按图索骥去寻访位于箭杆胡同的陈独秀故居，可惜未能入内探访。也曾经网购过几本该书，赠给经常带孩子骑行的朋友。在编委会征集撰稿人时，我认领了寻访清代著名词人朱彝尊故居的任务。读了朱彝尊的一些作品也查询了不少资料，可惜2022年初去寻访时却发现故居被围在了一片正在开发的住宅地产项目的施工区域里，骑车转了一圈也只能透过围墙上的小洞一窥施工场地，完全看不到故居，只希望施工不会破坏甚或拆除故居才好。

如今齐老师已经仙逝，再翻阅书册时总是百感交集，路过名人故居时也不禁会想到齐老师是否来过，他来的时候是怎样的情形，冥冥之中就似乎与老师有了片刻神交。走在午后的胡同里，凝视透过槐树叶洒在地面斑驳的阳光、大杂院门口的石鼓和屋顶上青草，于我而言又多了一份温暖的记忆。更忆起1992年暑假的一天，和齐老师一起骑车穿过新街口附近的胡同，依稀是去一家印刷厂的办公室，去接洽印刷作文集《流金岁月》。那是齐老师收集了我们高中一班各位同学的作文，排版编辑自费印刷而成的文集，给我们的花季留下了最美好的记忆。

讲述者之一：江燕

2023年夏，阻隔海外三年有余终于回到京城的我，落地后第一个周末就被热情的学长学妹们邀约，参加了《寻》续集编委会的线下交流活动。面对面地看着年龄跨度二三十年的各位校友，倾心投入地讨论着完稿进程和编撰体会：工余时间搜集鉴别资料，遵循齐老师的嘱托实地走访，拍摄故居并记录感想。倾听与交谈间，切身感受到在场的每位都在尽一己之力，倾情投入，共同愿望都是早日实现齐老师遗愿。

虽然本人没能达成实地走访和撰稿的愿望，但能和一众同学、校友携手，为实现齐老师的心愿尽己所能，已经是我莫大的荣幸。

后记三
缅怀我的老师齐大群先生

我一直笃信，冥冥之中有天意，与齐大群老师的缘分就是如此。齐老师对我来说不仅仅是授业解惑的恩师，更对我成为现在的我有着重要的影响。

齐老师任教北京拔萃学校的时候已是高龄。学校在市郊，为了照顾多病的师母，他每日往返于家校之间，路途遥远，很是辛苦。但每每立于讲台上，他总是精神矍铄，意气风发。齐老师是教研室里最年长的教师，丰富的教学经验并没有使他故步自封，他会虚心地向学生学习如何高效地使用Excel做数据统计。由于常年做班干部，我喜欢帮同学们张罗事情。高中毕业，昔日同窗四海求学，每年假期回京，我总要组织同学们和齐老师聚一聚。齐老师常说我适合做组织工作，现在想来，我出国学

2020年聚会合影。居中而坐者为齐大群老师。左三为本文作者。

习工作多年，后来选择回国在央企工作，多少也是受到了齐老师的影响。

记得2020年8月的时候，齐老师主编的《寻访北京的名人故居》出版。初闻老师出书，我不由得感叹老师一辈子坚守学者初心，于是张罗着同学们购买研读。那一年冬日聚会时，同学们人手一本请老师签名留念，听老师将编书的周折娓娓道来，不禁为老师耄耋之年笔耕不辍而叹服。我不禁扪心自问，自己要做些什么，才能像老师那样为国家的人才培养和民族文化的世代传承贡献一生，又怎样才能留下些无形的"财富"。那次聚会，齐老师提及《故居》一书由于篇幅限制未能收录所有的选材，所以正在克服困难，筹备再出续集。

回想当年，齐老师从来都是一袭整洁的衬衫长裤，衣服上总是难免染上淡淡的粉笔石膏气味。我想，齐老师这样朴素的学者原就该专注于做学术研究，我辈理应提供一些支持，共襄盛举。因此，聚会后我开始牵头筹集出版资金。翌年2月，我与两位同学到家中看望齐老师和师母，一并将筹集的资金交给了老师。那时，齐老师的健康状况已经不如从前，每周都要去做几次透析。然而，聊到续集的出版工作，老师振奋精神，又好似回到了当年学校的讲台。

桃李不言，下自成蹊。倏忽间，齐老师已然离世数年，但他遗存的能量还在深深地影响着包括我在内的许多人。永怀感恩！

邵雯

致谢

本书出版捐助人

白昂	曹颖	董卫军
陈颖	程燕	高霞
葛懿	郭晋	纪纲
江燕	李伯阳	李晶
李轩	刘庚	刘虎
刘妍	陆梅	陆正军
马岩（2班）	马岩（4班）	邱玥
邵雯	施昀	宋磊
索鹏	田野	王枫
王钢	王海翔	王曼漪
王男	辛永平	杨鹏
王源	张晓华	张欣
张萌	赵峥	
赵欢	陈笑磊	